美国海军高等教育研究

李 轲 著

国防工业出版社

·北京·

内 容 简 介

全书对分别负责本科教育的美国海军学院和研究生教育的美国海军研究生院进行了详细的信息整理和研究剖析，立体呈现出美国海军高等教育的详细脉络体系。

首先全面介绍美国海军学院的发展历程、管理架构组成、招生与毕业分配去向；其次，对工程和武器学院、数学与科学学院、人文社会科学学院、职业发展学部、领导力教育与发展学部、体能教育学部的专业分布、课程设置、教学内容和师资配备等内容进行了详细研究介绍，并概要阐述了暑期研修班的开展项目；然后，全面介绍美国海军研究生院的历史沿革、组织管理架构和相关委员会的设置，并重点对工程与应用科学研究生院、国际与国防研究生院、运筹与信息科学研究生院这三大学院的学科点基本情况、硕博士人才培养规模、课程设置、先进实验室建设、主要研究项目进行了详细梳理；最后，对研究生院相关导师的研究方向和近几年的典型科研学术成果进行了简要介绍。

本书可供军事高等教育发展规划、训练管理和学科建设等领域的专业人士参考。

图书在版编目（CIP）数据

美国海军高等教育研究 / 李轲著. —北京：国防工业出版社，2024.1
 ISBN 978-7-118-13017-1

Ⅰ．①美… Ⅱ．①李… Ⅲ．①海军－高等教育－研究－美国 Ⅳ．①E712.3

中国国家版本馆 CIP 数据核字（2024）第 007282 号

※

国防工业出版社出版发行

（北京市海淀区紫竹院南路 23 号　邮政编码 100048）
北京虎彩文化传播有限公司印刷
新华书店经售

*

开本 710×1000　1/16　印张 23½　字数 420 千字
2024 年 1 月第 1 版第 1 次印刷　印数 1—1200 册　定价 148.00 元

（本书如有印装错误，我社负责调换）

国防书店：(010)88540777　　书店传真：(010)88540776
发行业务：(010)88540717　　发行传真：(010)88540762

前　言

美军作为一支长期处于战争状态的军事力量，其军事高等教育较好地实现了军校人才培养、服务战场需求、军事高等教育机构自身发展三个方面的平衡。同时，其军事高等教育与部队训练实践、军事职业教育、美国国民高等教育也实现了较为顺畅的融合。目前，国内关于国外军事院校的书籍和研究主要集中在美国西点军校、法国圣西尔军校、英国桑赫斯特军官学校等几所广为人知的传统陆军院校。但一方面陆军院校与海军院校的人才培养模式、学科专业设置差别较大，另一方面仅限于本科教育，缺少军事研究生教育相关的外军院校详细介绍，而我国的军队院校多数都同时承担着本科和研究生教育两方面人才培养任务。

本书系统总结了作者过去几年对安纳波利斯美国海军学院和蒙特雷美国海军研究生院长期跟踪观察形成的研究成果，并结合公开数据梳理出这两所美国海军高等教育机构的组织管理、教学训练和科学研究体系架构，将很好地弥补以上两个方面的研究需求。对于我国军事高等教育管理机关、军队院校本身、军事教育从业者都将具有一定的启发与参考价值。

本书分为15章，第1~2章概述美国海军学院发展历程、组织管理架构、招生对象来源和毕业分配去向；第3~5章分别对工程和武器学院、数学与科学学院、人文社会科学学院的专业设置、课程体系、教学内容、组织实施进行了详细梳理和剖析；第6章对职业发展学部的功能设置、训练条件进行了介绍，对其海上军事素养培训能力进行了深入研究；第7章重点对领导力教育与发展学部在如何培养学员综合素质和领导力方面的课程设置进行介绍；第8章对体能教育学部设置的课程内容、考核标准进行了简要梳理；第9章对其如何利用暑期研修班，进行优质中学生源招生衔接、军校学员暑期培训和出国交流进行了详细介绍；第10章对其当前的师资力量进行了简要介绍；第11~12章概述了美国海军研究生院的历史沿革、组织架构和现任领导的基本情况；第13章对工程与应用科学研究生院、国际与国防研究生院、运筹与信息科学研究生院这三大学院的专业设置、课程体系进行了详细梳理，重点对教学内容和要求进行了剖析；

第14~15章对其当前的师资力量、教授导师的研究方向和近些年的主要研究成果进行了梳理介绍。

海军工程大学"双重"建设项目"作战指挥教学组训模式改革"支撑了本书涉及的相关研究工作,并资助出版,在此深表感谢。

作者还要感谢在本书文稿准备和出版过程中提供诸多支持的海军工程大学教务处和电子工程学院的各位领导,以及在此过程中给予我关心、帮助的家人、朋友、同事和学生。

作为一家之言,疏漏与不当之处,恳请读者指正。

李 轲

2023 年 8 月于武汉

目 录

第一部分 美国海军学院

第1章 美国海军学院概况 ………………………………… 002
1.1 美国海军学院简史 …………………………………… 002
1.2 管理架构 …………………………………………… 004
- 1.2.1 学院院长 …………………………………………… 004
- 1.2.2 办公室主任 ………………………………………… 005
- 1.2.3 学员司令官 ………………………………………… 006
- 1.2.4 军士长司令官 ……………………………………… 008
- 1.2.5 监事会 ……………………………………………… 009
- 1.2.6 监察员 ……………………………………………… 009

1.3 学分政策 …………………………………………… 009
- 1.3.1 美国海军学院核心课程 …………………………… 010
- 1.3.2 第一学年核心课程 ………………………………… 012

第2章 招生与毕业分配 …………………………………… 013
2.1 生源情况 …………………………………………… 013
2.2 毕业分配 …………………………………………… 015

第3章 工程和武器学院 …………………………………… 017
3.1 学院概况 …………………………………………… 017
3.2 航空航天工程系 …………………………………… 018
- 3.2.1 基本情况 …………………………………………… 018
- 3.2.2 课程设置 …………………………………………… 018

3.3 电气与计算机工程系 ……………………………… 029
- 3.3.1 基本情况 …………………………………………… 029
- 3.3.2 课程设置 …………………………………………… 030

V

3.4 机械工程系 ……………………………………………………… 043
　　3.4.1 基本情况 …………………………………………………… 043
　　3.4.2 课程设置 …………………………………………………… 049
3.5 船舶与海洋工程系 ……………………………………………… 063
　　3.5.1 基本情况 …………………………………………………… 063
　　3.5.2 课程设置 …………………………………………………… 065
3.6 武器、机器人与控制工程系 …………………………………… 076
　　3.6.1 基本情况 …………………………………………………… 076
　　3.6.2 课程设置 …………………………………………………… 079

第4章 数学与科学学院 ……………………………………………… 087

4.1 学院概况 ………………………………………………………… 087
4.2 化学系 …………………………………………………………… 087
　　4.2.1 基本情况 …………………………………………………… 087
　　4.2.2 课程设置 …………………………………………………… 089
　　4.2.3 综合实验项目 ……………………………………………… 099
　　4.2.4 暑期实践机会 ……………………………………………… 100
　　4.2.5 研究与顶点项目 …………………………………………… 100
　　4.2.6 科研设施 …………………………………………………… 101
4.3 计算机科学系 …………………………………………………… 102
　　4.3.1 基本情况 …………………………………………………… 102
　　4.3.2 课程矩阵 …………………………………………………… 103
　　4.3.3 计算机科学课程 …………………………………………… 104
　　4.3.4 信息技术课程 ……………………………………………… 105
　　4.3.5 课程描述 …………………………………………………… 107
　　4.3.6 选修课 ……………………………………………………… 117
　　4.3.7 研究生教育项目 …………………………………………… 118
　　4.3.8 教师研究领域 ……………………………………………… 119
　　4.3.9 近期的学员研究项目 ……………………………………… 121
　　4.3.10 教学评估 ………………………………………………… 122
　　4.3.11 数据科学专业 …………………………………………… 123
4.4 数学系 …………………………………………………………… 124
　　4.4.1 数学系概况 ………………………………………………… 124

4.4.2	课程表	125
4.4.3	数学专业	126
4.4.4	数学与经济学专业	128
4.4.5	运筹学专业	128
4.4.6	运筹学子专业代码	128
4.4.7	荣誉课程	129
4.4.8	入读研究生院机会	129
4.4.9	测试和分班	130
4.4.10	课程设置	131

4.5 海洋学系 147
- 4.5.1 海洋学系概况 147
- 4.5.2 海洋学系民用就业方向 149
- 4.5.3 海洋学系军事运用方向 150
- 4.5.4 课程列表 152
- 4.5.5 实验室和设施 157
- 4.5.6 实习机会 157
- 4.5.7 研究项目 160

4.6 物理学系 161
- 4.6.1 物理学系概述 161
- 4.6.2 物理学系课程 161
- 4.6.3 研究设施 167
- 4.6.4 物理学专业 168
- 4.6.5 研究项目 169
- 4.6.6 本科阶段研究 169

4.7 网络科学系 173
- 4.7.1 网络运营专业 173
- 4.7.2 网络科学系课程 173
- 4.7.3 专业评估 178
- 4.7.4 顶点研究项目 179

4.8 通用科学系 180

4.9 研究生教育 181

第5章 人文社会科学学院 182

5.1 学院概况 182

5.2 经济学系 ·· 182
5.2.1 基本情况 ·· 182
5.2.2 计量经济学专业 ·· 183
5.2.3 数学经济学专业 ·· 185
5.3 英语系 ·· 186
5.3.1 基本情况 ·· 186
5.3.2 课程设置 ·· 188
5.3.3 主修课程 ·· 189
5.3.4 荣誉学位 ·· 192
5.4 历史系 ·· 193
5.4.1 基本情况 ·· 193
5.4.2 历史专业 ·· 194
5.4.3 课程设置 ·· 195
5.5 语言和文化系 ·· 208
5.5.1 基本情况 ·· 209
5.5.2 学术课程 ·· 210
5.5.3 课程信息 ·· 210
5.5.4 学习机会 ·· 240
5.6 政治学系 ··· 240
5.6.1 基本情况 ·· 240
5.6.2 课程设置 ·· 241
5.6.3 荣誉学位 ·· 254
5.6.4 研究生学习 ··· 255

第6章 职业发展学部 ·· 256
6.1 学部概况 ··· 256
6.2 军官培训与人才优化中心 ··· 256
6.3 美国海军学院帆船中心 ·· 257
6.3.1 基础帆船训练 ·· 257
6.3.2 校际比赛 ·· 257
6.3.3 大学离岸帆船队 ··· 258
6.3.4 熟练航行计划 ·· 259
6.4 航海技术与导航系 ·· 259

6.5 训练中心 ………………………………………………………… 259
6.6 滨海保障中心 ……………………………………………………… 260
　　6.6.1 射击训练分中心 …………………………………………… 260
　　6.6.2 水上巡逻分中心 …………………………………………… 260
　　6.6.3 小型船只维修分中心 ……………………………………… 260
6.7 课程设置 …………………………………………………………… 261

第7章 领导力教育与发展学部 ………………………………………… 268
7.1 学部概况 …………………………………………………………… 268
　　7.1.1 领导力、道德和法律系 …………………………………… 268
　　7.1.2 体验式领导力发展中心 …………………………………… 269
7.2 领导力、道德、法律、哲学和心理学课程设置 ………………… 269

第8章 体能教育学部 …………………………………………………… 278

第9章 暑期研修班 ……………………………………………………… 280
9.1 本校学员暑期项目 ………………………………………………… 280
9.2 国际项目办公室 …………………………………………………… 281
9.3 中学生暑期项目 …………………………………………………… 282
　　9.3.1 应届学员暑期项目 ………………………………………… 282
　　9.3.2 暑期 STEM 项目 …………………………………………… 283

第10章 师资力量 ………………………………………………………… 286
10.1 教务领导 ………………………………………………………… 286
10.2 院长与系主任 …………………………………………………… 289

第二部分　美国海军研究生院

第11章 历史沿革与学员来源 …………………………………………… 292
11.1 历史沿革 ………………………………………………………… 292
11.2 学员来源 ………………………………………………………… 293

第12章 组织管理架构 …………………………………………………… 296
12.1 研究生院领导 …………………………………………………… 296

12.2 下属学术学院领导 ·· 298
12.3 海权教育咨询委员会 ·· 303

第13章 学科专业设置 ·· 305

13.1 工程与应用科学研究生院 ·· 305
13.1.1 应用数学系 ·· 305
13.1.2 电气与计算机工程系 ·· 306
13.1.3 工程声学系 ·· 307
13.1.4 物理系 ·· 307
13.1.5 系统工程系 ·· 309
13.1.6 机械与航空航天工程系 ·· 309
13.1.7 气象学系 ·· 310
13.1.8 海洋学系 ·· 310
13.1.9 学术小组 ·· 310

13.2 国际与国防研究生院 ·· 312
13.2.1 国家安全事务系 ·· 312
13.2.2 国土防卫与安全中心 ·· 313

13.3 运筹与信息科学研究生院 ·· 313
13.3.1 计算机科学系 ·· 313
13.3.2 国防分析系 ·· 314
13.3.3 信息科学系 ·· 315
13.3.4 网络学术中心 ·· 316
13.3.5 数据科学与分析中心 ·· 316
13.3.6 运筹学系 ·· 316
13.3.7 国防管理系 ·· 317
13.3.8 实习 ·· 319
13.3.9 研究机构 ·· 319
13.3.10 特色研究设施 ·· 320
13.3.11 研究中心 ·· 320
13.3.12 补充共设项目 ·· 321

第14章 师资力量 ·· 322

14.1 工程与应用科学研究生院 ·· 322

- 14.1.1 应用数学系 ... 322
- 14.1.2 电气与计算机工程系 ... 324
- 14.1.3 机械与航空航天工程系 ... 326
- 14.1.4 气象学系 ... 329
- 14.1.5 海洋学系 ... 330
- 14.1.6 物理系 ... 332
- 14.1.7 系统工程系 ... 333
- 14.2 国际与国防研究生院 ... 334
- 14.3 运筹与信息科学研究生院 ... 336
  - 14.3.1 计算机科学系 ... 336
  - 14.3.2 国防分析系 ... 337
  - 14.3.3 信息科学系 ... 339
  - 14.3.4 网络学术中心 ... 341
  - 14.3.5 运筹学系 ... 342

第15章 主要研究方向与研究成果 ... 345

- 15.1 工程与应用科学研究生院 ... 345
  - 15.1.1 应用数学系 ... 345
  - 15.1.2 电气与计算机工程系 ... 346
  - 15.1.3 气象学系 ... 348
  - 15.1.4 海洋学系 ... 349
  - 15.1.5 系统工程系 ... 350
  - 15.1.6 物理系 ... 351
- 15.2 国际与国防研究生院 ... 355
- 15.3 运筹与信息科学研究生院 ... 356
  - 15.3.1 计算机科学系 ... 356
  - 15.3.2 国防分析系 ... 358
  - 15.3.3 信息科学系 ... 359
  - 15.3.4 运筹学系 ... 360

第一部分

美国海军学院

第1章
美国海军学院概况

美国海军学院(United States Naval Academy,USNA)又名安纳波利斯海军军官学院,是美国海军和海军陆战队的军官基础本科教育学校,位于马里兰州的安纳波利斯。

作为美国海军现役本科院校,海军学院把年轻男女培养成美国海军和海军陆战队中有能力、有性格、有同理心的专业军官。其学员大部分会成为美国海军现役军官。

学员在学院学习四年,毕业时获理工科学士学位,并授予海军少尉或海军陆战队少尉军衔。海军学院毕业生须在海军或海军陆战队服役至少五年。

1.1 美国海军学院简史

美国海军诞生于美国大革命期间,当时急需一支与英国皇家海军对抗的海军部队。但是,在革命后不久,其海军力量于1785年被当时更注重经济的国会遣散。美国海上力量的沉寂仅持续了10年,1794年,为应对公海日益严重的海盗威胁,乔治·华盛顿总统说服国会授权建立了一支新的海军部队。

美国海军的第一批军舰于1797年下水,其中包括"美国"号、"星座"号和"宪法"号。1825年,约翰·昆西·亚当斯总统敦促国会建立一所海军学院,以培养"专业的、有成就的军官"。然而,他的建议直到20年后才被付诸实施。

1842年9月13日,美国双桅帆船"萨默斯"号从布鲁克林海军基地启航,这是美国海军史上最重要的一次巡航。这艘船被当作培训海军学徒志愿者的船上学校,希望他们能受到鼓舞,以海军为职业。

然而,"萨默斯"号帆船上纪律恶化,船上的调查法庭裁定,海军学校学员菲利普·斯宾塞和其两位主要同伙:水手长大副塞缪尔·克伦威尔和海员埃利沙·斯莫尔,犯有"企图实施叛变"的罪行。这三人被吊死在桁端上。这一事件让人怀疑直接派遣军校学员上船边干边学的做法是否明智。"萨默斯"号叛变的消息震惊了当时的美国。

根据相关资料表明,当美国海军学院的创始人在寻找合适地点时,当时的海军部长乔治·班克罗夫特决定将海军学院迁至安纳波利斯这个"健康而隐蔽"的地点,以便将海军军校学员从"大型和人口众多城市必有的诱惑和干扰"中解救出来。费城海军庇护学院是其前身,所以最初的7名教员中有4名来自费城。在美国早期,纽约市、弗吉尼亚州的诺福克和马萨诸塞州的波士顿也存在其他小型海军学校。

美国海军学校在没有国会资助的情况下,于1845年10月10日在马里兰州安纳波利斯一个占地10英亩(1英亩=4046.86平方米)、名为塞文堡的陆军哨所成立,班级由50名海军学员和7名教员组成。课程包括数学、航海、枪炮、蒸汽动力、化学、英语、自然哲学和法语。

1850年,海军学校升格为美国海军学院,开始实施一系列新的课程设置,要求学员在学院学习4年,每年夏天在船上接受训练,这种形式逐渐成为如今海军学院更先进、更复杂课程的基础。随着美国海军多年来的发展,学院也在不断扩大。校园占地从10英亩增至338英亩,由最初的50名海军学员增加到4000人的规模,现代花岗岩建筑取代了塞文堡的老式木头结构建筑。

1933年,美国国会授权海军学院授予理科学士学位。后来,学院以基础核心课程加上18个主要学习领域、各具特色的选修课程以及高级学习和研究机会,取代了所有学员的固定课程。

1976年,美国海军学院首次接受女性成为海军军官,当时国会授权所有的海军学校接纳女性。目前,在入学的海军新生中,女性占20%以上,她们与男同学一样接受学术和专业培训。

经过近170多年发展,美国海军学院已经发展成为拥有工程和武器学院、数学与科学学院、人文社会科学学院三大学院,以及职业发展学部、领导力教育与发展学部、体能教育学部三大学部的美国海军军官人才培养基地。

海军学院其他下辖中心和机构还包括:卓越学术中心、网络安全研究中心、海军中将詹姆斯·B. 斯托克代尔道德领导中心、区域研究中心、教学与学习中心、学术院长办公室、学术研究中心、校友会和基金会、商业服务部、教师发展中心、军人司令部、人力资源办公室、信息技术服务处、机构研究规划和分析办公室、国际项目办公室、学员发展中心、军事人员办公室、音乐活动部、海军学院体育协会、尼米兹图书馆、性侵犯预防和应对办公室、美国海军学院博物馆、美国海军学院乐团。

1.2 管理架构

1.2.1 学院院长

美国海军学院的组织架构很像一所平民大学。监事会——类似于大学的董事会,向院长提供监事会关于海军学院建设发展的集体意见和建议。学院院长职级为海军上将,相当于一个大学校长,负责监督学校的所有职能。

院长的主要副手包括一名文职教务长,负责监督学术课程和教师,以及一名学员司令官,担任教导主任,监督所有军事和专业培训。

院长、学员司令官、文职教务长和学术部门主任都是学术委员会的成员,该委员会制定学院的学术标准。

现任院长（2022年）：肖恩·巴克中将

肖恩·巴克中将是印第安纳州印第安纳波利斯人,毕业于美国海军学院,1983年获得军衔,1985年被任命为海军飞行军官。获得乔治·华盛顿大学国际安全政策文学硕士学位,先后完成了在海军指挥与参谋学院、海军战争学院、武装部队参谋学院的学习；获得麻省理工学院第二十一届"外交政治、国际关系和国家利益"研讨会奖学金,以及哈佛大学肯尼迪商学院和哈佛大学教育研究生院的高级文凭。

巴克曾任美国第5和第7舰队的巡逻和侦察部队、空中推进舰队、巡逻和侦察小组的指挥官；联合参谋部战略、计划和政策办公室主任；21世纪海员办公室主任,职责包括海军的性侵犯预防和应对、预防自杀、酗酒和其他破坏性行为；近期担任过美国海军南方司令部/美国海军第四舰队司令。

巴克早期的海上作战任务是在美国海军VP-40"战斗马林鱼"中队里,驾驶P-3C"猎户座"反潜巡逻机；作为弹射和阻拦部门的官员,在"西奥多·罗斯福"号航空母舰（CVN-71）上进行海上航行；作为部门主管,与VP-26"三叉戟"巡逻机中队一起执行任务；负责指挥VP-26巡逻机中队和巡逻侦察第11联队。

巴克的履历中岸上和参谋经历包括：第1空中测试和评估中队；海军人事局；联合参谋部；在海军作战部长办公室担任作战副部长的执行助理,负责作战需求和计划；担任美国联合部队司令部战略和政策局的行动副局长。在担任主要指挥官之前,巴克在美国国家侦察局完成过一项临时任务;同时,他也是美国海军航天干部群体中的一员。

另外,他还完成过一项特殊任务,在罗得岛州新港市的海军作战部战略研究小组担任高级研究员,这是美国海军的一个创新智库。2019年7月26日,巴克成为美国海军学院的第63任院长。

巴克的个人军旅荣誉包括杰出服务奖章、国防杰出服务奖章(两项)、军团功勋奖章(五项)以及其他各种个人、部门和服务奖项。

1.2.2 办公室主任

现任(2022年)副院长/办公室主任:詹姆斯·贝茨上校

院长的首席军事顾问,负责与美国海军学院日常运作、管理和维护相关的所有事宜,包括学术计划、教员和员工的建议、招生、体育、预算、多样性和研究机构,以及50多个设施的维护、维修和改进有关的事宜,负责运动场、船池、墓地和骨灰安置所。

詹姆斯·贝茨上校,康涅狄格州伯利恒人,1987年加入美国海军。在新兵训练营之后,他先后完成了海军空勤人员候补学校、救援泳者学校和航空反潜作战操作员学校的学业。在SH-3H"海王"直升机上完成初步训练后,他前往直升机反潜第9中队的"海狮鹫"号报到,该中队被部署在美国海军西奥多·罗斯福号的首次航行中;他于1990年再次执行任务,参加沙漠盾牌/沙漠风暴行动。沙漠风暴行动结束后,当时的中士贝茨接到了美国海军学院的入学通知。

贝茨于1995年获得军衔并从海军学院毕业,获得历史学学士学位,1996年11月获得金翼勋章,随后至第101战斗机中队的F-14"雄猫"战斗机报到。

贝茨最初被指派到VF-154"黑骑士"战斗机中队执行任务,该中队被前沿部署在日本厚木海军航空基地。后来,他被派到美国独立号和小鹰号上,以支持"南方观察"行动。在第213战斗机"黑狮"中队完成了一次训练官之旅。作为一名部门主管,他还在西奥多·罗斯福号航母上的第213攻击战斗机"黑狮"中队担任过行政和维护官员。

贝茨还曾指挥过第2攻击战斗机"赏金猎人"中队。在任期内,"赏金猎人"中队获得了战斗效能奖、韦德·麦克拉斯基奖;并在亚伯拉罕·林肯号上完成了为期8个月的环球部署,以支持持久自由行动。2018年12月至2020年5月期间,贝茨指挥美国太平洋舰队的攻击战斗机联队,这是美国海军航空兵中规模最大的一个联队。

贝茨在岸上的工作履历包括:大西洋攻击武器和战术学校、大西洋攻击战斗机武器学校担任攻击战斗机战术讲师;美国海军陆战队指挥与参谋学院;第106攻击战斗机中队担任训练官;美国特种作战司令部担任政策部门副职。贝茨于2020年7月担任美国海军学院副院长/办公室主任。

贝茨的个人军旅荣誉包括:1989年度美国海军空勤人员、2009年度海军飞行军官、国防杰出服务奖章、军团功勋奖章、海军和海军陆战队奖章、功劳服役勋章(两项)、个人行动航空奖章(带战斗"V"字,两项)、攻击/飞行航空奖章(五项)、联合部队表彰奖章、海军和海军陆战队勋章(六项,两项带有战斗"V"字)、海军和海军陆战队成就奖章(两项),以及各单位和竞选奖项。

贝茨累计飞行时间已超4500小时,已完成625次降落。

1.2.3 学员司令官

1. 学员司令官(2022年):詹姆斯·P. 麦克唐纳上校,美国海军陆战队,第89任美国海军学院学员司令官

詹姆斯·P. 麦克唐纳上校毕业于美国海军学院,获得系统工程理科学士学位,1994年5月被授予军衔。

作为一名职业炮兵军官,麦克唐纳上校的作战履历包括:第11陆战队第1营C连的排指挥官;第10陆战队第3营K排指挥官,参加阿富汗"持久自由"行动;第12陆战队第3营营作战官;担任阿富汗"持久自由"行动中阿富汗国民军6-5随团训练队负责人;第12陆战队和第11陆战队团执行官;第11陆战队第1营指挥官;最近担任第2陆战师第10陆战团指挥官。

麦克唐纳上校的参谋和联合作战履历包括:担任副司令官的执行助理,负责五角大楼美国海军陆战队总部的计划、政策和行动;在联合参谋部担任全球行动的行动官员和部门主管;在海军陆战队训练与教育司令部担任训练系统建模和仿真分析员以及多个仿真项目的主管官员;在弗吉尼亚州匡提科美国海军陆战队军官基础训练学校担任参谋/排长。2021年6月,麦克唐纳上校开始担任美国海军学院第89任学员司令官的职务。

麦克唐纳的个人军旅荣誉包括:国防杰出服务奖章、军团功勋奖章、铜星勋章、功劳服役勋章、海军表彰奖章以及各种单位和服务奖项。他于2005年在美

国海军研究生院获得建模、虚拟环境和仿真硕士学位,并于 2014 年以优异成绩毕业于美国国防大学艾森豪威尔国家安全和资源战略学院。

2. 副学员司令官(2022 年):罗伯特·W. 马修森上校

罗伯特·W. 马修森上校曾是一名入伍的核电三等助手,1992 年从美国海军学院毕业并授予军衔,获得计算机科学理科学士学位。

马修森上校的飞行经历包括:VF-14、大西洋攻击武器和战术学校、VF-143、VF-11、VFA-105 和日本冲绳舰队活动的指挥官,同时还完成了海军战斗机武器学校的训练科目。非飞行经历包括:美军联合部队司令部、美国"企业"号航空母舰军官和美国驻北约的军官。2010 年 12 月至 2012 年 2 月,马修森上校在海上指挥 VFA-105 "枪手"中队。2016 年 3 月至 2019 年 2 月,在岸上担任日本冲绳舰队活动的指挥官。马修森上校的飞行时长超过 4200h,驾驶过的机型包括 T-34C、T-2C、TA-4J、F-14A/B(U)/D、F/A-18E/F 和 UC-12F。

马修森的个人军旅荣誉包括:国防杰出服务奖章、军团功勋奖章、杰出飞行十字勋章(带 V 字)、国防功勋奖章、功劳服役勋章(两项)、战斗"V"字航空奖章、攻击飞行航空奖章(八项)、联合服务奖章、海军/海军陆战队奖章(三项)、海军/海军陆战队成就奖章(四项)、被授予 2012 年同行领导奖和各种其他部队和服务/战役奖。

3. 旅级高级士兵顾问(2022 年):伯纳德·菲格罗亚,航空电子工程师总军士长

航空电子工程师总军士长伯纳德·菲格罗亚是纽约长岛人。菲格罗亚总军士长于 1997 年 5 月在伊利诺伊州大湖区的新兵训练司令部入伍。1998 年,毕业于航空电工助手核心"A"学校,并在第一次长期执勤前参加了佛罗里达州杰克逊维尔的航空电工程助手"C"学校的培训。

他的海上服役经历包括第 45 巡逻中队、第 16 巡逻中队、第 11 联合维修组织和第 19 无人巡逻中队。在岸上,菲格罗亚总军士长先后在第 30 巡逻中队和杰克逊维尔东南舰队战备中心任职。已经完成了 6 次部署任务,并在第 4 舰队、第 5 舰队、第 6 舰队和第 7 舰队的行动区完成了 8 次分遣队任务。还曾在"联合卫士"行动和"盟军"行动中服役,参加在波斯尼亚和科索沃的维和任务。他还参加过"北望"行动、"持久自由"行动、"伊拉克自由"行动和"坚定决心"行动。

菲格罗亚的军旅荣誉包括：海军和海军陆战队勋章（三项）、海军和海军陆战队成就奖章（五项）以及各种战役和服务勋章。

菲格罗亚总军士长拥有纽约州立大学法明代尔分校的大专学位。2019年8月，他到美国海军学院报到，担任旅级高级士兵顾问。

1.2.4 军士长司令官

卡里姆·科尔军士长司令官（2022年），塞拉利昂弗里敦人，1990年12月加入美国海军。在圣地亚哥完成基本训练后，至圣地亚哥海军医学训练中心报到，先后在佛罗里达州彭萨科拉海军航空航天医学研究所的医院医务人员"A"学校和"C"学校学习。

科尔后来获得了奥斯汀佩伊州立大学的理科学士学位，韦伯斯特大学的医疗保健硕士学位、中北大学的组织领导博士学位。他还先后完成了高级士兵学院、指挥长/艇长顶点课程、美国陆军军士长学院、国防大学基石课程、弗吉尼亚大学达顿商学院海军战略思维课程的学习。他被指定为首席训练专家，是航空、水面和舰队海军陆战队战争方面的专家。

科尔的早期任务包括在陆战队第13飞机联队服役，他与陆战队攻击中队VMA-311和VMA-513一起，在贝勒伍德号航母和埃塞克斯号航母上完成三次西太平洋的部署任务。担任陆战队第26航空队中型直升机、第261中队和第22陆战队远征部队的高级医疗代表，部署在奇尔沙治号航母上，参加塞拉利昂的"宏伟尖碑"行动。在日本岩国的第1陆战队航空联队，与海军陆战队战斗机212攻击中队一起执行任务，参加"神鹰"行动。科尔还曾在绿湾部队（筹）担任卫生服务部门的主要负责人，在入选司令部高级负责人计划后，担任司令部高级负责主管。在岸上，他作为航空航天医学"C"学校的高级讲师，把他的舰队经验带回了学校。

科尔曾在"塔克"号航空母舰上任职，完成了两次西太平洋地区的部署任务；担任美国海军驻韩国部队的区域指挥长和第78特遣部队指挥官；并在美国海军飞行表演中队"蓝天使"任职。科尔最近担任的职务分别是海军教育和训练司令部、人力资源开发部队司令官。科尔于2020年7月担任美国海军学院的军士长司令官。

科尔的军旅荣誉包括：军团功勋奖章、功劳服役勋章（两项）、海军和海军陆战队勋章(五项)、陆军表彰奖章、海军和海军陆战队成就奖章(八项),以及各种单位和战役奖项。

1.2.5 监事会

监事会的职责是调查风气和纪律状况,课程、教学、实体设备、财政事务、学术方法以及与学院有关的其他事项。监事会由总统任命的六名成员、副总统任命的三名成员、众议院议长任命的四名成员、参议院军事委员会指定的一名成员以及众议院军事委员会指定的一名成员组成。美国总统每年会收到有关监事会的调查结果和建议的年度书面报告。现任成员如下。

由副总统任命(2022年):参议员本杰明·L.卡丹(马里兰州)、参议员珍妮·沙欣(新罕布什尔州)、参议员詹姆斯·兰克福德(俄克拉荷马州)。

由众议院议长任命(2022年):众议员达奇·鲁珀斯伯格(马里兰州)、众议员史蒂文·帕拉佐(密西西比州)、众议员安东尼·布朗(马里兰州)、众议员罗伯·惠特曼(弗吉尼亚州)。

由参议院军事委员会和众议院军事委员会主席任命(2022年):参议员丹·S.沙利文(阿拉斯加州)、众议员伊莱恩·卢里亚(弗吉尼亚州)。

1.2.6 监察员

监察员由院长任命,作为学院领导层和海军家庭之间的信息纽带。监察员接受培训后,可在指挥链上下传播信息,包括海军官方部门的指挥信息、指挥风气问题、当地生活质量的改善以及与社区建立良好互动。

监察员还在需要时提供资源推荐。在家庭问题需要学院广泛关注之前,监察员可以在解决这些问题方面发挥重要作用。监察员的工作内容在很大程度上是由院长对学院的建设需求所决定的。监察员在院长指导下工作,院长决定监察计划的优先事项,参与该计划的人员职责和关系,以及该计划将得到的支持类型和程度。目前,美国海军学院监察员由萨拉·斯特朗芝(2022年)女士担任。

1.3 学分政策

1. 课程学分

美国海军学院的学分政策与高等教育中普遍接受的做法、联邦政府的定义和美国中西部学分制一致。在为期15周的学期中,1h(50min)的课堂学习或教师直接指导相当于一个学分,2h的实验教学相当于一个学分,并建议每个学分有2h的课外时间。

大多数课程每周有三个学时,即三节 50min 的课程或两节 75min 的课程,学分较少或较多的课程将调整为每周相应的时间。

美国海军学院通常以"R-L-C"来表示课程学分,"R"表示每周的理论课时数,"L"表示每周的实验室课时数,"C"表示课程的总学分。学分数等于理论课时数加实验课时数的一半,即 C=R+L/2。

2. 课程要求

学员的学术课程包括核心课程和针对每个学员所选专业的主修课程。

大多数学员在海军学院第一年的学术课程都是一样的。第一学年所学的课程是核心课程的一部分,学员在第一年的期末选择专业,在学院的第二年正式开始学习主修课程,各个班级的专业课程可能有所不同。高年级学员的课程涉及核心课程和主修课程,核心课程构成了学术课程的共同课程中心,它们为学员掌握全面的通识教育和健全的专业发展提供基础。

其中一些学员,基于他们在其他地方所做的工作,有资格在这些课程中或其他更高级的课程中选择一个或多个课程获取确认学分或免修课程。确认学分只有完成海军学院组织的相关主题的测试或面试后才能获得。

1.3.1 美国海军学院核心课程

专业的选择可能会导致一些核心课程被专业要求的课程所取代,并改变课程表。阿拉伯文、中文、日文和俄文的初级语言课程可以满足 STEM(S 指科学 Science、T 指技术 Technology、E 指工程 Engineer、M 指数学 Mathematics)专业的人文与社会科学要求。非语言、非 STEM 人文或社会科学专业的学员需要学习或验证四个学期的外语课程。美国海军学院核心课程如表 1.1 所列。

表 1.1 美国海军学院核心课程

学术部门/课程标识		课程名称	课程学年			
			4/C	3/C	2/C	1/C
工程与武器	EA400/EN400/EN401	船舶性能原理或沿岸带工程或航空概论				秋季或春季
	EC310/EC312	网络工程的应用			秋季或春季	
	EM300	推进原理			秋季或春季	
	EW300	海军武器系统			秋季或春季	
	EW370/410/412	控制系统实验室			秋季或春季	
	EE301/EE331	电子基础与应用/电气工程Ⅰ			秋季或春季	

续表

学术部门/课程标识		课程名称	课程学年			
			4/C	3/C	2/C	1/C
数学与科学	SC111	化学基础Ⅰ	秋季			
	SC112/151	化学基础Ⅱ或现代化学	秋季或春季			
	SM121/131/161	微积分Ⅰ	秋季			
	SM122/162	微积分Ⅱ	春季			
	SM221/223	微积分Ⅲ		秋季		
	SM2XY	数学四(由专业决定)		春季		
	SP211/221	普通物理学Ⅰ		秋季		
	SP212	普通物理学Ⅱ		春季		
	SY110	网络安全Ⅰ	秋季或春季			
人文与社会科学	HE111	修辞学和文学概论Ⅰ	秋季			
	HE112	修辞学和文学概论Ⅱ	春季			
	HH104	美国海军史	秋季或春季			
	HH215	前现代世界			秋季或春季	
	HH216	现代西方世界			秋季或春季	
	FP130	美国政府和宪法发展	秋季或春季			
	HUM/SS 选修1	中级或以上的人文/社会科学选修课			秋季或春季	
	HUM/SS 选修2	高级或以上的人文/社会科学选修课			秋季或春季	
	语言课程	四个学期的语言课程			秋季或春季	
领导力教育与发展	NL110	领导力准备	秋季或春季			
	NE203	伦理与道德理性		秋季或春季		
	NL310	领导力:理论与应用			秋季或春季	
	NL400	初级军官法律				秋季
海员与航海	NS101	海员基础知识	秋季或春季			
	NN210	初级导航		秋季或春季		
	NN310	高级导航			秋季或春季	
	NS43X	初级军官实习				春季

1.3.2　第一学年核心课程

大多数学员在海军学院的第一年的课程要求是相同的,这一年所学的课程是核心课程的一部分,如表1.2所列。

表1.2　第一学年核心课程

秋季学期	春季学期
数学 以下课程三选一: SM005(4-0-4)微积分数学预习 SM121(4-0-4)微积分Ⅰ SM131(3-0-3)微积分Ⅰ	数学 以下课程三选一: SM121A(4-1-4)微积分Ⅰ SM122(4-0-4)微积分Ⅱ SM162(4-0-4)微积分Ⅱ
化学 以下课程二选一: SC111(3-2-4)化学基础Ⅰ SC151(3-2-4)现代化学	化学 SC112(3-2-4)化学基础Ⅱ
英语 以下课程二选一: HE101(3-0-3)实用写作 HE111(3-0-3)修辞学和文学概论Ⅰ	英语 以下课程二选一: HE111W(3-0-3)修辞学和文学概论Ⅰ HE112(3-0-3)修辞学和文学概论Ⅱ
政府 FP130(3-0-3)美国政府与宪法发展	海军历史 HH104(3-0-3)美国海军史
网络安全 SI110(2-2-3)网络安全简介	领导力 NL110(2-0-2)领导力准备
	海员训练 NS101(1-2-2)海员基础知识

第2章
招生与毕业分配

2.1 生源情况

申请人数(2021年):15699人,其中11121名男性,4578名女性。
发放通知书数:1426人,其中996名男性,430名女性。
报到人数:1194,其中830名男性,364名女性。

1. 提名类别

总统:665人;
国会:5,056人;
海军部长:421人;
美国预备军官训练团/国家少年后备役军官训练团:379人;
已故/伤残退伍军人的子女:94人。

2. 种族/族裔分类

白人:855人;
西班牙裔:148人;
多种族:121人;
非裔美国人(与其他种族一起):78(124)人;
亚裔美国人(与其他种族一起):96(159)人;
拒绝回答族裔:19人;
美国原住民:5人;
夏威夷原住民/其他太平洋岛民:5人;
国际人士:15人。

3. 地区分布和国际学员

美国海军学院在美国各州以及哥伦比亚特区、关岛和波多黎各都招收学员。

2021 届招收的新学员中还包括 15 名国际学员,分别来自:阿尔巴尼亚(1人)、喀麦隆(1人)、斐济(1人)、格鲁吉亚(2人)、约旦(1人)、马尔代夫(1人)、蒙古(1人)、黑山(2人)、秘鲁(1人)、菲律宾(1人)、波兰(1人)、韩国(1人)和斯里兰卡(1人)。

4. 军队士兵考学

共 79 人,其中海军 64 人,海军陆战队 15 人。分别为 18 名直接从舰队入学的学员(17 名海军,1 名美国海军陆战队员),以及 61 名海军学院预备学校的学员(47 名海军,14 名美国海军陆战队员)。

5. 新生成长经历统计

校队体育活动占 91%;

社区服务占 90%;

运动队队长/联席队长占 73%;

国家荣誉协会占 67%;

学员会领袖占 66%;

戏剧、公开演讲或辩论占 66%;

教会团体占 47%;

参加辅导占 44%;

工作经验(大于 10 小时/周)占 35%;

音乐活动(乐队、合唱团等)占 26%;

家庭的主要语言不是英语占 20%;

男/女童子军占 16%;

预备军官训练团/海军陆战队员/民用航空巡逻队占 15%;

家中第一个上大学的人占 13%;

学校刊物占 13%;

第一代美国人占 12%;

艰苦或不利的生活经历占 11%。

6. 校友子弟

2021 届有 50 名校友儿子和 20 名校友女儿,有 6 名成员的父母都是海军学院的校友。

7. 入学标准考试成绩

中间值:

学术能力评估考试(SAT)口语 630 分~760 分;

学术能力评估考试(SAT)数学 620 分~750 分;

美国大学入学考试(ACT)英语 27 分~34 分;

美国大学入学考试(ACT)数学 27 分~34 分。

8. 教育背景

2021 届包括 337(占 28%)名来自大学和高中后预科项目学员:

198 名来自罗得岛州纽波特海军学员预科学校;

46 名来自美国海军学院基金会和民间预科项目;

82 名已完成至少一学期大学或学院课程,11 名来自高中后预科项目。

2.2 毕业分配

1. 水面作战军官

水面作战军官在美国海军的各类水面舰艇上服役。首先,当被选中参加水面作战时,学员有机会选择执行第一次任务的舰型和母港;然后,从学院毕业后到舰上报到,第一次服役期持续约 24 个月。

新海军少尉通常担任排级军官,负责领导 12 名~50 名士兵,并负责船舶的部分设备和操作。典型的职位包括反潜作战军官、舰炮军官、通信军官和损管助理。此外,经考核后,还将获得战斗信息中心值班员、甲板军官和海军水面作战军官的资格。

2. 航空战军官

毕业后的工作地点包括舰载和岸基的各类战斗机、直升机和教练机等,美国海军航空联队是主要分配去向。

航空战军官负责监督复杂的机载通讯、导航和武器系统,帮助确保任务的成功以及相关人员安全。航空母舰是一个由 2500 多人组成的精密协同作战平台。当处于最高作战能力时,一个飞行甲板机组可以一次发射两架飞机,每 37s 降落一架飞机。

3. 海军陆战队军官

美国海军陆战队训练艰苦,装备精良,需要应对发生在世界各地的威胁,因为美国的国家利益超过了美国的边境。

海军陆战队作为一支独特的部队,将地面、航空和两栖资源结合起来。同时,美国海军陆战队还特别注重加强美国与盟国关系的联合训练,确保关键港口安全的反恐任务,因此美国海军陆战队对实时性、机动性要求极高。

4. 特种作战军官

特种作战需要那些愿意接受最极端挑战的人,其任务的特殊性和危险性对专业素养、训练内容和胆识魄力提出了不一样的要求。

特种作战军官需要为所领导的海军海豹突击队队员提供愿景、领导力、理论指导、资源分配和行动监管。并在任务中通过团队合作,不断学习、提高和完善技能,以达到最佳体能水平和最佳训练要求。

5. 爆炸物处理作战军官

爆炸物处理作战是美国国防部海上爆炸物处理部门负责的任务。作为一个小众专业,其需要在经过培训后,能在所有军事行动中进行爆炸物处理操作。其基础技术训练主要包括:海面补给和闭路潜水、静态线路和军用自由降落伞,以及专业插入和取出技术。

爆炸物处理作战军官还要接受以下方面的专业战术培训:水下防雷措施、潜水和打捞作业、反简易爆炸装置、防扩散/大规模杀伤性武器、支持美国海军和陆军特种部队、常规排爆作业、武器技术情报、战区安全合作伙伴关系和培训。

6. 潜艇作战军官

美国海军潜艇初级军官通常管理 10 名~20 名水手组成的小队,实现小型部队领导。他们负责潜艇作战的各个方面,包括工程、武器和通信。另外,由于潜艇作战本身的特殊性,潜艇军官有机会计划和执行具有战略意义的秘密任务。通过站岗值班,努力获得工程值班员、联络官和甲板军官的资格,"金海豚"奖是美国海军潜艇作战军官的一项重要荣誉激励。

第3章
工程和武器学院

3.1 学院概况

工程和武器学院向学员提供基础工程原理教育,使他们能够处理美国海军和海军陆战队的技战术需求。美国海军学院工程与武器学院共有5个系,10个不同的工程专业,如表3.1所列。

学员会沉浸在以项目为主的实践环境中,运用实践知识,领悟数学和科学基础原理,学习解决现实世界中工程问题的技能。目前,海军武器和工程系统的复杂性要求必须采取涉及多学科的教学方法,将应用工程和技术领域的革命性进展带入课堂。教师团队包括军事和文职教师。

表3.1 工程和武器学院专业

院系	专业
航空航天工程系	航空航天工程(航空) 航空航天工程(航天)
电气与计算机工程系	电气工程 计算机工程
机械工程系	机械工程 核工程 通用工程
船舶与海洋工程系	船舶与海洋工程 海洋工程
武器、机器人与控制工程系	机器人与控制工程

3.2 航空航天工程系

3.2.1 基本情况

航空航天工程系提供航空学和航天学两个课程方向,该系提供的学术项目在美国海军学院都是难度比较大的。这些项目的建立是为了培养海军军官,使之能够在海军航空、太空和研究等领域应对挑战。教学目标是为海军和海军陆战队提供在海军、政府和商界能够成长为领导者的工程学位毕业生,并且不断培养他们对航空航天系统的兴趣。在《美国新闻与世界报道》发布的2021年全球最佳大学排行榜中,航空航天工程系被评为本科航空航天项目第5名。

3.2.2 课程设置

学员将在4/C(大一)学年的3月选择专业。专业学术顾问将帮助学员注册航空航天入门课程,以及3/C(大二)学年的特定专业课程。在注册2/C(大三)学年秋季学期的课程时,学员将选择以航天为重点的课程或以航空为重点的课程。在秋季学期后期,2/C航天专业的学员将专注于固定翼飞机或旋翼飞机的学习。所有航空航天工程专业的学员都需学习该专业所需的核心课程,即轨道特定课程,在1/C(大四)学年选择选修课程。

每年专业系都会向学员提供学术简报,介绍他们需要学习哪些课程,以及他们需要如何相应地安排课程时间表。如果学员对他们的课表矩阵有具体问题,可以向顾问咨询。

1. 航空航天工程专业核心课程

EA203:航空航天工程原理Ⅰ

EA204:航空航天工程原理Ⅱ

EA221:航空航天工程师力学

EA222:航空航天工程师材料学

EA232:航空航天工程动力学

EA308:工程分析

EA322:航空航天工程师结构力学

EA305/EA332:气体动力学

2. 航天工程方向

1）必修课

EA362：天体动力学Ⅰ

EA364：航天器姿态动力学和控制

EA465：航天器通信和动力

EA405：航空航天推进

EA461：空间环境

EA467：航天器系统实验室

EA470：航天器飞行器设计Ⅱ

2）选修课

EA460：载人航天

EA462：天体动力学Ⅱ

EA463：太空作业

EA430：推进力Ⅱ

EA424：结构动力学

3. 航空工程方向

1）必修课

EA301：空气动力学Ⅰ

EA303：风洞实验室

EA304：空气动力学Ⅱ

EA413F/R：飞机稳定性和控制

EA429：飞行推进

EA401F/R：飞机性能和设计

EA439：航空航天器系统初步设计

2）选修课

EA414：飞机仿真与控制

EA417：飞行测试工程

EA421：航空航天结构Ⅱ

EA424：结构动力学

EA425：黏性流动

EA427：空气动力学Ⅲ

EA428：计算空气动力学

EA435：V/STOL飞机空气动力学

EA440:航空航天系统设计

4. 美国海军学院核心基础课程

SC111/SC112:化学Ⅰ和Ⅱ

SP211/SP212:物理学Ⅰ和Ⅱ

SY110/SY310:网络Ⅰ和Ⅱ

HE111/HE112:英语Ⅰ和Ⅱ

SM121/SM122/SM221:微积分Ⅰ、Ⅱ和Ⅲ

SM212:带矩阵的微分方程

EM319:工程热力学

EE331:电气工程

EW300:美国海军武器系统

EW410:控制系统

HH104:美国海军史

FP130:美国政府和宪法发展

HH215/HH216:西方文明Ⅰ和Ⅱ

HM/SS:人文选修课Ⅱ

NL110:领导力

NE203:伦理与道德理性

NL310:领导力:理论与应用

NL400:初级军官法律

NS101/NN210/NN310:导航Ⅰ、Ⅱ和Ⅲ

5. 详细课表

航空航天工程系详细课表如表 3.2 所列。

表 3.2 航空航天工程系详细课表

课程编号	课程名称	学分	课程简介	开课时间	课程要求
EA203	航空航天工程原理Ⅰ	2-2-3	航空学和航天学的理论和实践有两门入门课程,这是其中的第一门课程。重点是与航空和大气飞行研究有关理论的发展和应用。此系列课程为开始学习航空航天工程的学员打好基础,提高他们工程推理和解决问题的实践能力	秋季	先修课程:SM122 或同类课程

续表

课程编号	课程名称	学分	课程简介	开课时间	课程要求
EA204	航空航天工程原理Ⅱ	2-2-3	航空学和航天学的理论和实践有两门入门课程,这是其中的第二门课程,课程强调航天领域。此系列课程为开始学习航空航天工程的学员打好基础,提高他们工程推理和解决问题的实践能力	春季	先修课程:EA203、SP211
EA221	航空航天工程师力学	3-2-4	此课程介绍如何解决工程问题,重点是材料的静力学和材料力学。主题包括力的矢量表示、结果力和力矩、并发力和非并发力的平衡、确定和不确定的力系统;面积矩和惯性积;简单结构模型的支持反应和自由体图;纤细构件的内力和力矩;各向同性的Cauchy应力、线性应变和胡克定律;纤细构件的轴向、弯曲和扭转应力和应变;薄壁压力容器的轴向和环向应力;以及各向同性材料的失效标准	秋季	先修课程:SM221与SP211
EA222	航空航天工程师材料学	3-0-3	航空航天工程专业的材料科学与工程入门课程。包括材料的原子结构和微观结构,材料的物理特性,生产材料和结构的加工、制造和测试方法,以及如何防止故障发生。课程重点包括航空航天应用中常见的金属、合金和复合材料。实验室演示和实践操作用于加强课程学习和补充阅读作业,包括复合材料制造、机械性能测试、热处理、断裂、疲劳、腐蚀、蠕变和无损评价(NDE)、无损检查(NDI)方法	春季	先修课程:EA221、SC112

续表

课程编号	课程名称	学分	课程简介	开课时间	课程要求
EA232	航空航天工程动力学	3-0-3	经典的粒子和刚体的矢量运动学和动力学,从自由度到平面,最后介绍刚体的六自由度问题。课程同样介绍了能量和动量的概念和原则,课程重点是航空航天的案例和应用,为未来的结构动力学、航天飞行器动力学和控制研究打基础	春季	先修课程:EA221或EM221,并修课程:SM212
EA301	空气动力学Ⅰ	3-0-3	关于不可压缩非黏性流体力学和二维空气动力学基础的工程科学课程。课程主题包括流体静力学、流动运动学、控制方程的积分和微分形式、势流理论和薄翼型理论,课程应用强调与航空相关的主题,这是理解穿越大气层飞行理论和流体动力装置(如推进系统)理论的第一步	秋季	先修课程:EA203、SM212
EA303	风洞实验室	1-2-2	风洞测试技术的实验课程	秋季	先修课程:无。并修课程:EA301
EA304	空气动力学Ⅱ	3-0-3	此课程是系列课程中的第二门课程,提供流体力学和空气动力学的基础知识。应用于飞行理论的流体力学,帮助学员理解飞机上的外部流动,包括机翼设计、阻力累积和黏性现象,此课程最后介绍计算流体动力学的现代工具	春季	先修课程:EA301
EA305	气体动力学	2-2-3	课程涵盖航天方向学员需要学习的流体力学和热力学基本知识。控制体积分析用于建立守恒方程的积分形式。守恒方程适用于一维可压缩流动。课程涵盖仅收敛和收敛-发散喷管中的等熵流,包括正激波。激波膨胀理论应用于二维超声速流动,分析壁面摩擦(凡诺流)(Fanno flow)的影响,介绍传热效应(瑞利流)(Rayleigh flow)	春季	先修课程:EA203、SM212并修课程:EM319

续表

课程编号	课程名称	学分	课程简介	开课时间	课程要求
EA308	工程分析	1-2-2	此课程向学员介绍 MATLAB 编程环境。课上,学员将学习结构化编程的基础知识,数值理论和分析将应用于相关工程问题。学员通过使用 MATLAB 求解线性和非线性方程组、应用数值计算技术,同时使用统计学分析和绘制数据	秋季/春季	并修课程:SM212
EA322	航空航天工程师结构力学	3-2-4	材料力学综述。介绍线弹性,包括应力和应变、广义胡克定律和主应力,航空航天结构组件的形式和功能。可使用的材料,以及安全系数和安全性临界值。飞行和地面载荷,具有不对称横截面的梁的弯曲。理想半硬壳式结构横截面上的切应力分析,柱和薄壁结构的弹性屈曲。涉及仪器结构的实验室操作和涉及固体模型与有限元分析的计算机工作相结合	秋季	先修课程: EA203、EA222、EA232、SM212
EA332	气体动力学	2-2-3	此课程涵盖流体力学和热力学的基本知识,控制体积分析用于建立守恒方程的积分形式。守恒方程适用于一维可压缩流动。包括仅收敛和收敛-发散喷管中的等熵流,守恒方程适用于一维可压缩流动。包括仅收敛和收敛-发散喷管中的等熵流,包括正激波。激波膨胀理论应用于二维超声速流动,分析壁面摩擦的影响,介绍传热效应(分析二维机翼的线性化亚音速和超音速流动,讨论凡诺流(Fanno flow)和瑞利流(Rayleigh flow)	春季	先修课程:EA301、EM319

续表

课程编号	课程名称	学分	课程简介	开课时间	课程要求
EA362	天体动力学Ⅰ	3-0-3	行星和卫星运动原理简介。包括经典的两体问题、轨道要素、轨道确定、轨道转移和机动、扰动和大气阻力效应、弹道导弹轨道、交会以及月球探测和星际飞行	秋季	先修课程:EA204
EA364	航天器姿态动力学与控制	3-0-3	刚体姿态动力学和航天器的控制。使用欧拉角、方向余弦矩阵和四元数描述姿态。坐标转换。刚体的惯性特性,以体为中心的运动方程,无力矩运动,在轨环境干扰及其建模。使用电磁力矩器、推进器和动量交换装置的姿态控制。姿态控制系统的设计和仿真	春季	先修课程:EA362 并修课程:EW410
EA367	航天器通信和电力	3-0-3	此课程旨在开发卫星通信和电力基础知识,课程重点是模拟和数字通信、链路和功率预算分析以及电源子系统		先修课程:EA362 并修课程:EE331
EA400	航空概论	3-2-4	向学员介绍大气层飞行的应用科学。此课程从设计和应用的角度描述飞机及其飞行方式。课程包括流体动力学、翼型和机翼理论、飞机性能、稳定性、结构和飞机设计	秋季/春季	先修课程:SM122或SM162
EA401F	固定翼飞机的性能	3-0-3	升力和阻力计算的基本原理将应用于固定翼飞行器的分析。课程主题包括:静态和动态点性能分析和确定相关的飞行条件以优化性能。课程介绍能量法和最佳飞行轨迹,以及任务分析和评估,课程学习成果将决定EA439/440的设计选择标准	春季	先修课程:EA303 并修课程:EA304

续表

课程编号	课程名称	学分	课程简介	开课时间	课程要求
EA401R	旋翼机性能	3-0-3	将流体力学的基本原理应用到旋翼机的分析中,介绍了旋转翼空气动力分析方法。基本原理应用于直升机静态和动态性能分析,从而得出设计选择标准	春季	先修课程:EA303 并修课程:EA304
EA405	航空航天推进	2-2-3	流体力学和热力学原理将应用于飞机和航天器的推进问题。包括推进性能参数评估、火箭推力室分析、推进剂选择(包括热化学基础)、火箭飞行性能、推进剂预算和任务分析。介绍液体、固体和混合推进剂的设计和分析以及电力推进的基本原理,还介绍了喷气式推进能力以及冲压喷气发动机和涡轮喷气发动机的吸气推进能力与基本循环分析	秋季	先修课程:EA305 或 EA332
EA413F	固定翼飞机稳定性与控制	3-0-3	介绍固定翼飞机的静态和动态稳定性及控制。开发并提供用于分析和设计飞机稳定性和控制属性的工具,为顶点设计课程做准备	秋季	先修课程:EA401F 或 US-AFA 同类课程 并修课程:EW410
EA413R	旋翼机稳定性与控制	3-0-3	介绍旋转翼航空动力学分析方法。旋翼动力学的基本原理将应用于整个飞行器的静态和动态稳定性以及控制分析	秋季	先修课程:EA401R 并修课程:EW410
EA414	飞机仿真与控制	3-0-3	完成线性和非线性飞机模型,用于人机交互模型中的飞机飞行动力学的环路和批量仿真。现代控制方法在飞机增稳系统和自动驾驶仪设计中的应用	春季	先修课程:EA413 并修课程:EW410 或同等课程

续表

课程编号	课程名称	学分	课程简介	开课时间	课程要求
EA417	飞行测试工程	3-2-4	这是一门讲座和实验室课程,介绍飞机性能、空气动力学、稳定性和控制等先前课程中介绍的航空原理的实际应用。课程主题包括工程测试计划、风险管理、飞行测试仪器、测试执行、数据分析和报告编写。学员将采用行业公认的方法对轻型飞机进行有限范围的飞行试验,根据任务规范、FAA 认证标准和相关军事规范评估其属性	春季	先修课程:EA401 和(EA413F 或 EA413R),或系主任的许可
EA421	航空航天结构Ⅱ	3-0-3	介绍用于大气飞行和航天飞行器的结构分析的有限元方法。包括单元刚度矩阵的建立、整体刚度矩阵的变换、等效载荷的制定、能量法和矩阵方程的求解方法。利用有限元软件进行方案设计	春季	先修课程:EA322
EA424	结构动力学	3-0-3	应用于大气飞行和航天飞行器的结构动力学入门课程,课程主题包括分析具有一个或多个自由度的系统自由振动、阻尼振动和强迫振动;弦、梁和矩形板的振动;运动方程的矩阵形式;结构动力学分析的有限元方法简介	春季	先修课程:EA322
EA425	黏性流动	3-0-3	涵盖黏性流动问题的高级课程,包括层流、湍流、不可压缩和可压缩边界层与热传递	春季	先修课程:EA301
EA427	空气动力学Ⅲ	3-0-3	继续研究可压缩高速流动的高级课程,包括非黏性流动的一般守恒律、非定常流动问题、超声速流动的数值技术和真实气体效应。高超声速流动	春季	先修课程:EA304

续表

课程编号	课程名称	学分	课程简介	开课时间	课程要求
EA428	计算空气动力学	3-0-3	介绍计算空气动力学中使用的主要数值技术。课程主题包括数学方法、边界条件、稳定性、面元法、格点法、非线性问题、时间相关法和跨声速流动问题	春季	先修课程：EA301
EA429	航空航天推进-航空	2-2-3	课程将流体力学和热力学基础应用于吸气式(涡轮喷气发动机、涡轮风扇和涡轮螺旋桨/涡轮轴)和非吸气式(火箭)航空器推进系统的研究。课程探讨这些推进系统的推进力和性能参数，研究螺旋桨特性和性能以及无人驾驶飞机的电力推进系统	秋季	先修课程：EA332
EA430	推进力Ⅱ	3-0-3	推进课程的第二门课程，涵盖涡轮机械理论，包括压缩机、涡轮机、泵、应用和设计方法。课程同时介绍现代发动机的燃烧和冷却技术	春季	先修课程：EA429或EA365
EA435	V/STOL飞机的空气动力学	3-0-3	这是一门介绍垂直和短距离起降飞机的空气动力学的高级课程，包括固定翼和旋转翼类型，课程重点是直升机	春季	先修课程：航空轨道专业1/C年级
EA439	航空航天系统初步设计	1-4-3	在团队环境中进行航空航天系统的初步设计。包括性能和稳定性分析，结构设计和系统集成。与EA440课程一起学习，形成一个两学期的顶点工程设计课程	秋季	先修课程：航空轨道专业1/C年级或系主任许可。并修课程：EA413、EA429
EA440	航空航天系统设计	1-4-3	在团队环境中设计航空航天系统，包括性能和稳定性分析、结构设计和系统集成。与EA439课程一起学习，形成一个两学期的顶点工程设计课程	春季	先修课程：航空轨道专业1/C年级或系主任许可

续表

课程编号	课程名称	学分	课程简介	开课时间	课程要求
EA450	绘图和快速原型制造	3-0-3	介绍手绘和计算机辅助设计软件中的工程语言。介绍当前的快速制造技术及其应用。在基于项目目标学习环境中,利用工程设计、绘图和快速原型制作技能,为作战部队做出实际贡献	秋季/春季	—
EA460	载人航天	3-0-3	了解人类航天的历史、需求、挑战、成就、战略、架构和未来机遇	春季	—
EA461	空间环境	3-0-3	高层大气、近地空间和星际空间环境简介。课程主题包括:高层大气和电离层的性质、地磁场、地球辐射带和磁层、太阳风和行星际介质、大气和海洋遥感、航天器设计的环境影响	秋季	先修课程:SP212
EA462	天体动力学Ⅱ	3-0-3	天体动力学的高级课题,包括任意天体和地球的潜在可能性,根据观测确定轨道,包括实现数据平滑的数值技术,轨道和星际轨道的特殊与一般扰动,低空轨道的阻力效应。包括相关特别项目	秋季	先修课程:EA362
EA463	太空作业	3-0-3	课程研究任务操作与空间任务其他要素之间的关系。课程定义了如何将任务目标和要求转化为可行任务作战概念的过程。课程重点是如何从太空获取信息,并以可用的格式传递给用户	春季	先修课程:EA362

续表

课程编号	课程名称	学分	课程简介	开课时间	课程要求
EA465	航天器通信和电力	3-0-3	此课程旨在开发卫星通信和电力基础知识,课程重点是模拟和数字通信、链路和电源预算分析以及电源子系统	秋季/春季	先修课程:EA362 并修课程:EE331
EA467	航天器系统实验室	0-4-2	对空间系统的主要系统元素进行实验分析,包括地面控制和动力、姿态控制、通信、推进和热控制。课程介绍系统应用运载工具和环境的限制,介绍工程设计过程以及其计算机适应性	秋季	先修课程:无 并修课程:EA465
EA469	航天器飞行器设计Ⅰ	1-4-3	在团队环境中初步设计完成航空航天系统。课程包括任务目标定义、系统需求开发以及利用系统工程实践进行概念设计和详细设计、设计迭代和原型设计,与EA470课程一起学习,组成两学期的顶点工程设计课程	秋季	先修课程:航空轨道专业1/C年级或系主任许可
EA470	航天器飞行器设计Ⅱ	1-4-3	在团队合作环境中,完成航天器飞行器的硬件制造、软件开发、系统集成、测试、设计迭代和操作,与EA469课程一起学习,组成两学期的顶点工程设计课程	春季	先修课程:航空轨道专业1/C年级或系主任许可

3.3 电气与计算机工程系

3.3.1 基本情况

电气与计算机工程系提供电气工程和计算机工程的学士学位。学员在电气和计算机工程学科和原理方面接受广泛的教育,从而提高他们理解、设计和操作海军自控系统的能力。电气与计算机工程系拥有优秀的教师、课程和配套设施资源,在教学和研究方面取得了卓越的成绩。可提供两个ABET认证的专业,支持电气工程和网络工程的核心课程。

1. 电气工程专业

电气工程是一门以电的形式使用电力和信息的学科。该学科内容广泛，涵盖无线通信、可再生能源、电力运输系统、仪器仪表、信号处理和计算系统（计算机）等主题。它所提供的技术背景涵盖面广，适用于美国海军各个部门及民用日常需要。

电气工程专业需要学习电气工程基础课程，包括电路分析、数字逻辑系统、半导体设备电子学、电力系统和电机学、通信、电磁学和基于微处理器的系统设计。选修课主题众多，包括半导体物理学、机械和发电机、无线通信、网络化、数字信号处理、生物识别信号处理、光纤、计算机结构、仪器仪表和微机接口技术。设计贯穿所有课程，同时也是课程重点。

2. 计算机工程专业

计算机工程是一门结合了电气工程和计算机科学基本原理的学科。计算机工程师必须了解有关计算机的各个方面，从低级组件的硬件原理到控制高级操作的计算机软件。

计算机工程专业需要学习电气工程基础课程，包括交流和直流电路分析、数字逻辑系统、电子学和机电学、信号和系统、数据结构、通信、计算机结构和基于微处理器的系统设计。计算机工程专业的学员将有机会选修嵌入式系统、计算机操作系统、微机接口技术、超标量处理器设计、超大规模集成电路（VLSⅠ）设计、计算机网络、数字信号处理、生物信号处理和计算机视觉。

3. 发展机遇

在与美国国防部计算机取证实验室、海军水面作战中心、海军研究生院、约翰·霍普金斯大学应用物理实验室、宾夕法尼亚州立大学、国家安全局和海军研究实验室等机构合作的暑期实习项目中，学员可以同科学家一起工作，改进与国防相关的关键应用设计，并完善它们的实施和使用情况。通常，该系毕业生有些会取得三叉戟学者和鲍曼学者荣誉，有些将继续在一线研究机构中进行研究生学习，还有一些会顺利完成语言辅修课程。同时，该系有许多国际合作平台，促进同国外院校和军事院校的交流。电气和计算机工程毕业生在退役后，许多人也许会出现在商业和法律等"非技术性"领域。

3.3.2　课程设置

1. 核心课程

EE301 电气基础与应用

EE331 电气工程Ⅰ

EC310 网络工程的应用

EC312 网络工程在系统工程中的应用

2. 计算机工程专业课程

EC244 电子学/电机学

EC262 数字系统

EC356 计算机网络与安全应用

EC361 基于微型计算机的设计

EC362 计算机结构

EC404 操作系统

EC456 无线网络

EC462 高级计算机结构

EC463 微机接口

EC485E 硬件安全

EC486A 编译器

EC495/EC496 计算机工程研究

3. 电气工程专业课程

EE221 电气工程简介 Ⅰ

EE241 电子学

EE320 电气工程简介 Ⅱ

EE322 信号和系统

EE342 高级电子学

EE344 电力转换

EE353 电气和计算机工程的概率统计和线性代数

EE354 现代通信系统与网络应用

EE372 工程电磁学

EE411 电气和计算机工程设计 Ⅰ

EE414 电气工程设计 Ⅱ

EE420 电机原理及驱动

EE426 电子仪表基础

EE431 高级通信理论

EE432 数字信号处理

EE433 无线通信

EE434 无线和蜂窝式通讯系统 Ⅱ

EE435 生物识别信号处理

EE440 脑-机学习

EE451 半导体的电子特性

EE472 光纤通信

EE473 雷达电子战原理

EE475 激光基础知识

EE486C 光纤通信和传感

EE495/EE496 电气工程研究

4. 为其他专业服务课程

EE313 逻辑设计和微处理器

SY310 网络和无线通信介绍

5. 详细课表

电子与计算机工程系详细课表如表3.3所列。

表3.3 电子与计算机工程系详细课表

课程编号	课程名称	学分	课程简介	开课时间	课程要求
EC244	电子学/电机学	3-2-4	此课程只针对计算机工程专业的学员,将介绍电子学和电机学。涉及的主题包括放大器电路、比较器、二极管、电压调整、双极性晶体管、金属氧化物场效应晶体管(MOSFET)、单相和三相供电、理想变压器、直流电动机和交流发电机。强调问题解决、实验室操作和电路设计能力	春季	先修课程:EE221
EC262	数字系统	3-2-4	此课程涵盖实现数字系统的基础知识。课程主题包括布尔代数、卡诺图、触发器、用于系统最小化的状态图以及时序电路和逻辑功能电路的分析、二进制算术、解码器、编码器、多路传输和信号分离器,以及计数器和寄存器设计。介绍复杂的可编程逻辑器件(现场可编程门阵列)系统和VHDL,并提供项目应用的介绍	秋季	先修课程:无

续表

课程编号	课程名称	学分	课程简介	开课时间	课程要求
EC310	网络工程的应用	2-2-3	此课程侧重网络操作的工程方面,包括网络侦查、网络防御和网络攻击,是SY110的后续课程。包含两个主要研究领域:主机部分(单一计算机终端)和包括无线通信在内的网络部分。每个研究领域的最后将详细介绍常见的网络攻击类型和防御措施,课程教材将通过在实验室中展示孤立虚拟环境中的理论概念予以强化和补充	秋季/春季	先修课程:网络(Cyber)Ⅰ(SY110)及物理Ⅱ(SP212 or SP222)或系主任的许可
EC312	网络工程在系统工程中的应用	2-2-3	此课程侧重网络操作、网络防御和网络攻击的工程方面。包含三个主要研究领域,主机部分(包括数字电子学介绍)、无线通信和计算机网络(侧重于TCP/IP协议和控制器局域网(CAN)协议)。每个研究领域的最后将详细介绍常见的网络攻击类型和防御措施,课程教材将通过实验室或安全练习得到强化和补充,这些练习将展示孤立的虚拟环境中的理论概念	春季	先修课程:SY110,EW200/202,EE331
EC356	计算机网络与安全应用	3-2-4	此课程提供数据和计算机通信的基础知识。重点放在TCP/IP网络架构框架内的协议和网络设计。探讨了数据通信、广域网络和局域网络的关键技术领域。在网络堆栈的各个层面上研究网络安全考虑因素、漏洞和解决方案	春季	先修课程:EE353

续表

课程编号	课程名称	学分	课程简介	开课时间	课程要求
EC361	基于微型计算机的设计	3-2-4	介绍基于原理的基础知识,对使用微处理器的系统进行分析和设计。学员将详细了解具有代表性的微控制器的结构和指令集,汇编语言和C语言,以及中断的使用。学员将设计和建立包含数字和模拟组件的电路,并将学习使用定时器、异步串行通信、并行通信、模/数(A/D)和数/模(D/A)转换器以及脉宽调制器。强调设计方程的推导和使用,以实现预期行为	秋季	先修课程:EC262或EE313
EC362	计算机结构	3-2-4	此课程涵盖计算机的组织、结构和设计,首先回顾计算机的历史。设计主题包括:复杂和简化的指令集设计;数据寻址;中央处理单元、寄存器和算术逻辑单元的设计,包括二进制的加法和乘法;处理异常的电路;数据总线;存储器系统设计;输入/输出(I/O)系统设计;定点和浮点硬件,流水线设计。处理器的VHDL实现,以及性能分析	春季	先修课程:EC262和EC361,或者系主任的同意
EC404	操作系统	3-0-3	这是一门入门课程,涵盖计算机操作系统的基本概念和原理,重点是进程管理,包括线程、内存管理、文件系统结构、I/O管理和安全。学员将参与一些编程项目	春季	先修课程:SI204
EC415	计算机工程设计Ⅱ	2-2-3	此课程提供计算机工程设计、开发和原型测试方面的实践练习。教师批准项目后,学员开发原型,排除故障,并收集性能数据,完成最终设计的建造和包装。在完成项目最终书面报告后,将向同学和系里的教师进行正式介绍,以代替期末考试	春季	先修课程:EE411和电气和计算机工程专业1/C年级或者系主任的许可

续表

课程编号	课程名称	学分	课程简介	开课时间	课程要求
EC456	无线网络	2-2-3	无线网络和无线网络安全的入门课程。主要课题包括无线信道；IEEE 802.11（WiFi）标准，以及无线安全。其他课程主题（如果时间允许）可能包括蓝牙、无线传感器网络和其他高级主题	春季	先修课程：EC356 或 IC322
EC462	高级计算机结构	3-0-3	此课程为学员提供了现代计算机设计的深入研究，首先回顾初级计算机结构，随后进入对微处理器高速性能的现代方法研究。该课程涵盖了现代超标量处理器设计的基本主题：回顾流水线处理器设计和先进的分层存储器设计；其他主题包括高级分支预测、寄存器重命名、乱序执行和高级推测。该课程还对内存和存储技术进行了介绍，同时涉及并行处理、矢量机、GPU、CUDA 编程、线程级并行，以及数据仓库/云计算。最后几周专门对高级计算机架构领域的研究论文进行分析	秋季/春季	先修课程：(EC362 和 SI204) 或者 (IC220 和 IC210)
EC463	微机接口	2-4-4	此课程是一门基础课程，介绍计算机与外围设备和通信设备进行连接的技术，以及使用计算机编程实时控制外部设备的方法。课程由以项目为导向的实验操作作为配套教学，学员有机会接触计算机控制的外围设备。该课程的重点是深入研究中断处理、轮询、直接内存访问、内存映射接口、并行 I/O 协议、串行 I/O 协议、进程间通信以及设计硬件和软件的模块化技术	春季	先修课程：EC262 或 EE313

续表

课程编号	课程名称	学分	课程简介	开课时间	课程要求
EE221	电气工程简介Ⅰ	3-2-4	课程通过应用基本网络法则和定理来对线性电路进行分析。学员将得出直流电路、正弦稳态电路以及一阶和二阶电路的解决方案。学员将了解到线性集成电路，如运算放大器和定时器。实验练习中，学员建立和设计电路并使用测试设备，以加强对课上材料的学习。课程重点包括故障排除技能的介绍和实验记录本的维护。计算机模拟贯穿所有课程，用以支持分析和设计任务	秋季	先修课程：微积分Ⅰ。只适用于电子工程专业或电气计算机工程专业学员，或系主任许可。
EE241	电子学	3-2-4	介绍半导体器件（PN结二极管、双极和场效应晶体管）的物理学。根据适当的外部变量对器件进行设备特性描述，构建小信号和大信号模型。课程重点包括实用电子电路，如放大器、滤波器、整流器、稳压器和开关电路	春季	先修课程：EE221或EE331
EE301	电气基础与应用	3-2-4	介绍适合船载系统模型的交流和直流电路理论。分析电路的电阻、电容、电感和电源，预测稳态和一阶瞬态的电压、电流和功率。介绍船舶应用环境下的阻抗匹配、滤波器、变压器、电机/发电机和三相配电系统。在实验操作中，使用舰队中的工具和设备，并比较理论和实际电路性能	秋季/春季	先修课程：物理Ⅱ（SP212或SP222）
EE313	逻辑设计和微处理器	3-2-4	这是一门针对非电气工程专业的学员，介绍数字电子学的入门级项目课程。课程开始将介绍组合和顺序电路的设计、分析和最小化，以及它们在分立元件和可编程逻辑设备中的应用。课程中期介绍MSI设备和数字运算的使用。课程最后介绍汇编级编程和基于微处理器/微控制器的系统设计	春季	先修课程：EC310或EC312

续表

课程编号	课程名称	学分	课程简介	开课时间	课程要求
EE320	电气工程简介Ⅱ	2-2-3	课程介绍电力系统和旋转机械的分析。学员应用电路分析技术来解决单相和三相电力问题。此外,还包括理想和非理想变压器、直流机器和同步机器的分析。课程介绍电力电子电路,包括直流电机速度控制和电源的例子,强调问题解决能力和实验室操作	秋季	先修课程:EE221
EE322	信号和系统	3-2-4	课程针对信号的时域和频域,以及对其进行操作的系统,延展了二者之间的关系。使用卷积、傅里叶和拉普拉斯变换的技术来分析连续和离散时间线性、时间不变量系统,包括具有零初始条件的电路,以确定其I/O关系。在软件模拟和基于硬件的实验中,使用这些理论工具探索信号和系统	秋季	先修课程:EE241或EC244或系主任许可
EE331	电气工程Ⅰ	3-2-4	研究直流和交流电子元件和电路,包括Thevenin等效、一阶系统的自然和强制响应、交流电力和交流三相系统。介绍二极管、变压器和整流电路,并引导对电力调节和机器控制应用的讨论。在船舶应用环境下,研究和讨论交流和直流机器	秋季/春季	先修课程:物理Ⅱ(SP212或SP222)
EE342	高等电子学	3-2-4	这是一门以项目为导向的课程,学员将探索模拟电路和设计方法等高级课题,课程重点是运算放大器、振荡器、有源滤波器、音频电路、晶体管和集成电路。学员研究各种传感器和执行器		先修课程:EE241或EC244

续表

课程编号	课程名称	学分	课程简介	开课时间	课程要求
EE344	电力转换	3-2-4	此课程包括分析、模拟、设计、控制和构建将电力转换应用在电气和机械领域的系统。课程主题包括电力电子电路、电机、系统设计和反馈控制,在可再生能源、制造业、机器人和国防方面的应用。该课程提供从基础设计到商业产品选择的广泛介绍,为学员在完成涉及功率转换的毕业设计或研究项目上提供巨大帮助,课程强调通过数学建模和模拟进行设计,以及之后的实施和测试	秋季	先修课程:EE320 或 EE331 或经教师许可
EE353	电气和计算机工程的概率统计和线性代数	3-0-3	此课程介绍概率、统计和线性代数,以及它们在电子和计算机工程方面的应用。课程从介绍概率论的基本原理开始,并将这些概念应用于使用统计学基本原理进行数据分析的实践中。课程最后通过矩阵分析和操作,将线性代数应用于解决工程问题	秋季	先修课程:SM212 或 SM222
EE354	现代通信系统与网络应用	3-2-4	此课程介绍通信系统,重点是网络背景下的模拟和数字通信系统的分析与设计。课程主题包括功率和能量谱密度,模拟信号的量化,线路编码,基本模拟和数字调制技术,以及发射器和接收器的设计概念。调制将在频谱特性和AWGN信道性能的基础上进行分析,介绍这些技术在实际通信系统中的应用。课程最后将简要介绍扩频和无线通信	春季	先修课程:EE353 和 EE322
EE372	工程电磁学	3-2-4	此课程介绍基本的传输线理论和高频电路设计应用。麦克斯韦方程是针对随时间变化的场制定的方程式,并适用于自由空间、传输线和天线中的传播。实验室提供关于传输线、自由空间传播、光波导和天线的实际操作	春季	先修课程:物理Ⅱ(SP212 或 SP222)

续表

课程编号	课程名称	学分	课程简介	开课时间	课程要求
EE411	电子和计算机工程设计Ⅰ	2-2-3	课程中的一系列设计问题将带领学员经历从规范到性能验证的整个设计过程。除技术设计外,课程还提及安全、经济、道德和社会影响等因素,课程中将执行和评估一个小型项目。每个学员选择一个实践项目,开发并提交一个拟在EE414(针对电气工程师)或EE415(针对计算机工程师)完成的项目设计。该设计提案将向同级学员和指导教师展示,以代替期末考试	秋季/春季	先修课程:电子电气工程或电子计算机工程专业的1/C年级或系主任许可
EE414	电气工程设计Ⅱ	2-2-3	此课程提供工程设计、开发和原型测试方面的练习。在教师批准项目后,学员开发原型,排除故障,收集性能数据,完成最终设计的施工和包装。在完成项目最终书面报告后,将向同级学员和系里的教师进行正式介绍,以代替期末考试	春季	先修课程:EE411和电子电气专业1/C年级,或系主任许可
EE420	电机原理及驱动	3-2-4	该课程包括对磁路和机电能量转换原理的介绍。在这些课程主题的基础上,介绍变压器、直流电机、感应机和同步机的基本操作、分析、建模和设计。课程同时涉及直流和交流机器的模拟和电力电子控制。作为直流配电系统的一部分,同步机/三相整流器的输出波形也将在课程中进行研究。该课程利用模拟练习和大量的实验室硬件练习来加强理论学习并验证衍生模型	春季	先修课程:EE320

续表

课程编号	课程名称	学分	课程简介	开课时间	课程要求
EE426	电子仪器基础	2-2-3	此课程是关于电子仪器设计的实用介绍。所有仪器的共同点是他们都来自物理世界的输入。许多仪器还涉及对外部设备进行控制。学员研究各种传感器和执行器。实验室课程支持对电子仪器系统主要组成部分的广泛研究：即传感器、数据采集、信号调节、计算机控制和执行器	秋季/春季	先修课程：EE221 或 EE301 或 EE331
EE432	数字信号处理	3-2-4	作为 EE322（信号与系统）的后续课程，该课程进一步探讨离散时间信号和系统的创建（A/D）和处理，以及在时域和频域中对其进行分析。课程介绍离散时间傅里叶变换和Z变换。研究系统特性，如稳定性、线性和时间不变性。以线性时变（LTI）系统为重点，线性恒定系数差分方程（LCCDE）用来联系系统的时域I/O关系以及系统的频率响应。设计符合规格的数字滤波器，包括 FIR 和 IIR，并应用于离散输入，如语音、音乐和生物医学信号	秋季	先修课程：EE322 或系主任许可
EE433	无线通信	3-2-4	此课程深入研究基于蜂窝的无线通信系统。课程主题包括系统设计、移动无线电传播、链路预算、小规模衰减、多径和移动无线电等多样性技术。介绍美国目前使用的已获许可和未经许可的无线系统的特点，与课程材料相关的最新话题/出版物的技术讨论也有所涉及。在实验室环境下学习操作室内和室外射频传播的测量学员需要完成一个大型期末项目	秋季	先修课程：EE354 或系主任许可

续表

课程编号	课程名称	学分	课程简介	开课时间	课程要求
EE434	无线和蜂窝式通信系统Ⅱ	3-2-4	继续深入研究无线和蜂窝电话系统。研究包括移动无线电的调制技术、均衡化、多样性和信道编码。课程将开展小组研究项目,以代替期末考试	春季	先修课程:EE433 或经系主任许可
EE435	生物识别信号处理	2-2-3	此课程介绍生物识别技术,即根据人体独特的身体或生理特征自动进行识别的手段和方法。课程提供有关模式识别和图像处理技术的概述,以及如何将这些方法应用于识别虹膜、面部、指纹和手部几何特征		先修课程:EE353 和 EE322,或系主任许可
EE440	脑-机学习	2-2-3	此课程阐述机器学习、信号处理和神经科学等概念,以了解出于治疗或康复目标的现代脑机接口与神经系统互动技术,及其如何解释和回应大脑信号,这些技术的应用案例包括盲人的视网膜和截肢者通过人脑驱动的肢体假体。该课程还通过指导学员阅读科学和工程文献,在系统层面上研究脑-机接口。具体课程主题包括面向工程师的基本神经解剖学和神经生理学,以及神经信号的降维、去噪、分类和聚类的统计技术	春季	先修课程:EE322 和 EE353 或经教师许可
E451	半导体的电子特性	3-0-3	此课程培养学员理解半导体特性,及其如何决定半导体设备的性能。课程阐述空穴和电子传导以及电荷载体分布模型。为研究半导体传输现象,课程将介绍电荷载流子的产生和再结合以及导致漂移和扩散的载流子动力学。该课程详细研究 PN 结、双极面结型晶体管和场效应晶体管	秋季	先修课程:物理Ⅱ(SP212 或 SP222)或 EE241 或系主任许可

续表

课程编号	课程名称	学分	课程简介	开课时间	课程要求
EE472	光纤通信	3-2-4	此课程介绍光波导和光纤通信系统的特性。研究光纤的传播模式、色散和衰减。课程讨论光波发射器和接收器、光放大器和波分复用的组件,并分析完整的光通信网络	春季	先修课程:物理Ⅱ(SP212或SP222)或经教师许可
EE473	雷达电子战原理	3-0-3	此课程介绍雷达基础知识、中级雷达主题、特殊雷达主题以及电子战争(EW)。基础知识包括使用脉冲和CW信号进行距离和多普勒估测、雷达探测理论、雷达组件、距离和多普勒估测、PRF和雷达模糊性。中级课题包括传播问题、杂波处理、MTI和脉冲多普勒以及跟踪。特别课题包括合成孔径雷达(SAR)成像、超视距(OTH)雷达和双星雷达。课程中的电子战争部分分别研究了三个电子战争原则:即EA、EP和ES,依次研究相应技术技巧		先修课程:EE372和EE354
EE475	激光基础知识	3-0-3	此课程讨论激光发展和操作的基础知识,包括光的波和粒子性质、相干性和偏振、基本量子力学、产生激光的条件、激光束传播和光束在真空中的发展,以及对气湍流影响。其他课题可能包括海洋光学、傅里叶光学、自由空间光通信、全息学、特定的激光系统、大气特性和非线性光学效应		先修课程:SP212或经教师许可

3.4 机械工程系

3.4.1 基本情况

机械工程系提供机械工程、核工程和通用工程方面的认证学位,为学员提供机械工程学科的广泛教育和基本工程原理知识,增进他们了解和设计美国海军系统并管理这些系统的能力。

1. 机械工程专业

该专业希望毕业生具备崇高的职业道德和专业水准,并帮助他们不断在美国海军服役、专业培训、研究生学习和工程职业等领域取得成就。机械工程专业得到了 ABET 工程认证委员会的认证。

1) 教学目标

在毕业后的几年内(3~5年),希望毕业生能够获得以下资格和职务。

(1) 参战资格。

(2) 在美国海军典型的复杂技术环境中成功担任领导职务。

在毕业后的5~9年内,希望毕业生能够获得以下成果。

(1) 攻读研究生课程,或其他形式的继续教育和专业发展所需的认证。

(2) 管理并成功完成技术项目,显示出可以运用基本工程原理知识的能力,能够胜任工程师和领导职务,有效完成综合性任务。

2) 教学成果

2009年12月,机械工程专业开始采用ABET课程标准3(a~k)作为检验学员学习成果的标准。

(1) 应用数学、科学和工程知识的能力。

(2) 有能力设计和完成实验,以及分析和解释数据。

(3) 有能力设计一个系统、部件或过程,即使受到现实条件因素的限制,如经济、环境、社会、政治、道德、健康和安全、可制造性和可持续性等因素,也能满足预期需求。

(4) 在多学科团队中发挥作用的能力。

(5) 识别、构想和解决工程问题的能力。

(6) 对职业和道德责任的理解。

(7) 有效沟通的能力。

(8) 拥有广泛的知识背景,了解工程解决方案在全球、经济、环境和社会背景下的影响。

(9) 认识到终身学习的需要,并有能力参与其中。
(10) 对当代问题的了解。
(11) 有能力使用工程实践所需的技术、技能和现代工程工具。

3) 机械工程专业必修课程(表3.4)

表3.4 机械工程专业必修课程

课程编号	课程名称	学分
EM211	静力学	3-0-3
EM215	机械工程简介	1-4-3
EM232	动力学	3-0-3
EM217	材料强度	3-2-4
EM319	工程热力学	3-0-3
EM371	设计简介	2-2-3
EM313	材料科学	3-2-4
EM324	流体力学	3-2-4
EM320	应用热力学	2-2-3
EM375	机械工程试验	2-2-3
EM415	传热学	3-2-4
EM471	机械工程设计Ⅰ	2-2-3
EM472	机械工程设计Ⅱ	2-2-3
EX485F	跨学科顶点设计Ⅰ	2-2-3
EX486F	跨学科顶点设计Ⅱ	1-4-3

4) 机械工程专业选修课程(表3.5)

表3.5 机械工程专业选修课程

课程编号	课程名称	课程学时
EM420	机械工程师的项目管理	3-0-3
EM424	机械学的分析方法	3-0-3
EM433	计算机辅助制造	2-2-3
EM441	激光在海军中的应用	3-0-3
EM444	太阳能工程	3-0-3
EM447	风能和海流能	3-0-3
EM451	机器人元件的设计	2-2-3
EM456	腐蚀和腐蚀控制	2-2-3

续表

课程编号	课程名称	课程学时
EM458	失效分析	2-2-3
EM461	发动机：原理、设计和应用	2-2-3
EM485F	能源分析、政策和安全	3-0-3
EM486H	显微镜和微观分析	2-2-3
EM496A	声音和振动	3-0-3
EM486B	车辆动力学	2-2-3
EM486H	废料能源转化	3-0-3
EX486B	现代武器的设计与分析	3-0-3

另外，所有的核工程课程都可以作为机械工程选修课。

2. 核工程专业

1) 教学目标

在毕业后的数年内(3~5年)，希望毕业生能够获得以下资格和职务。

(1) 参战资格。

(2) 在海军典型的复杂技术环境中成功担任领导职务。

在毕业后的5~9年内，我们希望毕业生能够获得以下成果。

(1) 攻读研究生课程，或其他形式的继续教育和专业发展所需的认证。

(2) 管理并成功完成技术项目，显示出可以运用基本工程原理知识的能力，能够胜任工程师和领导职务，有效完成综合性任务。

2) 教学成果

核工程专业采用ABET课程标准3(a~k)作为检验学员学习成果的标准。

(1) 应用数学、科学和工程知识的能力。

(2) 有能力设计和完成实验，以及分析和解释数据。

(3) 有能力设计一个系统、部件或过程，即使受到现实条件因素的限制，如经济、环境、社会、政治、道德、健康和安全、可制造性和可持续性等因素，也能满足预期需求。

(4) 在多学科团队中发挥作用的能力。

(5) 识别、构想和解决工程问题的能力。

(6) 对职业和道德责任的理解。

(7) 有效沟通的能力。

(8) 拥有广泛的知识背景，了解工程解决方案在全球、经济、环境和社会背景下的影响。

(9) 认识到终身学习的需要,并有能力参与其中。

(10) 对当代问题的了解。

(11) 有能力使用工程实践所需的技术、技能和现代工程工具。

3) 核工程专业必修课程(表3.6)

表 3.6 核工程专业必修课程

课程编号	课程名称	学分
EM215	机械工程简介	1-4-3
ER301	核工程基础	3-0-3
EM319	工程热力学	3-0-3
ER362	反应堆物理学	2-2-3
ER371	核电站设计	3-0-3
EM324	流体力学	3-2-4
EM415	传热学	3-2-4
EM471N	核工程设计Ⅰ	2-2-3
EM472N	核工程设计Ⅱ	2-2-3
ER468	核电站工程	3-0-3
ER463	辐射工程	2-2-3

4) 核工程专业选修课程(表3.7)

表 3.7 核工程专业选修课程

课程编号	课程名称	学分
EM420	机械工程师的项目管理	3-0-3
EM424	机械学的分析方法	3-0-3
EM433	计算机辅助制造	2-2-3
EM441	激光在海军中的应用	3-0-3
EM444	太阳能工程	3-0-3
EM447	风能和潮汐能	3-0-3
EM451	机器人元件的设计	2-2-3
EM456	腐蚀和腐蚀控制	2-2-3
EM458	失效分析	2-2-3
EM461	发动机:原理、设计和应用	2-2-3
EM485F	能源分析、政策和安全	3-0-3
EM486H	显微镜和微观分析	2-2-3

续表

课程编号	课程名称	学分
EM496A	声音和振动	3-0-3
EM486B	车辆动力学	2-2-3
EM486H	废料能源转化	3-0-3
EX486B	现代武器的设计与分析	3-0-3

3. 通用工程专业

1)教学目标

在毕业后的数年内(3~5年),希望毕业生能够获得以下资格和职务。

(1)参战资格。

(2)在美国海军典型的复杂技术环境中成功担任领导职务。

在毕业后的5~9年内,希望毕业生能够获得以下成果。

(1)攻读研究生课程,或其他形式的继续教育和专业发展所需的认证。

(2)管理并成功完成技术项目,显示出可以运用基本工程原理知识的能力,能够胜任工程师和领导职务,有效完成综合性任务。

2)教学成果

通用工程专业采用ABET课程标准3(a~k)作为检验学员学习成果的标准。

(1)应用数学、科学和工程知识的能力。

(2)有能力设计和完成实验,以及分析和解释数据。

(3)有能力设计一个系统、部件或过程,即使受到现实条件因素的限制,如经济、环境、社会、政治、道德、健康和安全、可制造性和可持续性等因素,也能满足预期需求。

(4)在多学科团队中发挥作用的能力。

(5)识别、构想和解决工程问题的能力。

(6)对职业和道德责任的理解。

(7)有效沟通的能力。

(8)拥有广泛的知识背景,了解工程解决方案在全球、经济、环境和社会背景下的影响。

(9)认识到终身学习的需要,并有能力参与其中。

(10)对当代问题的了解。

(11)有能力使用工程实践所需的技术、技能和现代工程工具。

3)通用工程专业必修课程(表3.8)

表 3.8　通用工程专业必修课程

课程编号	课程名称	学分
EM211	静力学	3-0-3
EG215	通用工程简介	1-4-3
EM232	动力学	3-0-3
EM316	热-流体科学Ⅰ	3-2-4
EM317	热-流体科学Ⅱ	2-2-3
EM313	材料科学	3-2-4
EG471	通用工程设计Ⅰ	2-2-3
EG472	通用工程设计Ⅱ	2-2-3
EX485F	跨学科顶点设计Ⅰ	2-2-3
EX486F	跨学科顶点设计Ⅱ	1-4-3

4）通用工程专业选修课程(表 3.9)

表 3.9　通用工程专业选修课程

课程编号	课程名称	学分
EM420	机械工程师的项目管理	3-0-3
EM424	机械学的分析方法	3-0-3
EM433	计算机辅助制造	2-2-3
EM441	激光在海军中的应用	3-0-3
EM444	太阳能工程	3-0-3
EM447	风能和潮汐能	3-0-3
EM451	机器人元件的设计	2-2-3
EM456	腐蚀和腐蚀控制	2-2-3
EM458	失效分析	2-2-3
EM461	发动机:原理、设计和应用	2-2-3
EM485F	能源分析、政策和安全	3-0-3
EM486H	显微镜和微观分析	2-2-3
EM496A	声音和振动	3-0-3
EM486B	车辆动力学	2-2-3
EM486H	废料能源转化	3-0-3
EX486B	现代武器的设计与分析	3-0-3

3.4.2 课程设置

通用工程专业课程设置如表3.10所列。

表3.10 通用工程专业课程设置

课程编号	课程名称	学分	课程简介	开课时间	课程要求
EG471	工程设计Ⅰ	3-0-3	课程涉及两个学期,本门课程是通用工程专业学员需要掌握的顶点序列课程中的第一门课程。课程主题包括工程设计过程、项目管理、法规和标准。学员组成设计团队,选择一个顶点设计项目,项目进展包括项目定义、项目提议、探索性研究、概念选择和初步设计。顶点设计项目将在课程EM422中继续进行		先修课程;仅适用于通用工程专业1/C年级
EG472	工程设计Ⅱ	2-2-3	课程涉及两个学期,本门课程是通用工程专业学员需要掌握的顶点序列课程中的第二门课程。学员继续进行概念选择、详细的设计、原型制作并评估他们的顶点设计项目。准备正式的陈述和报告来对设计进行汇报和记录		先修课程:EM421;适用于通用工程专业1/C年级
EM211	静力学	3-0-3	应用矢量力学的基础课程,重点是静态平衡。课程主题包括力、力矩、耦合、等效力-耦合系统、中心点、分布力和库仑摩擦。强调自由体图如何应用于框架、机器和桁架的静态平衡分析	秋季/春季	先修课程:无;并修课程:微积分Ⅲ和物理Ⅰ

续表

课程编号	课程名称	学分	课程简介	开课时间	课程要求
EM215	机械工程简介	1-4-3	这是一门机械、通用工程和核工程专业的概述课程。学员将学习机械、材料和热科学的主要领域。此外,课程提供了可视化技能和设计过程的背景知识。课程中将借助项目操作来加强对机械工程和设计过程的理解	秋季	先修课程:无;仅适用于机械工程、核工程和通用工程专业的学员
EM217	材料强度	3-2-4	可变形体力学的第一门课程,课程重点是使用工程学方法研究可变形体对各类负载的反应。课程主题包括应力-应变关系、应力-应变分析、应力和应变转换(莫尔圆)、负载-挠度、弯曲、扭转、屈曲和温度影响	秋季/春季	先修课程:EM211 并修课程:SM212
EM221	核工程力学	3-2-4	力的矢量表示,结果力和力矩,并发和非并发力的平衡,确定的和不确定的力系统,面积矩和惯性积,简单结构模型的支撑反应和自由体图,纤细构件的内力和力矩。各向同性的Cauchy应力,线性应变和Hooke定律,结构件中的轴向、扭转和弯曲应力,薄壁和厚壁压力容器的轴向和环向应力。各向同性材料的失效标准。结合实验课程,加强对概念的理解并提供切实可行的建议	秋季	并修课程:SP211和SM221
EM232	动力学	3-0-3	经典的矢量动力学课程。课程主题包括矢量代数和微积分,粒子和刚体的运动学和动力学,以及能量和动量方法。解决问题包括粒子和刚体运动问题在内的能力	春季	先修课程:EM211 并修课程:SM212

续表

课程编号	课程名称	学分	课程简介	开课时间	课程要求
EM232A	动力学	3-0-3	经典的矢量动力学课程。课程主题包括矢量代数和微积分,粒子和刚体的运动学和动力学,以及能量和动量方法。解决问题包括粒子和刚体运动问题在内的能力	秋季/春季/夏季	先修课程:EM211 并修课程:SM212 仅限航空航天专业或经系内许可
EM300	推进原理	3-2-4	研究应用于美国海军工程系统的能量转换、流体流动和水力学原理,包括蒸汽、燃气轮机和内燃机发电的基本操作,以及热交换器、空调和制冷	秋季/春季	先修课程:物理学Ⅰ(SP211或SP221)
EM300N	推进器/核能原理	3-2-4	研究应用于海军工程系统的能量转换、流体流动和水力学原理,包括蒸汽、燃气轮机和内燃机发电的基本操作,以及热交换器、空调和制冷	秋季/春季	先修课程:物理学Ⅰ(SP211或SP221),3/C年级
EM313	材料科学	3-2-4	包括金属,陶瓷和塑料等工程设计材料在内的入门课程,介绍它们的物理和机械性能,研究它们的结构以及在工程应用中的使用和失效现象。实验室项目旨在为课程中涉及的课题提供有力的物理学说明	秋季/春季	先修课程:无
EM316	热-流体科学Ⅰ	3-0-3	热学系统的第一门课程,包括不可压缩流体力学和热传递。流体力学的主题包括流体属性、流体静力学、积分守恒方程、微分场分析、尺寸分析和模拟、不可压缩的边界层、管道中的黏性流动和浸入体的流动。热传递课程的主题包括一维稳定传导、对流和辐射交换。热传递课程的重点与热交换器和电子冷却应用相关	秋季/春季	先修课程:SC112 并修课程:SM212

续表

课程编号	课程名称	学分	课程简介	开课时间	课程要求
EM317	热-流体科学Ⅱ	2-2-3	热力学基础课程,主要从经典的宏观角度研究热力学的第一和第二定律,并应用于封闭和开放系统。工作介质包括完全气体、实际气体和蒸汽,以及固体和液体。在介绍热力学循环时,将特别提及内燃机、燃气涡轮机、蒸汽发电和制冷。课程将讨论包括能量再生在内的改善热力学循环性能的方法	秋季/春季	先修课程:EM316 或者 EM324
EM319	工程热力学	3-0-3	热力学基础课程,主要从经典的宏观角度研究热力学的第一和热力学第二定律,并应用于封闭和开放系统。工作介质包括完全气体、实际气体和蒸汽,以及固体和液体。课程强调在海军系统中的应用	秋季/春季	先修课程:SC111 并修课程:SP211
EM320	应用热力学	2-2-3	课程将使用基于热力学和流体力学原理而操作的实验室设备,以加强对气体和蒸汽动力循环、制冷和空调、船舶和飞机推进系统、燃烧、能量转换和可压缩流的分析和设计	春季	先修课程:EM319 或同等学业水平
EM321	航天力学/航天材料	3-2-4	航天工程师的力学和材料课程是材料和力学的第一门课程。课程主题包括:航空航天材料的特性;处理方法;包括焊接在内的制造和加工过程;设计和选择的考虑,包括耐久性、可维修性、腐蚀和保护处理;疲劳和蠕变现象;基本弹性;杆、梁、轴和板的简单结构元素行为。实验操作和演示相结合,以显示课程主题间的相关性,并对航空航天结构材料和结构的表现进行切实介绍	秋季	先修课程:EM211

续表

课程编号	课程名称	学分	课程简介	开课时间	课程要求
EM324	流体动力学	3-2-4	流体动力学的入门课程,强调流体流动守恒定律的积分和微分形式。工程应用适用于流体力学以及理想和实际的流体流动。课程配套有实验室操作和问题讨论环节	秋季/春季	先修课程:SM212 和 2C 年级,或经系主任许可
EM371	设计简介	2-2-3	机械设计的基础原理,课程重点是相关机器元素的设计。课程主题包括紧固件、弹簧、抗摩擦轴承、润滑和轴颈轴承、齿轮和轴,还包括静态和疲劳失效理论	秋季	先修课程:EM217 和 EM232
EM375	机械工程试验	2-2-3	这是一门设计课程,强调与当代实验程序、方法和设计策略相关的理论和实际的综合考量。课程主题包括测量误差及其传播,方程拟合和绘图,信号获取和验证,仪器反应和实验设计的元素;课程重点包括计算机辅助数据还原,系统建模和报告撰写	春季	先修课程: SM212, EM217 和 EM232
EM380	工程审查	0-2-0	这是一门全面的综述课程,为学员参加工程师培训(EIT)或工程基础(FE)考试做准备。主题包括数学、化学、计算机、电气工程、工程经济学、静力学、动力学、热力学、流体力学和材料力学	春季	先修课程:工程专业 1/C 年级
EM415	传热学	3-2-4	研究热辐射,热稳定和热瞬时传导,层流和湍流对流,内部和外部流动,边界层和实验关联。课程应用涉及翅片、核反应堆冷却、热交换器和交互式计算	秋季	先修课程:EM319 和 EM324

续表

课程编号	课程名称	学分	课程简介	开课时间	课程要求
EM420	机械工程项目管理	3-0-3	机械工程师的项目管理课程是对项目管理基础原理的介绍。课程主题包括策划项目、时间表、预算、资源、数据分析、项目团队的动态、实施、执行、绩效评估和项目竣工	春季	先修课程:工程专业或经系主任许可
EM423	机械振动	2-2-3	课程介绍振动基础原理,包括线性单自由度和多自由度系统的自由、阻尼和强迫谐波振动,模态分析,连续系统,以及一个实践项目	春季	先修课程:EM217 和 EM232
EM424	机械学分析方法	3-0-3	学习常见工程问题的解决方法,如圆柱形和球形热传导、波动力学、边界层和振动。主要学习固体力学、流体力学和传热学中出现的问题及其解决办法。课程包括解决分析问题和数值问题的技巧介绍	秋季	先修课程:SM212
EM433	计算机辅助制造	2-2-3	此课程研究计算机和自动化如何在现代制造过程中发挥作用。课程主题包括加工过程、数控编程、工艺规划、尺寸和公差。学员参与项目制造,利用 CAD/CAM 软件来设计和制造使用 CNC 加工设备的部件		先修课程:工程专业 1/C 年级
EM434	增材制造	3-0-3	此课程介绍当前增材制造(AM)技术及其在美国国防部和工业中的应用。在基于项目的学习环境中课程强调 AM 的实际操作使用、AM 的工程设计和 AM 的现代主题,有机会对美国海军和海军陆战队的作战部队做出实际贡献。课程将学习所有的 AM 方法,重点是熔融沉积模型(FDM),立体光刻,和选择性激光烧结(SLS)。不能同时获得 EM434 和 EW470 课程的学分	春季	先修课程:EM217,EM221,EA222,EN222,或经系主任许可

续表

课程编号	课程名称	学分	课程简介	开课时间	课程要求
EM436	复合材料结构力学	2-2-3	复合材料力学是一门入门课程,涉及含有复合材料的结构力学。涵盖的力学主题包括广义胡克定律、层状结构关系、层状结构强度分析、纤维增强层状结构的微观力学,以及复合材料层状结构的力学。此外,还包括材料科学和复合材料的制造。此课程结业时需完成一个项目,学员需要设计、制造和测试一个复合材料部件或结构	春季	先修课程:EM217
EM441	定向能武器	3-0-3	此课程将为学员介绍定向能系统的使用。课程涵盖的主题包括定向能的传播,大气影响和建模,以及定向能光束的模拟。此外,课程还将讨论理解和设计光束控制系统所需的技术和分析,以完成舰载激光器的采集、跟踪和指向		先修课程:SM212和SP212
EM442	计算机辅助热力学	2-2-3	此课程介绍的热力学和热传递概念主要与热机、蒸汽压缩式冰箱和热泵相关,同时借助计算机软件进行分析。该软件包支持更快速地得出基本解,学员可以进行优化改善,设计活动,清楚地介绍基本气体和蒸汽循环的改进以及更先进的组合和级联循环,仅限于通用工程专业的学员报名参加。学员不能同时获得此课程和EM320课程的学分	秋季/春季	先修课程:通用工程,EM319或EM317

续表

课程编号	课程名称	学分	课程简介	开课时间	课程要求
EM443	能量转换	3-0-3	应用能源系统的基础知识,包括能源的类型和来源;能源输送的形式和方法;以及能源消费的部门、规模和使用模式。以美国国家能源状况为重点,课题包括现有和预期的电力、交通、供热和制冷系统的能源转换过程,课程重点是效率、经济可行性和环境影响。传统和非传统燃料,核能系统,替代能源系统,以及能源储存方法	春季	先修课程:EM319或同等水平
EM444	太阳能源	3-0-3	介绍太阳能转换和利用。涵盖的主题包括太阳辐射、集热器、能量储存、太阳能加热、太阳能冷却、光伏转换器和风能	秋季/春季	先修课程:工程专业1/C专业或经系主任许可
EM445	无损检测	2-2-3	此课程研究各种基于传感器的定量方法,用于无损评估材料的结构完整性,包括金属和复合材料。所采用的方法包括声学、超声波、电磁学、光学和红外线。所有传感器的重要特性是它的波长、波束扩散和分辨率,每个学员都会切实掌握这三个关键参数,以及它们是如何被用来提供最佳的无损检测结果,同时了解材料特性以及检测内部缺陷。实验操作包括材料成像、地下表征和成像、微观结构和性能表征以及美国海军和航空航天部件的缺陷表征	春季	先修课程:SP212,EM313
EM447	风能和潮汐能	3-0-3	此课程将介绍风力和水力涡轮机技术,包括涡轮机叶片的设计、流动机制的分析和能量转换。还将研究实施可再生能源系统所涉及的经济学和政策	春季	先修课程:EM317或EM319和EM316,EM324或EA301

续表

课程编号	课程名称	学分	课程简介	开课时间	课程要求
EM451	机器人元件设计	2-2-3	此课程讨论带轮的移动机器人的设计、制造和操作的实际问题。该课程的目标是：①设计和制造带轮的移动机器人，以完成特定的性能目标；②选择机器人制造中使用的典型元件，如电动机、传动系统部件、气动部件和传感器；③开发和测试可编程机器人控制器的代码，以纳入各种传感器并实现自主操作。该课程采用实际操作以及基于项目的方法来学习机器人技术	秋季	先修课程：EM371 或 ER371 或经指导老师许可
EM452	材料力学	3-0-3	这是一门介绍可变形体力学的基础课程，课程重点是简单可变形体对各类负荷的弹性反应的工程方法。课程主题包括轴向、扭转和弯曲载荷、组合载荷、应力-应变关系、应力和应变转换（莫尔圆）、载荷-挠度、屈曲和温度效应。选修 EM217 的学员不能同时获得 EM452 的学分		先修课程：EM211 并修课程：SM212
EM453	材料:加工和制造	2-2-3	研究金属、聚合物和复合材料最先进的加工和制造技术。研究材料系统的基本组成部分的生产制造。此外，还将讨论可以改善材料系统的后加工和制造热处理。该课程旨在为高效安全设计机械系统选择适当的工艺流程和制造操作	春季	先修课程：EM313
EM456	腐蚀和腐蚀控制	2-2-3	此课程致力于研究各种类型的腐蚀，包括造成不同腐蚀的电化学和冶金机制及其预防措施，课程重点是在海洋环境中使用的结构合金。实验课包括演示和动手实验，作为课上材料的补充材料	春季	先修课程：EA222 或 EM313 或 ER313 或 EN380 或 EM452

续表

课程编号	课程名称	学分	课程简介	开课时间	课程要求
EM461	发动机:原理,设计和应用	2-2-3	该课程旨在介绍往复式内燃机设计和操作的基本知识,将现有的发动机硬件设计和性能分析与机械工程课程中学习的概念和学科联系起来	春季	先修课程:EM320和EM324或经系主任许可
EM468	核能转换	3-0-3	课程介绍核能转化为有用电力的原理。课程研究各种类型的核电站,包括它们的设计、循环、负载跟随特性等。课程还将研究先进的包括核聚变在内的核能转换系统		先修课程:EM362
EM471	机械工程设计Ⅰ	2-2-3	顶点设计序列将分为两个学期进行,此课程为其中的第一门课程。课程主题包括工程设计过程、项目管理、法规和标准、工程道德规范和计算机辅助设计。学员组成设计团队,选择一个顶点设计项目,项目流程包括项目建议书和初步设计阶段。顶点设计项目将在EM472课程继续进行	秋季	先修课程:EM371,ER371或经系主任许可
EM472	机械工程设计Ⅱ	2-2-3	顶点设计序列将分为两个学期进行,此课程为其中的第二门课程。学员继续进行概念选择、细节设计、原型设计和毕业设计项目评估。准备正式的展示和报告来总结和记录设计项目	春季	先修课程:(EM371或ER371)和EM471,或经系主任许可
EM473	现代武器设计	3-0-3	该课程旨在向学员传授爆炸物的作用,以及如何制造和使用它们。学员还将学习弹头设计的原则以及如何确定武器系统的有效性。学员们将组成设计小组,制造有代表性的武器,并在美国海军试验场进行测试。学员们还将学习目标规划周期(Target Planning Cycle)和武器测试目标	春季	—

续表

课程编号	课程名称	学分	课程简介	开课时间	课程要求
EM474	燃气涡轮机：设计和分析	2-2-3	该课程旨在帮助学员了解美国海军目前使用的现代燃气涡轮发动机的设计和分析。课程将一同研究燃气轮机循环与组成燃气轮机发动机的各种部件，如轴向和离心式压缩机、燃烧器、轴向涡轮机、中间冷却器、再热器、再生器和进/出口扩散器和喷嘴。课程将讨论涡轮机械推进的未来概念。该课程默认学员已掌握热力学的基本知识，并将增进学员对涡轮机械的可压缩流动、燃烧分析和排放控制等方面的了解。该课程结业内容为完成一个设计项目	春季	先修课程：E320 或经指导教师许可
EM476	车辆动力学	2-2-3	此课程介绍客车和轻型卡车的设计和车辆动力学的基础知识。课程讨论与加速、制动、操控、行驶质量、空气动力学和轮胎特性相关的工程原理，以及悬挂和转向设计，还将有几个实验室练习，学员将在实验室练习中对车辆系统进行评估	春季	先修课程：工程学专业 1C 年级或经系主任许可
ER301	核工程基础	3-0-3	此课程介绍核工程和放射科学基础知识。课程主题包括辐射物理学的基础知识、核电站设计、燃料循环和放射性卫生物理学	秋季/春季	先修课程：SP211（或同等学力） 并修课程：SP212（或同等学力）

续表

课程编号	课程名称	学分	课程简介	开课时间	课程要求
ER313	核材料科学	3-2-4	材料科学和工程的入门课程，课程重点是材料选择和设计对核工程专业的重要性。课程研究材料的结构和属性，以及这些是如何与制造加工过程和环境相互关联并受到影响的，该课程重点为金属材料，主要是核应用中的材料，课程还将介绍辐射与物质的相互作用，从而了解辐射对结构材料的损害	秋季	并修课程：EM221/EM217
ER327	应用物理学	3-0-3	为工程专业学员介绍核物理学的基本概念。课程重点是核的结构和稳定性、核力量、衰变过程、核反应以及辐射与物质的相互作用，课程强调核工程的应用		先修课程：ER301 并修课程：SM212
ER362	反应堆物理学	2-2-3	反应堆物理学介绍在稳态和瞬态裂变反应堆中发电的基本原理。课程主题包括中子扩散和减速理论、临界性、裸核、反射和异质反应堆、反应堆动力学和反应堆控制。实验和课堂练习包括重要的反应堆参数确定方法，计算方法以及工厂仿真软件的使用	春季	先修课程：ER301
ER371	核电站设计	3-0-3	核电站设计的基础知识，课程重点是轻水反应堆设计的基础知识。课程主题包括动力反应堆的经济学、处理核燃料循环的设计考虑、主要和次要系统组件以及反应堆的安全性。学员将完成一个涉及现代核反应堆设计与分析的期末项目	春季	先修课程：ER301

续表

课程编号	课程名称	学分	课程简介	开课时间	课程要求
ER460	卫生物理学入门	3-0-3	健康物理学的广义和定量概述,包括辐射源、测量和剂量学、暴露、在体内的相互作用、生物效应、成像和医疗应用、保护、事故和法规		先修课程:ER301
ER461	核武器影响	3-0-3	课程介绍核武器的历史资料、产量计算,组装、裂变、聚变和分解的物理学。课程涉及即时和残余效应、建模、生物效应和核政策	春季	先修课程:SP212和SM212
ER463	辐射工程	2-2-3	基本辐射探测和测量系统的入门课程。课程主题包括辐射统计、数据分析、气体填充探测器、闪烁探测器、半导探测器、伽马和带电粒子光谱学、信号处理和电子学、中子探测技术、活化分析、中子发生器和辐射探测应用	春季	先修课程:ER301
ER468	核电站工程	3-0-3	课程分析与核电站的设计、运行和安全有关的热力学、流体力学和热传导的基础知识。热力学基础应用于反应堆堆芯、初级和二级系统。课程还分析反应堆瞬态的影响	秋季	先修课程:ER371
EX401	跨学科顶点设计 I	2-2-3	跨学科顶点设计序列将分为两个学期进行,该课程为其中的第一门课程。项目和团队在之前一个学期进行选择确定。学员团队的设计过程包括问题定义,信息收集,概念生成和设计选择阶段。该过程强调项目管理和设计交流—包括书面和口头形式,设计过程将在 EX402 课程中继续	秋季	先修课程:EM371,ER371,或经机械工程系系主任的许可;经专业系主任的许可

续表

课程编号	课程名称	学分	课程简介	开课时间	课程要求
EX402	跨学科顶点设计Ⅱ	2-2-3	跨学科顶点设计序列将分为两个学期进行,该课程为其中的第二门课程。课程将继续EX401课程的工作。该课程目标为工作原型,可以是实体产品,详细的分析模型,算法,也可以是软件应用。设计过程包括产品结构、配置设计、参数化设计和详细设计阶段。课程更加强调对原型的测试、评估和重新设计的渐进过程	春季	先修课程:EX401
EX475	跨学科顶点设计Ⅰ-SAE公式	2-2-3	此课程系列包含两门课程,这是其中的第一门课程。该课程为跨学科的学员团队提供设计、制造和测试小型方程式赛车的顶点经验。在本学期,学员将学习正式的设计过程,包括确定客户需求、开发满足目标的详细设计。学员将熟悉各种车辆的分系统,并使用最先进的软件工具进行广泛的设计、建模、模拟和分析。工作将在注重效率和项目管理的团队环境中完成,学员将完成一系列的口头和书面形式的设计总结	秋季	先修课程:EM371,或经机械工程系系主任的许可。经专业系主任的许可
EX476	跨学科顶点设计Ⅰ-SAE公式	1-4-3	此课程系列包含两门课程,这是其中的第二门课程,为跨学科的学员团队提供设计、制造和测试小型方程式赛车的顶点经验。在本学期,学员将集中精力使用上学期开发的详细设计方案来制造和测试项目车辆。工作将在注重效率和项目管理的团队环境中完成,学员将完成一系列的口头和书面形式的设计总结。课程期末,学员将参加大学水平竞赛	春季	先修课程:EX475

3.5 船舶与海洋工程系

船舶与海洋工程系提供船舶与海洋工程、海洋工程两个认证学位,这两个跨学科领域涉及工程原理在海洋环境中的应用。在流体力学和材料科学等基本工程原理的基础上,学员将学习船舶性能和设计分析船舶的现代技术。美国海军会在海面、海面下和海面上利用各种舰艇、潜艇、深潜器和潜水设备进行作业,执行多种任务,包括防御、研究、勘探和开发海洋。所以,培养能够在复杂环境中有效执行任务的美国海军军官是船舶与海洋工程系的目标。

3.5.1 基本情况

1. 愿景使命

为了努力培养满足美国海军目前和未来需要的军官,该系提供 EAC/ABET 认证的船舶与海洋工程、海洋工程学位,这些以海洋为导向的研究项目都有学院的实验设施配套支持,并由经验丰富的专业教员授课。学习跨学科领域中涉及与海洋环境相关的工程原理应用,一方面为年轻军官进入舰队提供全面的准备,另一方面也为其研究生学习奠定基础。

2. 教学目标

船舶与海洋工程、海洋工程两个专业的使命是为毕业生提供对海洋环境的正确理解和工程方法,使他们掌握必要的知识技能,能够在分析、设计、建造和操作复杂的海洋系统方面为美国海军和海军陆战队、政府和行业做出终身贡献。

为了突出这个重点建设学科的优势特色,船舶与海洋工程系为那些选择在该系学习的学员制定了一套独特的教育计划目标。

3. 学位设置

许多类型的船舶、船只和运输工具需要在海面、海面下或海面上运行,这为设计师提供了广阔的研究领域。船舶工程师的技术视野只受到自身精力和创造力的限制。船舶工程师所面临的挑战是如何将功能要求转化为有效的、可行的和节省成本的设计。主要考虑因素包括船体形状、稳定性、结构、排列布置、使用寿命、机动性和适航性。在基础工程课程的基础上,如流体力学和材料科学,船舶工程专业的学员还将学习海洋运输工具性能和设计分析的现代技术。

船舶与海洋工程是一个工程领域,它涉及如何应用所掌握的丰富知识来构思、设计、测试、建造和操作船舶。所有类型的船舶——无论是游船还是军舰,无论大小,无论是在海上或海下运行,无论是帆船还是核动力驱动等,它们都具备以下必要特征。

（1）一艘船是一个独立的实体，它必须能够在极度恶劣的环境中(波涛翻滚的海面、水下、易腐蚀环境)长期运行。

（2）一艘船会配备船员，以及大量完成任务所需发电和配电、水和污水处理、HVAC、客舱、厨房、浴室、货物装卸、武器、推进、操纵及其他复杂的系统。

（3）一艘船可以有很长的服役寿命。

（4）一艘船必须能够保护自己的导航、动力和武器系统，并且在必要时能够依靠水密分舱、双层船体、泵和消防等设施抵御风险。毕业后，学员将成为一名工程师，一名船舶工程师，以及一个有能力为各种复杂和开放的工程问题找到可行且经济高效的技术解决方案的人。

（1）如何安全有效地将各种货物运送到世界各大洋(邮轮、油轮、集装箱船、重型起重船、拖船和驳船单位等)？

（2）如何有效地在海上展现美国的经济、政治和军事实力(航空母舰、护卫舰、潜水艇、货船等)？

（3）如何最好地保护美国的海岸线、资源和水上贸易(巡逻艇、浮标船、溢油反应船、护航拖船等)？

（4）如何安全地探索和明智地开发那些在海洋深处和极地冰雪带发现的丰富资源(钻探船、渔船、海洋学船、破冰船等)？

（5）如何为娱乐、运动和休闲用船提供更好的船舶(游览船、帆船游艇、机动游艇等)？

4. 海洋工程专业

1) 为什么选择海洋工程

海洋工程是一个相对年轻、内容丰富的工程领域。海洋是地球上仅存的最后一片疆域，作为工程师，有责任去探索发现、研究和利用海洋和沿海资源，同时保护它们免受人类活动的破坏和影响。虽然工程学已经有数百年的历史，但"海洋工程"这个词的出现只有50年左右。不过，与海洋有关的诸多工程问题已经存在了相当长的时间。由于地球上2/3以上的面积被海洋覆盖，并且98%以上的生物生存在海洋中，所以至少2/3的工程师是海洋工程师，但选择海洋工程的人仍然有相当多的问题需要解决。

2) 什么是海洋工程

海洋工程是最多样化的工程学科之一。在美国海军学院，海洋工程教育包括标准的基础工程课程，如静力学、动力学、材料强度、材料科学、热力学、流体力学，以及其他应用工程课程。由于海洋工程涵盖了不同的领域和问题类型，因此也有不同类型的选修课程。每一门选修课都致力于使用和加强所学的基本工具,同时提高学员解决问题的能力。此外,海洋工程专业学员必须完成一个与"现实世界"问题相关的综合顶点设计项目。

海洋工程专业的课程学习主要包括选修课程、核心课程和设计课程等内容。海洋工程专业主要涉及以下各学科。

(1) 海岸工程。学习海洋与海岸的动态互动。包括开发海岸保护系统、设计港湾和港口、处理沿海环境中的土木工程问题等。

(2) 海上工程。学习设计能够抵御恶劣海洋环境的建筑。包括钢套筒结构、混凝土重力平台、张力腿平台等。

(3) 水下工程。了解在水下生活和工作特殊要求。包括生命支持、工作系统、电缆、管道、船舶失事等。

(4) 环境工程。学习如何保护海洋免受人类活动的有害影响,如何获取或利用海洋资源,如矿物、波浪能、热能和潮汐能。包括污染治理、环境修复、海洋资源利用等。

3.5.2 课程设置

1) 大二学年(表 3.11)

表 3.11 船舶与海洋工程系大二学年课程设置

课程编号	课程名称	学分
EN221	工程力学与海洋环境应用Ⅰ	3-2-4
EN222	工程力学与海洋环境应用Ⅱ	3-2-4
EN245	海洋工程系统原理	2-2-3
EN247	船舶工程与海洋工程原理	2-2-3
EN275	海洋测量与分析	3-0-3

2) 大三学年(表 3.12)

表 3.12 船舶与海洋工程系大三学年课程设置

课程编号	课程名称	学分
EN330	概率统计与海洋应用	3-0-3
EN342	船舶静力学和稳定性	3-2-4
EN350	海洋工程系统	2-2-3
EN353	阻力和推进力	3-2-4
EN358	船舶结构	3-2-4
EN380	海军材料科学与工程	3-0-3

3) 大四学年(表3.13)

表3.13 船舶与海洋工程系大四学年课程设置

课程编号	课程名称	学分
EN400	船舶性能原理	3-2-4
EN401	沿岸带工程	3-2-4
EN411	海洋环境工程Ⅰ	2-2-3
EN412	海洋环境工程Ⅱ	3-0-3
EN420	沿海工程	2-2-3
EN426	港口和海港工程	3-0-3
EN430	水下作业系统	2-2-3
EN440	海事构筑物的地基设计	3-0-3
EN441	海洋工程结构Ⅰ	3-0-3
EN442	海洋工程结构Ⅱ	2-2-3
EN445	海洋工程设施建造方法	2-2-3
EN447	无人舰艇设计	2-2-3
EN448	无人舰艇的制造和评估	1-4-3
EN450	工程经济学分析	3-0-3
EN452	结构可靠性	3-0-3
EN454	海洋工程师的项目管理	3-0-3
EN455	航行和操纵	2-2-3
EN456	船舶设计中的先进方法	3-0-3
EN457	水翼和螺旋桨设计	3-0-3
EN458	先进的海洋交通工具	2-2-3
EN461	海洋系统工程设计Ⅰ	3-0-3
EN462	海洋系统工程设计Ⅱ	1-4-3
EN470	生命支持系统	3-0-3
EN471	船舶设计Ⅰ	2-2-3
EN475	海洋工程力学	3-2-4
EN476	船舶设计Ⅱ	0-6-3
EN478	潜艇和潜水器设计	3-0-3
EN485A	海上平台	3-0-3
EN49X	海军工程的独立研究	0-6-3

4) 荣誉资质研究(表 3.14)

表 3.14　船舶与海洋工程系荣誉资质研究

课程编号	课程名称	学分
EN503H	荣誉毕业论文 1	0-6-3
EN504H	荣誉毕业论文 2	0-6-3

5) 详细课程设置(表 3.15)

表 3.15　船舶与海洋工程系详细课程设置

课程编号	课程名称	学分	课程简介	开课时间	课程要求
EN221	工程力学与海洋环境应用 I	3-2-4	课程包含两个学期,这是其中的第一门课程。该课程涵盖船舶工程专业学员需要掌握的刚性和可变形体的工程力学原理。该课程的主题包括力、力矩、静态平衡、应力、应变、应力-应变关系和转换、轴的扭转、梁的弯曲、柱的弯曲和温度影响	秋季	先修课程:船舶工程专业 3/C 年级
EN222	工程力学与海洋环境应用 II	3-2-4	课程包含两个学期,这是其中的第二门课程。课程涵盖船舶工程专业学员需要掌握的刚性和可变形体的工程力学原理。该课程主题包括:广义胡克定律和应力状态、结构失效理论、点的运动、能量方法、冲击载荷、动量方法、刚体的平面运动学、刚体动力学的能量和动量以及单自由度振动分析	春季	先修课程:EN221
EN245	海洋系统工程原理	2-2-3	课程向海洋工程专业新生介绍海洋环境、海岸工程、海上结构、海洋材料、海洋声学和水下系统等领域的一般问题和设计实践。课程还包括船舶工程基本原理,包括流体力学、稳定性和浮力以及动力,课程强调实验室操作和计算机辅助绘图(CAD)	秋季	先修课程:海洋工程专业或经系主任许可

续表

课程编号	课程名称	学分	课程简介	开课时间	课程要求
EN247	船舶工程与海洋工程原理	2-2-3	课程旨在为船舶工程专业的学员介绍船舶设计最重要的主题。主题包括工程设计、工程图形、数值方法、浮力、船舶结构和海洋推进系统。课程提供设计项目帮助学员掌握设计简单船只的实践经验	秋季	先修课程:船舶与海洋工程专业或经系主任许可
EN330	概率统计与海洋应用	3-0-3	课程涵盖概率和统计学的基本概念,目标是介绍作用在海事构筑物上的力的概率性质。课程介绍了海面运动的统计表示形式,以确定航行器的结构负荷和运动的设计值	秋季/春季	先修课程:SM212 和(EN245 或 EN247)
EN342	船舶静力学和稳定性	3-2-4	介绍预测船舶在各种条件下的静水反应的理论和程序。研究计算完整和受损船舶的稳定性特征的方法。介绍可淹没长度的计算方法。解释稳定性和细分标准。制定和分析船体形式的线形图	春季	先修课程:EN245 或 EN247
EN350	海洋工程系统	2-2-3	课程阐述主要的船用机械系统如何影响船舶设计过程及船舶生产工程。介绍常见的机械、电气及管道分配系统的基本特征,以及如何为具体的船舶设计制定工程设计书和图纸。课程将辅以实验室实践以及对各类船舶的实地考察	秋季	先修课程:EM316 或 EM324
EN353	阻力和推进力	3-2-4	课程主题包括尺寸分析、模拟、船舶的波浪和黏性阻力、船舶模型测试技术、全尺寸性能预测、推进装置的动量理论以及螺旋桨的振动和设计。课程还涵盖传播阻力和推动力的实验	秋季/春季	先修课程:(EN245 或 EN247)和(EM318 或 EM324)

续表

课程编号	课程名称	学分	课程简介	开课时间	课程要求
EN358	船舶结构	3-2-4	这是一门关于结构理论和实践的课程。课程主题包括船体大梁的纵向和横向强度、航道中的弯矩、板材理论、船舶结构设计的发展、有限元分析以及船舶材料的应用	春季	先修课程:EM217 或 EN222 并修课程:EN353
EN380	海军材料科学与工程	3-0-3	课程涉及在海洋系统中使用的材料的最优使用方法,课程重点是防腐蚀、断裂力学和基础材料科学	秋季	先修课程:化学Ⅱ(SC112 或 SC151) 并修课程:EM217 或 EN222
EN400	船舶性能原理	3-2-4	课程介绍船舶系统应用科学。该课程从设计和应用的角度描述了船舶和潜艇,及其保持漂浮状态的方法。课程包括介绍流体静力学、船舶稳定性和可操作性、材料、流体动力学和推进力等方面的课题。EN400 是所有需要学习课程 EN200 的专业合适替代课程	秋季/春季	先修课程:2/C 专业或经系主任许可
EN401	沿岸带工程	3-2-4	课程介绍应用于近海和海上环境的工程原理。研究基本工程力学、材料强度和土壤力学,为进一步研究提供基础。课程讨论了波浪作用、沉积物运输、海滩形成和海岸侵蚀过程。研究以上过程和基本力学的结合及对小船的流体静力学、海上到岸上的物流操作的影响,以及沿海建筑的评估和建设。已选择(或打算选择)在海军陆战队服役的 1/C 年级学员可以学习课程 EN401 代替课程 EN200	秋季/春季	先修课程:1/C 年级或经系主任的许可

续表

课程编号	课程名称	学分	课程简介	开课时间	课程要求
EN411	海洋环境工程 I	2-2-3	课程介绍应用于海洋环境的环境工程的基本原理和现有问题。课程主题包括水质中的化学和生物因素，河口和海洋环境中的扩散和散布问题，用于分析和减轻海洋污染影响的工程方法，以及环境伦理学和监管法规	秋季	先修课程：工程专业1/C年级或系主任的批准
EN412	海洋环境工程 II	3-0-3	课程介绍应用于海洋环境的环境工程的基本原理和现有问题。课程重点是海洋资源的识别、回收和利用。课程主题内容包括替代能源的技术水平，深海石油和天然气回收，海水淡化，疏浚和疏浚废渣的使用，矿物开采，海洋储藏库，湿地、珊瑚礁和其他沿海开发，以及环境经济学、伦理学和监管法规	春季	先修课程：工程专业1/C年级或系主任的批准
EN420	沿海工程	2-2-3	课程概述了用于设计海岸保护系统和港口及海港建筑的方法。课程主题包括海平面波动、风浪预测、浅水波浪转换、沉积物运输、沿岸过程，以及包括海滩养护、护岸、护槽、防波堤的结构设计在内的"软工程"方法。课程重点是使用陆军工程兵团的设计手册进行设计的过程	秋季	先修课程：EN475，海洋工程（EOE）专业1/C年级或经系主任许可
EN425	海洋热系统	3-0-3	将热力学、流体力学、心理测量学和热传递学的概念应用于海洋系统和海洋环境控制系统。课程包括热能转换到动力循环，包括内燃机、外燃机以及燃气轮机。课程主题包括制冷、空调、热泵、不可压缩流和可压缩流、质量和能量平衡，以及热交换器设计	秋季	先修课程：EM319 并修课程：EM324

续表

课程编号	课程名称	学分	课程简介	开课时间	课程要求
EN426	港口和海港工程	3-0-3	课程包括海运码头和小船港口的工程建设、船舶停泊和操作、港口导航、港口相关建筑、航道设计、浮动码头、离岸停泊、疏浚和港口安全	春季	先修课程:EN245和海洋工程(EOE)专业或系主任许可
EN430	水下作业系统	2-2-3	课程帮助学员了解在海底环境中工作的设计和操作。课程主题包括载人潜水器、无人远程遥控潜水器、自动潜航器和深潜系统	秋季	先修课程:工程专业1/C年级或经系主任许可
EN434	海洋探索:科学与技术	3-0-3	这门课帮助学员了解可能具有历史意义的沉船,沉船搜索和发现的方法,保存沉船地点的物质文化遗产和环境背景所需的考古学方法和推理,以及保存、保护和打捞的基本方法。课程主题包括船舶演变和技术发展史各个时期的船舶建造方法,图书馆调查研究,地球物理学检索工具,数据展示和可视化,文化遗产管理,以及支持沉船考古、恢复和管理的海洋工程原理		先修课程:2C或1C年级
EN440	海事构筑物的地基设计	3-0-3	课程包括基本的土壤力学原理,及其在基础系统设计中的应用,课程重点是沿海和海洋环境的独特性质。课程主题包括海事构筑物规划,海事构筑物地基设计和建造的建议办法和程序,包括浅层地基、深层桩基、垂直挡土墙和锚定系统	秋季/春季	先修课程:(EM217或EN222)和海洋工程(EOE)专业1/C年级

续表

课程编号	课程名称	学分	课程简介	开课时间	课程要求
EN441	海洋工程结构Ⅰ	3-0-3	分析固定的海事构筑物的结构设计考虑,如码头、墩台和钢套筒结构。介绍包括矩阵方法和有限元分析在内的设计技术。研究边界条件、波浪效应、地基、负载和材料考虑	春季	先修课程:EM217或EN222
EN442	海洋工程结构Ⅱ	2-2-3	课程介绍结构设计理论和实践,利用目前的工程设计规范设计海上和沿海建筑的基本结构元素。课程主题包括材料特性,连接方法,以及钢、复合材料和混凝土结构的设计	秋季	先修课程:EN441
EN445	海洋工程设施建造方法	2-2-3	课程介绍用于制造海上建筑和船舶的基本技术。课程和实验室主题包括制造、测试在海洋环境中使用的小型部件,培养学员对金属、混凝土和复合材料结构和质量控制方法的认识。课程包括不同的小组项目,培养对每个材料类别制造规范的理解	秋季	先修课程:EN380
EN447	无人舰艇设计	2-2-3	在此门课程中,学员将组建团队并设计小型自主航行和太阳能水面船只,学习和应用小型船只设计的基本原理	秋季	先修课程:船舶工程专业或经系主任许可
EN448	无人舰艇的制造和评估	1-4-3	在此门课程中,学员将组建团队,完成小型自主航行和太阳能水面船只的最终设计、制造、评估和研发	春季	先修课程:船舶工程专业或经系主任许可
EN450	工程经济学分析	3-0-3	课程介绍工程经济学研究的基本方法和原因,设定经济标准,研究从技术可行的备选方案中进行选择的流程,讨论与这些决策程序相关的假设和影响	秋季/春季	先修课程:工程专业1/C年级或经系主任许可

续表

课程编号	课程名称	学分	课程简介	开课时间	课程要求
EN452	结构可靠性	3-0-3	课程帮助学员了解在设计海洋建筑和船舶结构时,可靠性方法是如何被用来阐述海洋随机性的。介绍结构的可靠性评估方法。讨论可靠性评估方法在结构设计中的作用和作为设计规范的基础。借助可靠性评估方法的案例研究帮助学员了解在现实世界中的应用,以配合理论研究	春季	先修课程:(EN358 和 EN455)或(EN461 和 EN475)
EN454	海洋工程师的项目管理	3-0-3	课程目标:在涉及工程的环境下,使用定量和定性的方法提高学员的项目管理技能。课程主题包括相关决策理论、统计分析、库存控制、网络概念、PERT 图、关键路径方法和风险管理	春季	先修课程:船舶与海洋工程专业 1/C 年级或经系主任许可
EN455	航行和操纵	2-2-3	课程主题包括船舶转向、操纵、运动和航行。课程讨论了操纵船舶和在航道中航行的基本运动方程,及各种解决方法。该课程还包括航海和操纵的实验环节	秋季	先修课程:EN353
EN456	船舶设计中的先进方法	3-0-3	课程介绍计算机辅助的船舶设计。课程主题包括应用于形状、稳定性、阻力、推进力、运动、机动性和强度的数值程序	秋季	先修课程:EN353 或经系主任许可
EN457	水翼和螺旋桨设计	3-0-3	课程介绍水翼和船用螺旋桨的分析和设计,应用于海军设备的升降线和升降面的理论。复习课程将辅以对设计工作和牵引水箱的介绍	春季	先修课程:EN353 或经系主任许可

续表

课程编号	课程名称	学分	课程简介	开课时间	课程要求
EN458	先进的海洋交通工具	2-2-3	讨论现代水运工具,包括多体船、滑行艇、水翼船等船舶。在适当的时候,对牵引水箱中的分析和设计特征进行实验研究	春季	先修课程:EN353
EN458H	先进的海洋交通工具(荣誉学科)	3-2-4	讨论现代水运工具,包括滑行艇、水翼船、气垫船以及战斗和研究用潜水器。在适当的时候,对牵引水箱中的分析和设计特征进行实验研究	春季	先修课程:EN353 和船舶工程荣誉学科专业或经系主任许可
EN461	海洋系统工程设计Ⅰ	2-2-3	此课程介绍的工程设计是一门跨学科活动,包括应用概率和统计、成本评估、决策、经济评估、工程伦理学和项目规划等科目。课程同时包括水文测量和剖面图、计算机辅助制图、设计报告的准备和展示等方面	秋季	先修课程:海洋工程专业 1/C 年级
EN462	海洋系统工程设计Ⅱ	2-2-3	学员组建团队并完成海洋工程系统的概念设计。项目选择符合学员兴趣,每学期都有所不同,但通常包括沿海岸保护、码头、海上建筑、潮汐湿地、人工礁、海洋能源系统、水下交通工具、潜水和生命支持系统等领域。设计团队独立完成工作,并将详细的工程设计与其他项目要素结合起来,如提案写作、项目管理、成本估算、报告编写和口头陈述	春季	先修课程:EN461
EN470	生命支持系统	3-0-3	课程介绍了人在海洋环境中的生理和心理情况,以及相关的工程要求。课程主题包括高压氧生理学、饱和潜水、生命支持设备、深潜系统、潜水操作及风险	春季	先修课程:工程专业 1/C 年级或经系主任许可

续表

课程编号	课程名称	学分	课程简介	开课时间	课程要求
EN471	船舶设计Ⅰ	2-2-3	课程向学员介绍船舶设计的要求和程序。初步设计一艘小型单体排水船。使用相关的设计资源和技术	秋季	先修课程:海军建筑学专业的1/C年级
EN475	海洋工程力学	3-2-4	此课程研究海洋表面波的特性以及海洋波对固定和漂浮海洋建筑的影响。该课程同时包含实验室操作,涉及测量波高、流体速度和压力、波浪引起的力和波浪中的结构运动。课程强调计算技能,包括广泛学习电子表格应用和MATLAB编程	春季	先修课程:EM232、EM324、EN245或经系主任许可
EN476	船舶设计Ⅱ	0-6-3	这门课程代表着海军建筑学本科课程的最终阶段,学员将工程技能应用于船舶设计	春季	先修课程:EN471
EN478	潜艇和潜水器设计	3-0-3	潜艇和潜水器设计的入门课程,研究学习其历史发展、浮力和稳定性、阻力和推进力、任务要求、辅助系统、结构设计、建造方法和现代设计方法,探讨潜艇发展等主题	秋季	先修课程:船舶工程或海洋工程专业
EN503H	荣誉毕业论文1	1-4-3	此课程包括每周一次的推进课程,内容包括研究方法、文献搜索、实验设计、数据收集和简化、报告准备、研究的发表和研究的道德准则。此外,在教学顾问的指导下,学员根据自己选择的技术课题准备分析型研究论文。每个学员都需向船舶工程和海洋工程专业的教师,包括他们指定的论文委员会,就中期报告进行口头汇报	秋季	先修课程:经系主任许可

续表

课程编号	课程名称	学分	课程简介	开课时间	课程要求
EN504H	荣誉毕业论文2	0-6-3	在教学顾问的指导下,学员根据自己选择的技术课题准备分析型研究论文。每个学员都需向船舶工程和海洋工程专业的教师,包括他们指定的论文委员会,就中期报告进行口头汇报。	春季	先修课程:经系主任许可

3.6 武器、机器人与控制工程系

3.6.1 基本情况

武器、机器人与控制工程系培养学员整合机械、电气和计算机系统的能力,以努力实现不同过程的自动化。主要应用包括机器人学、无人驾驶、计算机视觉、制导系统和传感器技术。每年约有100名学员选择机器人与控制工程作为他们的专业,这也成为美国海军学院最受欢迎的专业选择之一。每个班级大约有三分之一的学员毕业时将获得工程专业学士学位。

该系的机器人与控制工程专业最近获得ABET工程认证委员会的认证,归为系统工程名下。该系讲授的机器人与控制工程学科的重点是为越来越自动化的舰队做准备。学员将学习处理传感器和执行器接口的工艺和技术;学习如何模拟、设计和实施控制器,使工程系统按照个人希望的方式运行。应用领域众多,从移动机器人到生物系统,从网络物理到电力系统以及两者之间的联系。

该专业的基础课程包括传感器、执行器、反馈回路、计算和计算机编程,学员将在大二和大三年级学习这些课程。机器人与控制工程专业课程将集中在两个应用领域,其中一个领域必须在系内提供,包括估计和控制、机器人(从工业机械手到无人飞行器)、嵌入式计算或物联网、信号处理(包括计算机视觉)和工程管理;第二个领域可以从同一列表中选择,也可以从其他部门批准的课程中选择,包括环境工程、核工程和材料科学。最后一门选修课可以从任何一个可用的重点领域和一个大范围的附加选项清单中选择。该专业的荣誉课程将提供给优秀学员。

1. 武器知识基础

学员同样需要深入研究现阶段各舰队中使用的美国海军武器系统。教学任务是向所有学员介绍声呐、雷达、制导系统、自主性和相关军事技术的科学原理和工程概念。为了介绍这些专业课题，该系的军事教员中包括掌握最新作战经验的初级军官，以及常驻军事教授。教学团队由经过选拔的具备博士学位的职业海军军官组成。团队的军事教员撰写了《美国海军武器原理》，该教材已在美国海军陆战队及外国海军学校中使用。

2. 教学目标

培养毕业生能够执行美国海军或海军陆战队初级军官的预期职责。在服役后的5年内，希望毕业生能够获得以下成果。

（1）达到作战技术专业所需的资格，或完成工程专业的研究生课程。

（2）在其职权范围内监督管理美国海军和海军陆战队的工程系统，以及运行和维护设备。

（3）与技术士兵和上级军官就设备的状态、操作和维护进行沟通，并对下属进行这方面的培训和资格认证。

3. 能力培养

（1）应用数学、科学和工程知识的能力。

（2）设计和进行实验，以及分析和解释数据的能力。

（3）设计一个系统、组件或过程的能力，以满足在现实条件限制下的预期需求，如经济、环境、社会、政治、道德、健康和安全、可制造性和可持续性。

（4）在多学科团队中发挥作用的能力。

（5）识别、明确表述和解决工程问题的能力。

（6）对职业责任和道德责任的理解。

（7）有效沟通的能力。

（8）广泛了解在全球经济、环境和社会背景下，工程解决方案所产生的影响。

（9）认识到终身学习的必要性及终身学习的能力。

（10）对当代问题的了解。

（11）使用工程实践所需的技术、技能和现代工程工具的能力。

4. 入学和毕业数据（表3.16和表3.17）

专业名称：机器人与控制工程（此前称为系统工程）。

表 3.16　入学率和毕业率统计表

学年	入学年份				毕业人数/人	学位授予
	第一年	第二年	第三年	第四年		学士
2020—2021	0	80	47	65	192	65
2019—2020	0	69	67	55	191	55
2018—2019	0	79	55	50	184	50
2017—2018	0	88	64	83	245	83
2016—2017	0	77	83	91	251	91
2015—2016	0	93	96	107	296	107
2014—2015	0	104	110	104	318	103
2013—2014	0	128	104	75	307	75
2012—2013	0	115	78	91	284	92
2011—2012	0	91	98	90	279	88
2010—2011	0	123	94	61	278	61
2009—2010	0	109	66	76	251	76
2008—2009	0	70	79	91	240	90
2007—2008	0	80	89	100	269	102

专业名称:机器人与控制工程荣誉学位(以前称为系统工程荣誉学位)。

表 3.17　入学率和毕业率统计表

学年	入学年份				毕业人数/人	学位授予
	第一年	第二年	第三年	第四年		学士
2020—2021	0	0	14	14	28	14
2019—2020	0	0	12	13	25	13
2018—2019	0	0	13	15	28	15
2017—2018	0	0	15	16	31	16
2016—2017	0	0	18	14	32	14
2015—2016	0	0	15	16	31	15
2014—2015	0	0	18	20	38	20
2013—2014	0	0	20	16	36	16
2012—2013	0	0	16	23	39	25
2011—2012	0	0	23	17	40	17
2010—2011	0	0	16	12	28	12
2009—2010	0	0	12	18	30	18
2008—2009	0	0	19	12	31	12
2007—2008	0	0	11	16	27	16

3.6.2 课程设置

以下是机器人和控制工程专业的必修课和选修课表。以"H"结尾的课程是就读荣誉学位的学员需要学习的课程。指定"(S/F)"意味着该课程通常在春季或秋季学期授课。

1. 必修课程：

EW200(F)编程和设计简介

EW202(S)机电一体化原理

EW301(F)系统建模与仿真

EW305/305H(F)线性控制系统

EW306/306H(S)高级控制系统

EW309(S)指导性设计经验

EW401(F)工程设计方法

EW404(S)工程系统设计

2. 选修课程：

以EW2开头的课程通常面向4/C和3/C年级的海军陆战队员，不作为专业选修课。以EW4开头的课程通常面向2/C和1/C年级的学员。以81~86结尾的课程是临时性的，并可能根据学年的不同而改变。

EW281C/282C(F/S)无人机技术介绍

EW282(S)激光研究简介

EW282E(S)自动化海洋船舶

EW413(F)数字控制工程

EW418(S)最佳控制和估计

EW430(F)嵌入式系统

EW432(S)物联网

EW450(F)机器人学简介

EW451(S)移动机器人设计

EW452(S)机器人学的高级课题

EW453(S)计算机视觉简介

EW456(F)自动化车辆

EW461(F)管理的定量方法

EW462(S)新兴技术

EW464(S)工程经济学调查

EW470(F)3D 打印和产品设计

EW481A/482A(F/S)深度学习

EW485B(F)多智能代理网络的控制

EW485E(F)比较生物力学

EW486D(S)常规武器

EW486F(S)无人驾驶系统的实验实施

EW495/496/497(F/S)机器人学和控制工程研究

EW503(S)先进技术

3. 详细课程设置(表 3.18)

表 3.18 机器人和控制工程专业详细课程设置

课程编号	课程名称	学分	课程简介	开课时间	课程要求
EW200	编程和设计简介	3-2-4	课程介绍机器人与控制工程专业,课程重点是编程以及开发工程问题所需的硬件和软件解决方案。课程教学采用基于项目的方法,将课程核心的主题联系起来,介绍技术交流和设计过程的基础知识	秋季	先修课程:机器人学和控制工程及荣誉学科专业或经系主任许可
EW202	机电一体化原理	2-2-3	此课程是机器人学和控制工程专业的第二门课程,介绍了控制理论、仪器仪表和机电一体化的概念。课程借助项目和实验室练习,为学员介绍这些主题的实践操作	春季	EW200
EW300	海军武器系统	3-0-3	课程通过研究传感器、跟踪、投送和破坏机制的原理,介绍武器系统理论	秋季/春季	先修课程:微积分Ⅱ(SM122 或 SM162)和化学Ⅱ(SC112 或 SC151)和物理Ⅱ(SP212 或 SP222)
EW301	系统建模与仿真	2-2-3	该课程介绍物理系统的建模,包括机械、电气和流体系统。还介绍了标准的模型表示方法,如传递函数和状态空间模型,以及数值方法和仿真软件。包括动手操作的硬件实验练习	秋季	先修课程:EW202 和 EM232;并修课程:EW305 或 EW305H

续表

课程编号	课程名称	学分	课程简介	开课时间	课程要求
EW305	线性控制系统	3-2-4	此课程介绍经典控制工程的基础知识,包括数学建模、时间和频率响应分析以及PID补偿器的设计。课程材料配套有一系列实验室项目,关于物理系统的建模和分析以及控制系统的设计和实施	秋季	先修课程:EW202 并修课程:EW301
E305H	线性控制系统(荣誉学科)	3-2-4	课程介绍经典控制工程的基础知识,包括数学建模、时间和频率响应分析以及PID补偿器的设计。课程材料配套有一系列实验室项目,关于物理系统的建模和分析以及控制系统的设计和实施。该荣誉课程的重点是对线性和高级控制工具集的深入分析,同时包括开放式的控制设计项目	秋季	先修课程:EW202 并修课程:EW301
EW306	高级控制系统	2-2-3	此课程基于课程EW305,涵盖状态空间控制系统的分析和设计。具体来说,介绍了状态反馈设计控制和状态估计方法,同时包括一系列针对物理系统的状态空间控制系统设计和实施的实验室项目	春季	先修课程:EW301,EW305
E306H	高级控制系统(荣誉学科)	2-2-3	此课程基于课程EW305,涵盖状态空间控制系统的分析和设计。具体来说,介绍了状态反馈设计控制和状态估计方法,同时包括一系列针对物理系统的状态空间控制系统设计和实施的实验室项目。该荣誉课程的重点是对线性和高级控制工具集的深入分析,同时包括开放式的控制设计项目	春季	先修课程:EW301,EW305H

续表

课程编号	课程名称	学分	课程简介	开课时间	课程要求
EW309	指导性设计经验	0-4-2	学员将在安排和指导下,进行时长一学期的工程设计项目,从问题陈述开始到最后的原型设计。学员组建小组,参加基于项目的学习实践。通过这种练习,他们将培养大规模开放式设计所需的技术经验能力	春季	先修课程:EW305或EW305H,EW301,SM316
EW370	海军武器系统的自主与控制	0-2-1	课程介绍用于美国海军武器系统自动化的基础原理和设计方法。该课程通过一系列的实践经验来培养学员对概念的理解和感知。课程主题包括反馈控制理论的基础知识,以及介绍发展迅速的机器学习和人工智能领域,因为这些与美国海军实力有关	秋季/春季	并修课程:EW300
EW401	工程设计方法	2-2-3	课程介绍工程设计过程和项目管理。此外,还包括高级设计项目提案的构成	秋季	先修课程:EW309
EW402	机器人与控制工程设计专业(荣誉学科)	2-4-4	在此课程中,学员将完成已批准的项目最终设计、建造、测试和评估	春季	先修课程:EW502,机器人和控制工程荣誉学科专业
EW404	工程系统设计	1-4-3	在此课程中,学员将完成已批准的项目最终设计、建造、测试和评估	春季	先修课程:EW401或EW502
EW410	控制工程入门	3-2-4	工程专业的线性控制,使用分析技巧、图形和计算机技术	秋季/春季	先修课程:物理学Ⅱ(SP212或SP222),微分方程(SM212或SM222),和电气工程Ⅰ(EE221或EE331)
EW412	电气工程的控制工程	3-2-4	电气工程专业的线性控制工程,使用分析技巧、图形和计算机技术。该课程包括频率域和状态空间的控制设计方法。不能同时获得课程EW412和EW410的学分	春季	先修课程:EE322和EE353

续表

课程编号	课程名称	学分	课程简介	开课时间	课程要求
EW413	数字控制工程	2-2-3	数字滤波器的分析、设计和模拟。对使用数字和模拟计算机以及伺服系统硬件的连续过程的数字控制器进行分析、设计和实验室测试	秋季	先修课程:EW305 或 EW305H 和 EW306 或 EW306H
EW418	最佳控制和估计	2-2-3	使用最优控制理论分析和设计控制系统和估算器	春季	先修课程:EW306 或 EW306H
EW421	通信和信息系统入门	2-2-3	介绍研究当代通信和信息系统所需的工具。课程介绍模拟和数字信号和系统以及现代处理工具:卷积、关联、滤波和光谱分析。实验室操作强调建立无线发射器和接收器的实践	秋季	先修课程:工程专业1/C年级或经系主任许可
EW422	现代通信和信息系统	2-2-3	介绍现代通信和信息系统。该课程介绍了振幅和频率调制技术、模拟信号到数字信号转换、快速傅里叶变换(FFT)以及信息系统理论和编码:错误保护、数据压缩编码、计算机网络。学员们每周都会学习日常通信设备中应用的最新技术。实验室操作强调对信号进行采样、处理和通过调制解调器传输信息	春季	先修课程:EW421
EW430	嵌入式系统	2-2-3	此应用课程侧重介绍嵌入式系统设计。嵌入式系统与我们日常生活中的电子设备息息相关,从手机、健身设备到智能手表等等。此课程强调动手设计,每周的实验操作中,学员将获得便携式硬件套件,该套件同时将应用于综合期末项目。此课程默认学员已掌握C语言编程的实用知识并熟悉基本的电子电路	秋季	先修课程:EW200,SP212,或经指导教师许可

续表

课程编号	课程名称	学分	课程简介	开课时间	课程要求
EW432	物联网	2-2-3	目前,高速无线网络和强大的微控制器几乎可以将任何东西连接到互联网。这种设备的延展通常被称为"物联网"(IoT)。此课程涵盖物联网的基本技术,包括计算机网络、Linux操作系统、Python编程语言和流行的网络框架。了解如何建立自己的物联网设备,从微控制器到网络服务器,及其中间过程。该课程默认学员已掌握C语言编程的实用知识,但不要求有Python或Linux的经验	春季	先修课程:EW200,SP212,或经指导教师许可 推荐课程:EW430
EW450	机器人学简介	2-2-3	机器人系统的基础知识,包括历史发展、应用、操纵器配置和设计考虑、机器人系统的控制原理、基本计算机视觉处理和小组设计项目。实验室练习将借助联网的个人计算机,研究各种实验室机器人系统和计算机视觉系统来学习课程主题	秋季/春季	先修课程:EW200和SM316
EW451	移动机器人设计	1-4-3	这是一门基于实验操作的课程,涉及自主移动机器人的设计、分析、建造、控制和编程。课程主题包括运动方法(包括步行机设计)、地形设计、模拟机器人设计、替代驱动技术(形状记忆合金等)、微处理器选择和集成、运动规划、基于行为的程序结构和电源系统。学期中,每个小组使用标准的机器人建造套件制作8~10个机器人。所有课题都通过实验室的实验进行研究		先修课程:EW450

续表

课程编号	课程名称	学分	课程简介	开课时间	课程要求
EW452	机器人学的高级课题	2-2-3	个人和小组对机器人领域选定的高级课题进行开放式调查,如:先进的计算机视觉处理技术,多机器人操纵器系统和人工神经网络系统。课程将使用联网的计算机,实验室机器人,计算机视觉系统	春季	先修课程:EW450或经系主任许可
EW453	计算机视觉简介	2-2-3	该入门课程涵盖了用于自动化、医学成像和遥感的图像处理和模式识别技术的理论和应用	秋季/春季	先修课程:
EW456	自动化车辆	2-2-3	动力学、控制和评估方面的高级课题,这些领域适用于无人驾驶车辆。介绍空中、海上和地面车辆的具体情况。实验室操作学习包括导航硬件和一个开放式项目	秋季	先修课程:机器人与控制工程及荣誉学科专业或经系主任许可
EW461	管理的定量方法	3-0-3	课程介绍运筹学及其在工程中的应用。课程主题包括:工程系统的优化、博弈论、敏感性分析、使用PERT/CPM的项目管理以及决策分析	秋季	先修课程:机器人与控制工程及荣誉学科专业或经系主任许可
EW462	新兴技术	3-0-3	课程强调使用社会技术发展模式评估新兴技术的技能和工具集。包括讨论基础科学,最先进的技术和当前各种新兴领域的研究趋势,如生物技术、纳米技术、控制论等。课程EW462和EW503不能同时获得学分	春季	先修课程:机器人与控制工程专业1/C年级或经系主任许可
EW464	工程经济学调查	3-0-3	此课程提供与工程活动相关的金融跨期决策材料的调查。该课程包括传统工程经济主题:会计和现金流分析的基础、利息因素、经济选择的比较、折旧和资本预算的影响、决策分析、信息的价值和适用于技术组织管理的选择。所使用的技能将被应用于完成一个期末项目	春季	先修课程:机器人与控制工程专业或荣誉学科专业1/C年级或经系主任许可

续表

课程编号	课程名称	学分	课程简介	开课时间	课程要求
EW470	3D打印和产品设计	2-4-4	此课程侧重介绍商业产品设计和原型制作的基本原理,使用3D打印的工具,包括3D打印机、激光切割机、3D扫描仪、真空成型器和印刷电路板(PCB)制造的能力。学员将学习一系列工具,包括用于桌面制造的CAD原理,用于记录和推广的专业图形软件,以及涵盖可用性和美学的产品设计概念。该课程结束时学员将完成一个新的产品设计,包括使用该课程提供的工具生产一个功能齐全的原型。不能同时获得课程EW470和EM434的学分	秋季	先修课程:EW202,以及机器人与控制工程专业或荣誉学科专业
EW502	研究与设计(荣誉学科)	1-2-2	工程设计过程和项目管理,面向机器人与控制工程荣誉专业相关的高级项目。包括荣誉高级研究项目提案	春季	先修课程:机器人与控制工程荣誉学科专业
EW503	先进技术	3-0-3	此课程为学员提供新兴技术的背景和介绍,侧重于从全球和社会的角度来研究这些技术的影响。学员使用基本的科学和工程技能来分析最先进的技术,并预测这些系统的未来发展和应用方向。课程主题包括纳米技术、控制论、基因工程、智能公路车辆系统等。课程EW462和EW503不能同时获得学分	春季	先修课程:机器人与控制工程荣誉学科专业

第4章
数学与科学学院

4.1 学院概况

数学与科学学院由五个部门组成,由军事和文职教职人员领导。该院为学员提供获得数学与科学知识技能的机会,帮助他们成为有抱负的美国海军军官。所有学员都将学习数学、化学和物理的核心课程,理解现代技术基础的普遍科学原理,从而能在学院的任何技术专业中取得成功。学院还为那些选择专攻化学、计算机科学、数学、海洋学或物理学领域的学员提供专业的全部教育资源。

数学与科学学院提供17个学术专业:化学、计算机科学、信息技术、数学、数学(荣誉)、应用数学、应用数学(荣誉)、运筹学、运筹学(荣誉)、海洋学、海洋学(荣誉)、物理学、应用物理学、天体物理学、通用科学、网络行动、数量经济学。

4.2 化学系

4.2.1 基本情况

化学系由40多名教职员工组成,拥有超过50000平方英尺的现代化实验室和教室空间,并配备了先进的仪器设备,致力于基础化学科学的教育和研究,探索化学与其他自然科学的联系。

化学是在原子/分子水平上研究物质的组成、结构和性质,并研究支配物质变化规律的学科。它有时被称为"中央科学",因为它几乎涉及生活的方方面面。农业、生物学、环境科学、法医学、材料科学和医学基本上都基于化学。学习化学可以让人类操纵分子甚至原子(纳米技术)的能力不断进步,制造出更快捷、更高效的设备;人类基因组计划和生物技术的进步使人们对疾病和可能的治疗方法有了分子水平的了解;具有不同寻常的光学、电气或机械性能的新材料也在不断被开发并用于许多军事和民用领域。

1. 化学核心学习成果

(1) 应用化学的语言和基本原理(原子/分子理论、热力学和动力学)来解释自然现象并解决涉及化学过程的问题。

(2) 收集并批判性地分析源自科学观察和测量的数据集。

(3) 以书面形式交流解决问题的过程以及使用循证推理从实验结果中得出结论。

(4) 了解化学对于社会(如能源和环境)和美国海军技术(如爆炸物、核电、防腐蚀、海底空气)所面临问题的重要性。

2. 课程难度

一年级化学与全美国数百所学院和大学教授的两学期化学课程相同,区别在于化学系通过独特的海军应用(如爆炸物、生命支持、燃料和润滑剂、化学和生物战、水处理、核化学、腐蚀等)来说明基本的化学原理。由于内容概念性强、节奏快、涉及面广(如学习爆炸物,学员需要了解化学计量学、热化学和气体定律)以及第一年的其他要求,一年级化学是一门要求很高的课程。从过往数据看,超过95%的一年级生在第一次尝试该系课程时就通过测评,其余5%几乎全部在第二次尝试中才能通过。

自1975年以来,美国海军学院化学专业课程已获得美国化学学会的认可。参照美国化学学会新指南修订的专业课程已被批准用于2004年及以后的课程。新化学课程的亮点包括:①所有传统化学领域(分析、无机、有机和物理)以及生物化学的入门课程;②四个学期的"综合实验室"课程,旨在以现实和跨学科形式阐释基础原理;③2/C和1/C学年的选修课,结合所需的顶点研究项目,让学员能够专注于个人兴趣领域。

3. 培养目标

(1) 使用原子/分子结构和反应性、热力学和动力学原理解释自然现象,并解决涉及化学过程的问题。

(2) 通过使用技术文献、进行实验、分析和批判性地解释所获得的结果、将这些技术应用于新实验的设计等,来回答科学问题。

(3) 使用口头、图形和书面表达方式与各种受众进行有效沟通。

(4) 实践作为化学家应有的正确专业素养和道德标准。

(5) 能够独立自主进行学习与提升。

(6) 描述化学与美国海军和当前/历史世界事件的相关性。

学员的顶点研究项目包括：模拟新炸药的爆炸、合成和测试新药、研究地外行星发生的化学反应，以及检测土壤中微量 TNT 或大气中的过氧化物。许多学员在地区和国家科学会议上报告了他们的研究结果。

化学专业学员对物质原子/分子水平的理解、解决问题的能力、批判性思维技能等，为他们在美国海军服役以及将来做好准备。化学专业每个年级里，大约有三分之一的学员将进入核电计划（水面或潜艇），三分之一进入医学院，其余三分之一承担各类任务。

4.2.2 课程设置

以下是表 4.1~表 4.39 所列为生物学（SB）和化学（SC）课程信息。

表 4.1 海军军官的生物学

课程	SB201
标题	海军军官的生物学
学分	3-0-3
描述	学员将学习基础生物学在日常生活中的应用以及他们在美国海军服役的未来职责。主题将包括生物力学，人类表现，饮食和营养，激素，遗传学和人类基因组，基因工程，DNA"指纹识别"，疾病，抵抗力和免疫力。注意：学员不能同时获得 SB201 和 SB211 或 SB201 和 SB251 的学分
开课时间	春季
先修课程	无

表 4.2 海军实验室生物学

课程	SB211
标题	海军实验室生物学
学分	3-2-4
描述	学员将学习基础生物学在日常生活中的应用以及他们在美国海军服役的未来职责。主题将包括生物力学，人类表现，饮食和营养，激素，遗传学和人类基因组，基因工程，DNA"指纹识别"，疾病，抵抗力和免疫力。实验室旨在加强和扩展讲座的主题。注意：学员不能同时获得 SB201 和 SB211 或 SB211 和 SB251 的学分
开课时间	春季
先修课程	无。

表 4.3　普通生物学 I

课程	SB251
标题	普通生物学 I
学分	3-2-4
描述	介绍生物学科学的基本原理。主题包括新陈代谢,细胞结构和功能,经典和分子遗传学,进化和生态学。该课程以生命整体作为出发点,重点是考量人类在生物学中的位置
开课时间	秋季/春季
先修课程	无

表 4.4　普通生物学 II

课程	SB252
标题	普通生物学 II
学分	3-2-4
描述	该课程为学员提供人体生理学的坚实基础。讲座侧重于身体功能的机制以及生物化学,细胞生物学,遗传学和发育生物学中的互补概念。实验室部分涵盖相同的主题以及解剖学和组织学
开课时间	秋季/春季
先修课程	SB251

表 4.5　分子与一般遗传学

课程	SB338
标题	分子与一般遗传学
学分	3-0-3
描述	该课程的学员将学习性状的遗传,从基础(孟德尔)遗传学开始,到现代分子生物学结束。该课程将研究不完全优势,上位性,多效性,转化,克隆,基因工程,印记和实验技术。SC338 也是这门课的代码
开课时间	春季
先修课程	SB251 或 SC335

表 4.6　微生物化学

课程	SB431
标题	微生物化学
学分	2-2-3
描述	此课程将探讨微生物与其周围环境(包括人类宿主和极端环境)之间发生的有趣而重要的相互作用。这些"简单"生物的物种已经进化出不同的机制来对抗抗生素,重金属,污染物和极端辐射的攻击。该课程的实验室部分将包括识别,培养和测试生存机制的生物体,SC431 也是这门课的代码
开课时间	秋季
先修课程	SB251 和 SC335

表 4.7　神经科学与发展

课程	SB453
标题	神经科学与发展
学分	3-2-4
描述	神经科学和发育生物学是神经科学和发育生物学的高级治疗方法,它建立在 SB251 中提供的分子和细胞背景以及 SB252 中引入的神经系统功能的基本原理之上,并将其应用于包括躯体和特殊感觉模式,运动机能的启动,执行和协调,以及控制这些功能的神经解剖组织等。还将轮流介绍其他专题。该课程还将使用在模型生物中进行研究所设定的示例,来阐明高等真核生物正常发育的机制,重点是神经发育
开课时间	秋季
先修课程	SB252

表 4.8　化学基础 I

课程	SC111
标题	化学基础 I
学分	3-2-4
描述	这是横跨两学期课程的第一学期课程,介绍化学的基本定律和理论。主要主题包括化学计量学,周期律,原子结构,化学平衡,热力学,核化学,电化学和动力学。讲座材料辅以旨在培养学员实验室技能的实验。整个课程中,还介绍了化学在海军的应用,以培养在常规美国海军行动中的化学意识
开课时间	秋季/春季
先修课程	无

表 4.9　化学基础 II

课程	SC112
标题	化学基础 II
学分	3-2-4
描述	这是 SC111 的后续课程。有关一般课程说明,请参阅 SC111。在 SC112 这门课程中,将强调化学在海军的应用,包括防弹衣、腐蚀、核电、锅炉水质、飞机除冰和水肺潜水等
开课时间	春季
先修课程	SC111

表 4.10 现代化学

课程	SC151
标题	现代化学
学分	3-2-4
描述	为具备一定化学基础的学员提供的一学期课程,相当于其他一年级生一整个学年的化学要求。进入此课程的学员必须在入学考试中获得出色的成绩,来证明他们对基本化学概念的理解能力
开课时间	秋季
先修课程	按系主任安排

表 4.11 分析化学

课程	SC216
标题	分析化学
学分	3-0-3
描述	此课程探讨了"湿"化学方法和仪器在确定物质化学成分和结构中的理论和应用。将讨论化学分析的定性和定量问题。此课程中学到的理论和技术可用于化学的所有分支,并将应用于化学专业的后续课程
开课时间	春季
先修课程	SC225

表 4.12 现代战争中的化学

课程	SC221
标题	现代战争中的化学
学分	3-0-3
描述	此课程将研究常规武器和大规模杀伤性武器背后的科学。该课程将通过研究这些材料的结构、合成和性质来研究烈性炸药和推进剂。课程的第二部分将侧重于化学和生物制剂,包括历史、结构、作用方式、检测、保护措施和去污方法
开课时间	秋季
先修课程	SC112

表 4.13 有机化学 I

课程	SC225
标题	有机化学 I
学分	3-0-3
描述	横跨两学期课程的第一学期课程,侧重于研究碳的共价化合物,即"生命分子"。课程使用和扩展了一般化学中的许多重要概念(化学计量学、键合、结构、动力学和热力学),还将引入一些新概念,包括构象分析、立体化学、反应机理和分子轨道理论
开课时间	秋季
先修课程	SC112 或 SC151;同时要求:SC261

表 4.14 有机化学 Ⅱ

课程	SC226
标题	有机化学 Ⅱ
学分	3-0-3
描述	这是有机化学两门课程中的第二门。
开课时间	春季
先修课程	SC225 和 SC261;同时要求:SC262

表 4.15 综合实验 Ⅰ 反应、分离和鉴定

课程	SC261
标题	综合实验 Ⅰ——反应、分离和鉴定
学分	0-6-2
描述	该实验室课程强调分离和纯化化学物质的理论和实践。技术包括:结晶、蒸馏、柱层析、气相色谱、高效液相色谱、萃取和升华。介绍了基于红外和核磁共振波谱的化学物质鉴定
开课时间	秋季
先修课程	SC112 或 SC151;同时要求 SC225

表 4.16 综合实验 Ⅱ 反应、化学和仪器分析

课程	SC262
标题	综合实验 Ⅱ——反应、化学和仪器分析
学分	0-6-2
描述	将定性和定量方法应用于几种重要化学反应产物的测定,包括多步合成。学员还要将这些方法应用于简单平衡系统的分析,以及双组分未知的分离和鉴定
开课时间	春季
先修课程	SC225 和 SC261;同时要求:SC226

表 4.17 海洋和大气化学

课程	SC311
标题	海洋和大气化学
学分	3-0-3
描述	介绍影响海洋水域和大气海洋边界层化学的化学过程。该课程将从海水的组成开始,逐步介绍海洋系统中重要元素的生物地球化学循环,包括平流层臭氧的化学和气溶胶的形成等课程还将讨论这些过程对当前和未来海军行动的影响
开课时间	春季
先修课程	SC112

表 4.18 高级有机化学

课程	SC325
标题	高级有机化学
学分	3-0-3
描述	在 SC225-226 的基础上,此课程将把立体化学、构象、结构、键合和机理等基础知识应用到高阶知识中,如周环反应、杂环化合物,以及重要生化有机化合物结构和功能间关系等
开课时间	秋季
先修课程	SC226

表 4.19 生物化学

课程	SC335
标题	生物化学
学分	3-0-3
描述	此课程通过研究生物大分子结构和功能间的关系,检视生命的化学基础,重点是蛋白质和核酸。同时,研究参与能量生产、储存和转化的代谢过程,还将研究生化信号传导和生物膜,介绍现代生化实验方法
开课时间	秋季
先修课程	SC226

表 4.20 生物化学Ⅱ

课程	SC336
标题	生物化学Ⅱ
学分	3-0-3
描述	该课程将扩展和建立 SC335 的主题,如生物分子结构、生物能量学和酶动力学,以涵盖氨基酸、核苷酸和辅因子的生物合成,介绍光合作用和植物代谢周期、信号传导、分子遗传学、调节真核和原核基因表达
开课时间	春季
先修课程	SC335

表 4.21 分子与一般遗传学

课程	SC338
标题	分子与一般遗传学
学分	3-0-3
描述	该课程将学习性状的遗传,从基础(孟德尔)遗传学开始,到现代分子生物学结束。该课程将研究不完全优势、上位性、多效性、转化、克隆、基因工程、印记和实验技术,SB338 也是这门课的代码
开课时间	春季
先修课程	SB251 或 SC335

表 4.22　化学工程流程

课程	SC341
标题	化学工程流程
学分	3-0-3
描述	该课程为入门课程,旨在帮助学员利用工程方法解决问题,分析与化学过程相关的材料和能量平衡
开课时间	秋季
先修课程	SC112、SP212、SM221

表 4.23　物理化学 I

课程	SC345
标题	物理化学 I
学分	3-0-3
描述	该课程探索物理和化学现象,重点是热力学,该课程包括动力学介绍
开课时间	秋季
先修课程	(SC112 或 SC151) 和 SP211 和 SM212

表 4.24　物理化学 II

课程	SC346
标题	物理化学 II
学分	3-0-3
描述	SC345 的延续,强调原子和分子结构的量子理论,包括光谱学
开课时间	春季
先修课程	SC345

表 4.25　X 射线化学结构

课程	SC351
标题	X 射线化学结构
学分	2-2-3
描述	X 射线衍射是确定分子三维结构的最强大工具。此课程注重动手实践,介绍了通过 X 射线衍射测定三维分子结构的现代方法。学员将学习从晶体生长,到最终结构解决方案的基础技术和知识
开课时间	春季
先修课程	SC112 和 SM212

表 4.26 无机化学

课程	SC356
标题	无机化学
学分	4-0-4
描述	研究主族元素和过渡金属的化学性质,重点是这些元素及其化合物的性质,结构和反应性
开课时间	春季
先修课程	SC226 和 SC345

表 4.27 综合实验Ⅲ——物理原理和定量方法

课程	SC361
标题	综合实验Ⅲ——物理原理和定量方法
学分	1-6-3
描述	此课程涵盖物理原理和定量分析,旨在以溶液中的分子和离子为对象,开展理论和行为研究。课程通过经典和现代仪器分析方法开展研究,强调定量实验室技术,并引入采样技术和数据统计分析,课程还强调分析方法在实际系统中的实验设计和应用。学员还将把上述技术应用于他们自己设计的实验室分析中
开课时间	秋季
先修课程	SC262;同时要求:SC345,除非系主任豁免

表 4.28 综合实验Ⅳ——高级实验和研讨会

课程	SC364
标题	综合实验Ⅳ——高级实验和研讨会
学分	1-6-3
描述	该实验室课程通过应用许多先进技术,强调无机和有机金属化合物的理论,结构,合成和表征。先进的合成方法包括光化学、高温和惰性气体反应。先进的分析方法包括磁化率测量、电子顺磁共振、拉曼和高分辨率、气相光谱和快速反应(停流)动力学。此外,每周一次的研讨会包括教师、学员和杰出访问学者的讨论和演讲,可以接触到广泛的化学领域信息
开课时间	春季
先修课程	SC3631;同时要求:SC346 和 SC356,除非系主任豁免

表 4.29 环境化学

课程	SC412
标题	环境化学
学分	3-0-3
描述	我们可将许多分析化学技术应用于了解环境的化学成分。此课程中,学员将接触到这些技术在各种环境系统(水、空气、土壤等)中的具体应用。探讨的主题可能包括生物和地球化学循环,军事活动对环境的影响,以及在工业中使用"绿色化学"
开课时间	春季
先修课程	SC262 或 SC264 或系主任许可

表 4.30 法医学中的分析化学

课程	SC416
标题	法医学中的分析化学
学分	3-0-3
描述	此课程将讨论刑事调查中使用的样本收集技术,以及用于确定是否存在与非法活动有关的物质的化学和仪器方法。课程重点将放在具体的法医调查技术上,如 DNA 指纹识别、毒品侦查、纵火调查(石油残留物)、爆炸(爆炸物残留物)以及纤维和油漆的特性描述
开课时间	春季
先修课程	SC361

表 4.31 高分子化学

课程	SC421
标题	高分子化学
学分	2-2-3
描述	以理解分子结构与物理性质之间的关系为最终目标,该课程将介绍大分子(无论是人造还是天然)的合成,表征和物理化学。介绍聚合物加工、制造以及最新应用,同时包括与美国海军有关的应用,还计划对本地的聚合物研究和生产设施进行实地考察
开课时间	春季
先修课程	SC226 和 SC264

表 4.32 药物化学

课程	SC425
标题	药物化学
学分	2-2-3
描述	此课程将研究药理活性化合物(药物)如何起作用,探索各种类别的药物以及如何发现它们,并回顾军方为最大限度提高战斗力而进行的一些最先进研究。课程选定的主题将在实验室中探索
开课时间	秋季
先修课程	SC226 和 SC335

表 4.33 微生物化学

课程	SC431
标题	微生物化学
学分	2-2-3
描述	此课程将探讨微生物与其周围环境(包括人类宿主和极端环境)之间发生的相互作用。这些"简单"生物的物种已经进化出不同的机制来对抗抗生素、重金属,污染物和极端辐射的攻击。课程的实验室部分将包括识别、培养和测试那些具备我们感兴趣的生存机制的生物体,SB431 也是这门课的代码
开课时间	秋季
先修课程	SB251 和 SC335

表 4.34 生物物理化学

课程	SC435
标题	生物物理化学
学分	3-0-3
描述	此课程将通过检视分子间力、动力学和热力学等,来研究诸如配体结合、蛋白质与核酸折叠和结构、生物分子运动以及膜结构和功能等现象,还将讨论相关的实验技术
开课时间	春季
先修课程	SC335 和 SC345

表 4.35 推进剂和炸药

课程	SC442
标题	推进剂和炸药
学分	2-2-3
描述	此课程将深入研究高能材料的结构、物理和化学性质。学员将研究高能材料在军事和民用中的应用,并将探索在使用前后检测和表征高能材料的方法和过程,还计划进行实验室实验,研究高能材料及其应用
开课时间	春季
先修课程	SC226、SC345

表 4.36 量子化学

课程	SC446
标题	量子化学
学分	3-0-3
描述	此课程将引入量子力学原理,用于阐释应用于分子结构和性质的分子轨道理论,还将介绍现代量子化学软件,开展电子结构计算
开课时间	春季
先修课程	SC346

表 4.37　生物无机化学

课程	SC451
标题	生物无机化学
学分	3-0-3
描述	生命同样也包括无机化学的内容。比如，每次呼吸都使用铁蛋白,血红蛋白,每一步都由钙盐制成的骨骼支持,由含有磷酸盐的分子(如三磷腺苷)驱动。该课程将使用 X 射线衍射和 NMR 光谱等一系列技术,阐明这些生物无机化合物的结构和功能
开课时间	秋季
先修课程	SC335 和 SC356 或系主任的许可

表 4.38　化学研讨会

课程	SC472
标题	化学研讨会
学分	1-0-1
描述	1/C 化学专业每周开会讨论正在进行的研究项目,建议每位从事研究项目的学员都参与研讨会。其他研讨会发言人可能包括学院外的系主任和研究人员
开课时间	春季
先修课程	1/C 化学专业

表 4.39　顶点项目

课程	SC476
标题	顶点项目
学分	0-6-3
描述	在教师的指导下,该课程的学员承担研究项目,要求他们将化学教育的多个方面汇集应用起来。学期末需要进行口头和书面进度报告
开课时间	秋季/春季
先修课程	1/C 化学专业

4.2.3　综合实验项目

1. SC261-综合实验Ⅰ——反应、分离和鉴定

此实验课程考察了一些重要的有机反应,并介绍了分离、鉴定和量化化学物质的理论和实践。涉及技术包括重结晶、蒸馏、柱色谱、气相色谱、高效液相色谱、薄层色谱、萃取、升华以及红外与核磁共振波谱。

2. SC262-综合实验Ⅱ——反应、化学和仪器分析

此实验室课程探讨了通过红外线、核磁共振、质谱、原子和分子光谱,以及气相和液相色谱进行现代化学分析中使用的理论和仪器的细节。这些技术以定性和定量方法,在实验室中用于测定许多重要化学反应的产物,包括多步骤合成。学员将他们学到的方法应用于简单均衡系统的分析当中。

3. SC361-综合实验Ⅲ——物理原理和定量方法

此实验室课程侧重于溶液中分子和离子的理论和行为,以及经典的测定方法。通过应用经典(体积法、重量法、滴定法)和现代仪器(光谱学、电化学、热学)分析方法,以及简单系统的热力学检查,在实验室中实践这些方法。着重强调定量实验室技术,并引入了统计和抽样等新问题。学员将他们学到的技术应用于实施其设计的实验中。

4. SC364-综合实验Ⅳ——高级实验和研讨会

此实验室课程通过应用许多先进技术,强调无机和有机金属化合物的理论、结构、合成和表征。实验方法包括多步骤合成、光化学和高温反应、聚合物表征、分子轨道计算、磁化率和 X 射线衍射测量、高分辨率气相光谱,以及快速反应(停流)动力学。此外,每周会有一次研讨会,包括专业演讲、讨论和学员演讲。

4.2.4 暑期实践机会

化学系赞助传统的化学实习以及医学实习,实习通常安排在培训期间,为期 4 周。另外,选定的实习也可能会持续长达 6 周或更长时间。

1. 化学实习

化学实习包括广泛的机会——从法医工作到乙型肝炎研究再到基因测序研究,研究可能在美国国防部机构、政府实验室和民用机构进行。

2. 医学实习

医学实习包括一系列机会——从开发人类疾病治疗方法,到跟随医生,再到在社区里进行医学实践培训。

3. 实习申请

申请必须在线完成。在申请之前,学员必须获得有关主管部门的许可,才能申请特定培训模块的实习机会。

4.2.5 研究与顶点项目

化学研究和顶点项目旨在提供深入的体验,让学员借鉴和建立他们完整的知识体系。参与此项目后,学员在专业和个人方面都能够以传统课堂和实验室课程无法实现的方式获得成长。学员学习设计自己的实验,并在结果未知时进行观察,通过和教授共同努力,发现新知识。学员加强动手操作,使用各类设备提高实验技能。学员还将学习如何解释结果并从自己的实验中得出结论。最后,他们展示研究成果,并作为后人取得新突破的基础。所有美国海军学院化学专业的学员都必须完成顶点项目(SC476)或类似的研究课程(SC495/SC496)。

1. 顶点项目

参加顶点项目化学专业学员,将在 1/C 年度的春季学期完成 3 个学分的顶点项目课程(SC476)。SC476 要求在学期末完成研究提案,提交正式的书面工作报告以及做出口头陈述。

2. 研究课程

学员可以用 3 个研究学分(SC495/SC496)代替 SC476。此选项允许学员更快地开始一个项目,并有可能通过第二学期的研究完成化学选修课。所有参加研究的学员必须找到一名愿意担任项目顾问的教职员工,并与顾问协商准备书面研究计划。该计划获得批准后,将提交给化学系主任审阅。

3. 研究计划

研究项目通常按照以下阶段进行:①对问题进行定义;②对该领域已完成的工作进行文献检索;③设计实验以解决问题(如合成必要的化合物、了解物理现象、计算物理量等);④开展实验;⑤以有意义的方式分析和呈现结果。通常,当该过程中的前两个或三个步骤完成时,学员需要提交一份书面研究计划。

4. 研究报告

每个学期的研究都需要一份书面报告。如果学员注册了下一学期,可以提交较短的中期报告。在项目结束时,学员将提交一份完整的报告。

5. 演示

每个学期的研究都需要做一个演示。这些演示将向所有教职员工和助教人员以及学院外的受邀嘉宾开放。演示可以有多种形式,顾问和化学系将在演示前明确要求和时间表,并在学期内将这些信息尽早提供给学员。一种形式是通过 PPT,也可以选择口头陈述,时长为 20 分钟,但同时也要配图。所有演示都将包括问答环节。

通常,在秋季学期期末考试期间演示,在春季学期进行口头陈述。

4.2.6 科研设施

2004 年 8 月,化学系搬进了迈克尔逊大厅(以 1873 年入读美国海军学院的 Albert A. Michelson 命名,他是第一位获得诺贝尔奖的美国人),办公室、教室、实验室和其他空间全部修葺一新,总占地 52000 平方英尺。目前设施包括配备多媒体的教室、教学实验室、每个学员的独立工作空间,以及研究空间和仪器等,可以支持 30 名教职员工和 30 名学员开展研究项目。主要实验条件包括:一年级化学实验室、专业实验室、仪器套件实验室、核磁共振实验室、电子空间研究实验室、X 射线实验室以及分子建模实验室。

4.3 计算机科学系

计算机科学系提供计算机科学(CS)和信息技术(IT)专业。这两个专业的课程安排非常丰富,能满足新任命美国海军军官在舰队中服役的需求。

4.3.1 基本情况

(1) 在美国海军学院学习计算机的理由:

美国海军学院的计算机科学专业被《普林斯顿评论》的古尔曼报告评为美国排名前 50 名的计算机课程。该报告是对各个本科部门(而不是整个学校)的系统性全美排名,考虑了教师、课程、学员以及教室和实验室设施质量等。此外,根据古尔曼报告,在美国非计算机专业博士学位授予点中,美国海军学院计算机科学系排名第二。

(2) 计算机科学和信息技术的区别:

① 计算机科学是更加传统的专业,包括算法、人工智能、机器人和图形。

② 信息技术是应用性更强的专业,包括网络技术、数据库和计算机安全。

③ 两个专业都能够为技术或管理课程,以及未来可能的研究生学习提供计算基础。

④ 两个专业都提供计算机科学或信息技术的选修课(但也要满足先修课程)。

(3) 关于信息技术和计算机科学专业,还应该知道:

① 信息技术和计算机科学专业都专注于严格的计算。

② 信息技术和计算机科学都需要掌握各种编程语言。

③ 每年都为高阶信息技术和计算机专业提供前沿选修课,如人工智能、高性能计算、网络和移动应用程序开发,以及机器人技术。

④ 信息技术和计算机科学都得到了其他非军事院校的广泛认可,也有助于学员将来求职或继续深造。

⑤ 自 2014 年以来,美国海军学院主要基于信息技术课程的内容,获得了美国国家安全局认证,被评为网络防御教育学术卓越中心。

复杂的飞机、潜艇和水面平台在全球范围内的激增,需要士兵们对美国海军的复杂计算机系统有高水平的了解。在这个时代,多重威胁环境无处不在,能够管理多个计算机系统以及快速整合、分析和传播信息,对于美国海军特遣部队的生存至关重要。

(4) 计算机专业职业前景：

计算机专业人员可能会发现自己处于各种环境中——分析解决方案、建模和测试、使用先进通信或多媒体装备，或在团队中从事系统开发等。

① 人工智能：开发模拟人类学习和推理能力的计算机程序。

② 分布式计算：设计、实施、管理和修改信息系统，以最佳方式支持组织的众多和不断变化的需求。

③ 软件工程：在预算范围内按时开发软件系统，并且做到几乎没有缺陷。

④ 计算机理论：研究计算机如何解决问题的基本理论，并将结果应用于计算机科学的其他领域。

⑤ 操作系统和网络：开发软件让计算机能够自主工作，以及与其他计算机通信。

⑥ 软件应用：应用计算机科学和技术，来解决教育或医学等计算机以外领域的问题；对网页进行艺术性、信息性和交互式设计，创建各种静态和动态内容。

⑦ 建模和仿真：将计算机模拟应用于所有学科，以解决现实世界的问题，推进仿真的艺术和科学。

⑧ 游戏、图形和声音：开发令人眩晕的图像、声音和游戏技术，提升娱乐程序的真实感。

⑨ 计算机和网络安全：对台式机、网络、国家系统、全球系统等各种规模的计算机系统进行保护。

⑩ 数据库和知识管理：研究现代数据库和知识管理系统，探索它们如何帮助人们管理和利用大量的数字信息。

4.3.2 课程矩阵

计算机科学系课程矩阵如表 4.40 所列。

表 4.40　计算机科学系课程矩阵

等级	初级		中级		高级	
核心课程	NE203 伦理与道德理性 3-0-3	NN210 初级导航 1-2-2	NN310 高级导航 1-2-2	NL310 领导力Ⅱ 3-0-3	NL400 初级军官法律 2-0-2	NS43x 初级士官实习 1-2-2
	SP211 通用物理Ⅰ 3-2-4	SP212 通用物理Ⅱ 3-2-4	SM242 离散数学与概率论 4-0-4	EE301 电子基础与应用 3-2-4		ES300 美国海军武器系统 3-0-3
	SM223 微积分Ⅲ优化 4-0-4	HH216 现代世界中的西方 3-0-3	Hum/SS 选修课 3-0-3	Hum/SS 选修课 3-0-3		

续表

等级	初级		中级		高级	
领域课程	HH215 全球背景下的西方 3-0-3			选修课 3-0-3	EM300 推进原理 3-2-4	EA/N4XY 船舰性能原理 3-2-4 ES360 控制系统实验 0-2-1
专业课程	IC210 计算机科学导论 3-2-4	IC211 面向对象编程 2-2-3 IC220 计算机结构与组织 3-0-3 IC221 系统编程 2-2-3	IC312 数据结构 3-0-3 IC322 计算机网络 2-2-3 SI340 计算理论 3-0-3	SI335 计算机算法 3-0-3 非受限的专业选修 2-2-3 或 3-0-3	SI413 编程语言 2-2-3 IC470 软件工程 2-2-3 IC411 操作系统 3-0-3 受限的专业选修 2-2-3 或 3-0-3	IC480 研究研讨会/顶点项目 非受限的专业选修 2-2-3 或 3-0-3
学分	18	18	18	19	18	16

4.3.3 计算机科学课程

1）必修课程：

IC210 计算机科学导论

IC211 面向对象编程

IC220 计算机体系结构和组织

IC221 系统编程

IC312 数据结构

IC322 计算机网络

SI340 计算理论

SI335 计算机算法

IC411 操作系统

SI413 编程语言和实现

IC470 软件工程

IC480 研究研讨会/顶点

2）核心课程：

SI110 网络安全技术基础简介（所有新生必修）

3）限制性选修课：

必须从以下课程中至少选修一门。

SI420 人工智能

SI425 自然语言处理

SI435 高级软件工程

SI440 数据库系统

SI452 高级计算机体系结构

SI455 高级计算机网络

SI458 高性能计算

SI460 计算机图形学

SI470 机器学习和数据科学

SI475 智能机器人

4）无限制选修课：

必须从以下课程中至少选修两门。

SI462 高级计算机图形学

IT430 计算机和网络安全

IT432 高级计算机和网络安全

IT452 高级网络和互联网系统

IT460 人机交互

IT462 高级数据库系统

IT470 分布式计算

IT472 移动操作系统开发

未被学员选中的其他限制性选修课

5）非专业课程：

SI204 计算机科学导论

SI221 数据结构

SI200 初级军官信息系统

SI204、SI221、SI250 和 SI283 不得用于满足计算机专业选修要求。

4.3.4 信息技术课程

1）必修课程：

IC210 计算机科学导论

IC211 面向对象编程

IC220 计算机体系结构和组织

IC221 系统编程

IC312 数据结构

IC322 计算机网络

IT350 网络和互联网编程

IT360 应用数据库系统

IC411 操作系统

IT430 计算机与网络安全

IC470 软件工程

IC480 研究研讨会/顶点项目

2）限制性选修课：

必须从以下课程中至少选修一门。

IT432 高级计算机与网络安全

IT452 高级网络与互联网系统

IT462 高级数据库系统

3）无限制选修课：

除了一门限制性选修课外，还必须从以下课程中至少选修两门课程。

IT460 人机交互

IT470 分布式计算

IT472 移动操作系统开发

SI335 计算机算法

SI413 编程语言和实现

SI420 人工智能

SI425 自然语言处理

SI435 高级软件工程

SI440 数据库系统

SI452 高级计算机体系结构

SI455 高级计算机网络

SI458 高性能计算

SI460 计算机显卡

SI462 高级计算机图形学

SI470 机器学习和数据科学

SI475 智能机器人

另外,并非所有列出的课程都会实际开设(取决于实际报名人数)。如果某一门课程无法开设,学员需及时更换选修其他课程。

4.3.5 课程描述

1) IC210 计算机科学导论(3-2-4)

介绍算法开发,问题解决和软件设计。提供基础知识和经验的原则和概念,以后的计算课程将在此基础上进行构建,这是计算机科学和信息技术专业的第一门课程。

先修课程:无。[秋季]

学员应当具有以下能力:

(1) 使用过程编程范例解决问题。

(2) 使用结构化编程技术设计,开发源代码,调试和记录程序,以解决问题。

(3) 确定要用于解决问题的适当数据结构(如链表、数组)。

(4) 了解版权法关于互联网上信息法律问题和责任的阐述,并理解其对个人的本地和全球影响。

2) IC211 面向对象编程(2-2-3)

此课程建立在先修课程中培养的过程编程技能的基础上,并向学员介绍使用 Java 的面向对象编程和设计原则。介绍面向对象的主题,如类、继承、信息隐藏、多态性和动态绑定,并用于创建健壮、可重用和可维护的软件。课程内容包括:Java 的基础知识,异常处理,输入/输出(I/O),事件驱动编程,简单的 GUI 和泛型等。

先修课程:IC210 或 SI204。[春季]

学员应具有以下能力:

(1) 了解面向对象编程的基础知识。

(2) 比较和对比面向对象编程和过程式编程之间的差异。

(3) 用 UML 图描述简单软件需求的解决方案。

(4) 给定问题规范,应用封装、继承、多态性和信息隐藏的原则,设计和实现使用 Java 的软件解决方案。

(5) 能够正确使用公共类、私有类和受保护类。

(6) 熟练使用集成开发环境(IDE)在 Java 中构建和调试面向对象的多类应用程序。

(7) 具备从命令行和 IDE 中构造和运行 Java 程序的能力。

(8) 将数据导入程序并使用命令行、GUI 和文件 I/O 显示结果。

(9) 使用 Swing 设计和构建由按钮和文本字段组成的简单 GUI。

（10）了解计算机游戏在暴力画面、图形内容和游戏成瘾等方面的社会问题和责任，及其对个人的本地和全球影响。

3) IC220 计算机体系结构与组织(3-0-3)

此课程向学员介绍性能指标、指令集体系结构、汇编语言、逻辑设计、内存层次结构和流水线。

先修课程：IC210 或 SI204。[春季]

学员应具有以下能力：

（1）合理客观地评估计算机系统性能。

（2）讨论计算机系统设计的现代趋势和挑战。

（3）了解处理器如何表示和执行汇编语言指令。

（4）编写简短的程序化汇编语言程序。

（5）指定并最小化数字逻辑。

（6）描述数据路径和控制如何在处理器中协同工作以执行程序。

（7）描述内存层次结构，并能够评估提高其性能的策略。

（8）了解软硬件合理使用的道德问题和责任，及其对组织的本地和全球影响。

4) IC221 系统编程(2-2-3)

研究应用程序与操作系统的接口。操作系统被视为信息资源，并作为进程（包括在单独的机器上执行的进程）之间信息流的促进者。主题包括：过程管理，进程并发，以及理解计算机通信网络的设计和操作所需的基本概念。

先修课程：IC210 或 SI204，同时要求：IC220。[春季]

学员应具有以下能力：

（1）从用户、系统管理员和应用程序员的角度了解 Unix 操作系统的运行情况。

（2）了解基本的操作系统安全概念，如与文件权限、用户组权限、意外执行路径相关概念。

（3）在 Unix 上设计使用并发性来解决问题的软件。

（4）使用 Unix 命令外壳。

（5）从命令行导航和操作 Unix 文件系统。

（6）使用 make 实用程序构建应用程序软件。

（7）编写简单的 shell 脚本并配置资源文件。

（8）了解系统管理员的安全问题和责任，认识到不安全系统的后果及其对个人和组织的本地和全球影响。

5) IC312 数据结构(3-0-3)

此课程研究抽象数据类型(ADT),数据结构,数据表示和信息管理,包括存储结构,分配和收集。学习的内容涉及列表、堆栈、队列、树、堆、优先级队列、映射、字典和图形等。还将介绍排序和搜索技术,哈希和图形算法分析。

先修课程:IC211,同时要求:SM242。[秋季]

学员应具有以下能力:

(1) 了解算法分析的基础知识(Big-O,Big-Theta,Big-Omega)。

(2) 了解抽象的概念,并能够描述实现和接口分离的想法。

(3) 给定问题规范,识别并应用规范 ADT(列表、队列、堆栈、树、优先级队列、字典和图形),适用于解决问题或设计符合所需规范的基于计算机的系统。

(4) 演示使用以下方式实现规范 ADT 的能力:数组、链表、二叉树、哈希表、平衡树和其他类似结构。

(5) 精通定义和编码递归算法,包括识别何时适合递归解决方案。

(6) 了解软件开发的专业问题和责任,及其对组织的本地和全球影响。

6) IC322 计算机网络(2-2-3)

此课程介绍计算机通信和计算机网络的基本理论概念、特征和原理,并分析和评估这些与网络性能和网络设计有关的基本概念。

先修课程:IC221,同时要求:SM242。[秋季]

学员应具有以下能力:

(1) 采用模拟和数字数据传输、传输介质、编码技术和物理通信限制的原理,来分析和设计调制解调器和信令方案。

(2) 使用成帧、错误检测和纠正、自动重发请求(ARQ)和多路访问控制的原则,评估实际数据链路协议的操作和性能。

(3) 将网络层设计的原则应用于路由算法、拥塞控制技术、互联互通和寻址的分析和评估。

(4) 应用寻址和地址解析、连接建立、可靠传输、流量控制和拥塞控制等概念,使用多个站点和多种媒体类型安装简单的客户端-服务器网络。

(5) 理解在用户隐私和组织对网络的所有权及其对组织的本地和全球影响之间进行权衡的法律问题和责任。

7) IC411 操作系统(3-0-3)

此课程研究作为资源管理器的操作系统。首先简要概述操作系统设计中的主要演进变化;然后探讨操作系统与架构之间的接口。继而讨论进程、线程、并发性和同步,包括调度和死锁等。还将介绍内存、I/O 和文件、安全性和虚拟化。

先修课程:IC220 或 SY303,IC221 或 SY204,IC312 或 SY301。

学员将具有以下能力：

(1) 解释正在运行的进程的互斥和同步原则。

(2) 描述并实施检测，避免和预防进程死锁和饥饿的策略。

(3) 能够在多线程编程环境中解决问题。

(4) 了解信息系统漏洞、系统级防御、信息保障和安全原则与实践。

8) IC470 软件工程(2-2-3)

介绍软件工程的基本原理。研究结构化，面向对象和形式化的方法，重点是生命周期、面向对象技术和面向团队的软件开发。

先修课程：IC312。[春季]

学员将具有以下能力：

(1) 使用软件开发一个较大量级的面向团队应用程序，包括：定义/需求，分析，规划，设计，实施，测试和部署。

(2) 了解软件面向对象分析、规划、设计、实施、测试和部署的高级概念。

(3) 在团队环境中协作。

(4) 以口头和书面形式展示有效的沟通。

(5) 了解软件工程道德规范，道德问题和责任，及其对组织和社会的本地和全球影响。

9) IC480 研究研讨会/顶点项目(1-4-3)

这是一门顶点实践课程，它将信息技术和计算机科学课程中的概念联系在一起，以解决实际问题。这些面向团队的项目解决方案将包括使用适当的信息管理和计算技术收集、分析、设计和开发涉及大型多层组织的计算系统的需求。

先修课程：IC470。[春季]

学员将具有以下能力：

(1) 应用信息技术和/或计算机科学来解决现实世界的问题。

(2) 使用当前的计算技术设计和开发基于软件的系统，包括但不限于数据库、万维网交付和网络系统。

(3) 使用信息技术和计算机科学的最佳实践，创建和维护有效的项目计划。

(4) 访问、操作和显示数据，以帮助做出有效的战略决策。

(5) 查明和评价新出现的信息技术及其对全球环境的影响。

(6) 在团队环境中协作。

(7) 通过口头、书面和多媒体进行有效沟通。

(8) 了解为客户开发软件的专业问题和责任。

(9) 遵守软件工程道德规范，从社会角度了解项目道德问题。

10) SI200 初级军官信息技术(3-2-4)

这是一个实践课程,介绍计算机编程和数据库管理。主题包括:使用 HTML 进行 Web 编程,使用脚本语言(如 JavaScript)或第 4 代语言(如 Java 或 C++)进行结构化和面向对象的计算机编程,以及使用数据库管理系统(如 Access 或 SQL Server)设计、实现和查询数据库。该课程包括一系列日益复杂的互联网计算和编程项目。

11) SI204 计算机科学导论(3-2-4)

介绍算法开发、解决问题和软件设计。引入基础知识和经验的原则和概念,以便以后的计算课程在此基础上进行构建。此课程适用于非专业或高级/中级学员。

先修课程:无。[春季]

学员应具有以下能力:

(1) 使用过程编程范例解决问题。

(2) 使用结构化编程技术设计、开发源代码、调试和记录程序,以解决问题。

(3) 确定要用于解决问题的适当数据结构(如链表、数组)。

(4) 了解版权法关于互联网上信息法律问题和责任的阐述,并理解其对个人的局部和全球影响。

12) SI221 数据结构(2-2-3)

此课程研究抽象数据类型(ADT)、数据结构、数据表示和信息管理,包括存储结构、分配和收集。将研究:列表、堆栈、队列、树、堆、优先级队列、映射、字典和图形等。还将介绍排序和搜索技术、哈希和图形算法分析。该课程适用于非专业学员。

先修课程:SI204。[秋季]

学员应具有以下能力:

(1) 了解使用数据结构(如 Big-O)进行时间分析的基础知识。

(2) 了解 C++ 中较复杂的概念,如抽象、执行与接口分离等。

(3) 给定问题规范,识别并应用适合于解决问题或设计符合所需规范的典型抽象数据类型(如列表、队列、堆栈和树)。

(4) 演示使用数组、链表、二叉树和其他类似结构,设计、描述和实现规范抽象数据类型的能力。

(5) 能够在所有课程主题中以专业和技术的方式进行编码。

13) SI335 计算机算法(3-0-3)

介绍设计和分析计算机算法的技术,包括分治法、动态法、贪心算法。介绍针对搜索和排序、图形分析、文件压缩和密码学等问题的经典算法。

先修课程:IC312,SI340。[春季]

学员应具有以下能力：

(1) 展示对各种经典标准算法的理解。

(2) 采用各种标准技术自行设计有效的算法。

(3) 写出有关算法性能的有效书面论据。

(4) 比较和分析算法的性能。

(5) 了解设计算法的道德问题和责任，了解算法可能致使现代加密技术无效及其对社会的局部和全球影响。

14) SI340 计算理论(3-0-3)

此课程介绍了计算的理论基础,包括形式语言、有限状态机、下推自动机、图灵机和可计算性的研究。

先修课程：IC210 或 SI204,同时要求：SM242。[秋季]

学员应具有以下能力：

(1) 从形式语言和相应的机器模型角度理解各种计算模型。

(2) 了解这些正式计算和语言模型的一些实际应用。

(3) 应用数学方法描述计算和语言,以便理解形式算法。

15) SI413 编程语言和实现(2-2-3)

此课程探讨现代编程语言设计的基本概念：类型、控制结构、抽象机制、继承、并发性和编程构造。包括多种语言的编程作业。

先修课程：IC312,SI340。[秋季]

学员应具有以下能力：

(1) 了解编程语言的演变。

(2) 使用函数式编程语言解决问题。

(3) 理解语言的本质和结构。

(4) 描述各种垃圾回收策略。

(5) 描述面向对象的语言如何实现继承、多态、封装和数据隐藏。

(6) 演示语法和解析的使用。

(7) 实现一个简单的解释器。

(8) 描述静态、实时和动态编译器的工作原理。

(9) 了解封闭规范与开放规范的安全问题和责任,以及它对组织的局部和全球影响。

16) SI420 人工智能(3-0-3)

此课程研究设计和实现智能机器的基本概念和技术。主题包括使用状态空间搜索、游戏树、状态和计划空间规划,以及用机器学习来解决问题。

先修课程：SM242 和(IC312 或 SY303)和 IC211。[春季]

17) SI425 自然语言处理(2-2-3)

此课程向学员介绍自然语言处理,这是人工智能中的一个子领域,研究计算机如何理解人类语言。该课程涵盖学习和解释英语等语言的算法。这是一个动手实验课程,涵盖作者识别、语言建模、从大型数据集中检索信息、电子邮件过滤、句法解析和情感分析等。

先修课程:IC312。[秋季]

学员应具有以下能力:

(1) 设计和实现语言模型,并对不可见的单词进行平滑处理。

(2) 讨论概率解析器的关键组件。

(3) 了解基本英语语法及其在自然语言处理程序中的使用。

(4) 描述朴素贝叶斯和对数线性算法间的区别。

(5) 设计和实现概率文档分类器。

(6) 描述使用引导技术的基本学习算法。

18) SI440 数据库系统(3-0-3)

此课程介绍关系数据库系统,NoSQL 和 NewSQL 系统,以及其他用于大规模数据存储和分析的工具。涵盖的概念包括关系模型、SQL、查询处理和优化、数据库设计、数据库事务、NoSQL 和 NewSQL 系统。课程侧重于现代数据库系统的设计和内部结构。

先修课程:IC312。[春季]

19) SI458 高性能计算(2-2-3)

超级计算机通常被定义为:以当前可用计算机的最高速度或接近最高速度来执行的系统。高性能计算(HPC)是在超级计算机或类似系统中,使用并行处理来运行计算密集型应用程序。重点是各个层面的效率,以实现最佳的执行速度。在此课程中,学员将了解 HPC 技术当前状态,研究用于并行编程的技术,如使用内核、节点甚至 GPU 来实现最大的处理能力。将编写一些程序来进一步了解 HPC 技术,并在 HPC 系统上进行模拟,生成可视化数据。

先修课程:IC312 或 SY301。[春季]

20) SI460 计算机图形学(2-2-3)

一门入门课程,侧重于围绕各种可视化数据的方法开发应用程序。重点将放在 2D/3D 图形和数据可视化上。主题包括:处理和建模数据、图像处理以及构建基于 2D/3D OpenGL 的交互式应用程序。

先修课程:IC312。[秋季]

21) SI470 机器学习与数据科学(2-2-3)

此课程研究如何基于数据分析推动现代决策。机器学习是基于对数据的洞见,以数学方式得出结论和预测的研究。课程涵盖了广泛的机器学习和数据科学的问题,包括监督学习、无监督学习和强化学习。涉及的技术包括:参数化方法、内核化方法和神经网络。还将介绍学习理论和现代机器学习的数学基础。

先修课程:SI420。[秋季]

22) SI475 智能机器人(2-2-3)

此课程介绍了现代机器人系统的概念和理论,包括机械手和移动机器人,它涵盖运动学、传感、映射和导航、决策和学习。引入的概念能应用于多个机器人平台。

先修课程:IC211 和(IC312 或 SY301)。[春季]

23) IT350 网络与互联网编程(2-2-3)

网站设计和管理、客户端和服务器、客户端和服务器端脚本语言、Web 传输协议。

先修课程:IC210 或 SI204。[秋季]

学员应具有以下能力:

(1) 完成基于团队的项目。

(2) 解释互联网编程的客户端—服务器模型是如何工作的。

(3) 设计和开发交互式、客户端、可执行的网络应用程序。

(4) 设计和开发服务器端网络应用程序。

(5) 理解和描述网络标准的重要性。

(6) 比较主要互联网协议的优缺点。

(7) 了解定制在线消息和广告的社会问题和责任,及其对社会的局部和全球影响。

24) IT360 应用数据库系统(2-2-3)

此课程介绍数据库管理系统(DBMS)的基本原则,特别强调数据库管理系统与基于网络的数据库应用程序集成时的结构和功能。

先修课程:IC312,IT350。[春季]

学员应具有以下能力:

(1) 设计、创建和查询关系数据库以满足用户需求。

(2) 使用动态网站前端设计、构建和部署数据库支持的应用程序。

(3) 实施数据访问控制机制,确保数据库和应用程序的安全。

(4) 解释现代数据库管理系统提供的主要功能:事务、并发控制、崩溃恢复。

(5) 了解记录管理的道德问题和责任及其对隐私、歧视等的影响,以及其对社会的局部和全球影响。

25) IT430 计算机和网络安全(2-2-3)

此课程介绍计算机安全的理论和实践,包括:美国国防部(DoD)/海军部(DoN)政策和指令、可信系统、访问中介、密码学、公钥基础设施(PKI)、信息战、网络安全和数据库安全。实验室工作将包括学员练习、演示信息保障概念、最终对给定系统进行漏洞分析。

先修课程:IC322。[春季]

学员应具有以下能力:

(1) 了解和应用计算机和通信安全的原则和最佳实践。

(2) 分析网络安全漏洞并应用适当的防御机制。

(3) 了解加密原理及其在计算机和网络安全中的应用。

(4) 分析与信息保障相关的道德、法律、社会和专业问题。

(5) 展示以综合方法在团队中工作的能力。

(6) 了解免费提供的黑客工具的安全问题和责任,及其对组织的本地和全球影响。

26) IT432 高级计算机和网络安全(2-2-3)

此课程介绍安全系统设计的主题,包括:加密学、操作系统安全性和基于语言的安全性。IT430 课程主要侧重于保护现有系统,而本课程研究如何设计系统以满足安全目标。学员将设计和实施安全系统的组件。

先修课程:IT430。[秋季]

学员应具有以下能力:

(1) 了解系统安全技术并将其应用于系统设计。

(2) 分析操作系统和程序安全漏洞,并应用适当的防御机制。

(3) 了解加密算法及其在计算机和网络安全中的应用影响。

(4) 分析与信息保障相关的道德、法律、社会和专业问题。

27) IT452 高级网络和互联网系统(2-2-3)

网络服务器设计和配置、搜索引擎设计和使用、网络安全性和身份验证、Servlet 实现、网络协作机制、网络服务和网络上的知识展示。

先修课程:IT350。[秋季/春季]

学员应具有以下能力:

(1) 设计和实现动态 Servlet 程序。

(2) 选择和利用适当的网络协作系统。

(3) 描述现代搜索引擎的基本操作。

(4) 解释和选择不同类型的网络安全机制。

(5) 识别并调用相关的网络服务,以满足信息需求。

(6) 评估与远程网络存储及文档和通信检索相关的隐私和安全问题。

28) IT460 人机交互(2-2-3)

这是一门入门课程,强调使用以人为本的方法进行交互式软件设计、开发和评估。主题包括人类感觉、感知和认知心理学的各个方面。

先修课程:IC312 或 IT350。[秋季/春季]

学员应具有以下能力:

(1) 了解影响人机交互(HCI)的问题范围。

(2) 了解一些生理、感知和认知基础,以实现良好的用户界面设计。

(3) 设计图形用户界面,并使用用户界面应用程序接口(UI API)实现原型。

(4) 使用观察、调查和实验等技术评估用户界面。

(5) 参与涉及与 HCI 相关道德困境的情况讨论。

29) IT462 高级数据库系统(2-2-3)

此课程将讨论数据库系统中的高级问题,包括并行、分布式和对等数据库、数据仓库和数据挖掘、可扩展编程语言(XML)和面向服务的体系结构,该课程包括使用商业数据库系统和产品的实践练习,以及一个网络数据库项目。

先修课程:IT360 或 SI440。[秋季/春季]

学员应具有以下能力:

(1) 将数据仓库和数据挖掘技术应用于决策支持。

(2) 说明和解释客户端-服务器体系结构在分布式数据库系统中的使用。

(3) 比较关系数据库、面向对象数据库和对象关系数据库之间的基本概念、数据建模和体系结构。

(4) 使用面向服务的体系结构设计和实现数据库支持的网站。

(5) 分析与点对点系统相关的道德和法律问题。

30) IT472 移动操作系统开发(2-2-3)

此课程教学员如何为移动设备编写软件,同时强化面向对象软件开发的原则。为此,该课程涵盖了编写 Android 应用程序所需的所有必要主题,运用了使用 Java 进行面向对象编程的基础知识。通过该课程,学员将精通 XML、Android 软件开发工具包、Android Studio IDE、Android 应用程序组件和功能以及其他感兴趣的主题。

先修课程:IC211。[春季]

学员应具有以下能力:

(1) 将面向对象编程的原则应用于移动设备软件的开发中。

(2) 了解代码在 Android 应用程序中的组织方式、每个部分的用途以及它们之间的关系。

(3) 理解 Android 应用程序的主要组件,包括视图、活动、服务、意图和接收器。

(4) 为 Android 操作系统设计、开发和调试移动应用程序。

(5) 了解移动设备独有的安全问题。

4.3.6 选修课

计算机科学和信息技术专业都提供各种选修课程,让学员接触到最新的计算技术。

(1) 移动操作系统开发:为安卓手机开发应用程序。

(2) 高性能计算:在 Cray 超级计算机上运行代码,甚至可以在美国国防部中心或国家实验室运行。

(3) 自然语言处理:了解计算机如何从文本中获得理解,例如从社交媒体帖子中推断情绪。

(4) 人工智能(AI):通过计划、学习和推理,了解计算机如何充当代理的基础知识。

(5) 计算机图形学:了解二维和三维图形图像渲染背后的数学和计算技术。

(6) 计算机和网络安全:了解密码学,分析网络安全漏洞并应用适当的防御机制。

(7) 网络和互联网编程:查看用于构建复杂的交互式网络应用程序的最新技术。

由于计算机科学和信息技术专业都包含三门选修课程(一门受限制、两门不受限制),学员有机会通过合理安排课程学习来更深入研究某些主题领域。

(1) 人工智能(SI420),然后是机器学习和数据科学(SI470),以及自然语言处理(SI425)或智能机器人(SI475)。

(2) 网络和互联网编程(IT350),然后是高级网络和互联网编程(IT452)。

(3) 应用数据库系统(IT360)或数据库系统(SI440),然后是高级数据库系统(IT460)。

(4) 计算机和网络安全(IT430),然后是高级计算机和网络安全(IT432)。

(5) 计算机网络(IC322),然后是高级计算机网络(SI455)。

选修课程不会改变计算机科学或信息技术专业的课程或毕业要求,也不需要修改现有的专业课程。

人工智能和数据科学(DS)选修课程序列适用于那些有兴趣在人工智能、数据科学和机器学习领域,追求深度的计算机科学和信息技术专业的学员。其目标是,利用该部门在人工智能方面的师资力量,培养出能够使用这些强大而变革性技术,在使用、解释和创建解决现实世界问题方面非常胜任的毕业生。完成选修课序列的学员将获得部门证书。

要完成该选修课序列,学员必须至少参加以下三门课程,其中一门必须是人工智能 SI420:

(1) SI420:人工智能。

(2) SI425:自然语言处理。

(3) SI458:高性能计算。

(4) SI470:机器学习和数据科学。

(5) SI475:智能机器人。

4.3.7 研究生教育项目

1) 志愿研究生教育计划(VGEP)

计算机科学(CS)和信息技术学员经常参加 VGEP 课程,这是一个硕士学位,从其 1/C 年的春季开始。

美国海军学院制定此长期计划,允许合格的学员加速他们的本科教育,以便在美国海军学院的高年级期间,接受计算机科学的研究生教育,并在从美国海军学院毕业后延长 6 个月学习时间。完成此课程后,学员将获得计算机科学硕士学位。每个班级最多遴选 20 名学员参加此计划,对口学校为约翰霍普金斯大学。

2) 要求

(1) 平均分:3.2 分或更高。

(2) 没有任何挂科。

(3) 军事表现:在 2/C 年和 1/C 年达到 B 级或更好。

(4) 必须按时从美国海军学院毕业。

(5) 必须在 1/C 年内有足够的时间来安排研究生院课程学习。

(6) 必须被提供海军子专业代码的研究生院录取。

海军支付学费,学员自己必须支付书籍、交通以及任何额外学费。

3) 附加服役义务

参加 VGEP 会产生额外的服役义务,相当于研究生院课程总时长的三倍时间。对于海军军官来说,这一承诺与他们的海军学院义务同时履行。对于海军陆战队军官,该义务与海军学院义务一起连续履行。

4) 申请程序

如果学员对 VGEP 计划感兴趣。可以与学术顾问交谈,计划如何参与此项目。学员需要先确保是否有足够时间,每学期额外选修课程,或在休假期间参加暑期学校课程来完成。

（1）在第一学期 2/C 年结束时申请。

（2）结果将于 2/C 年春季公布。

（3）在 2/C 年的春季参加 GRE 考试。

5）即读研究生教育（IGEP）

IGEP 计划仅限于学院的前 20 名学员。计算机科学系将学员送到牛津和斯坦福大学，这些学位课程将在本科毕业后立即开始。

4.3.8　教师研究领域

1）云安全和隐私

计算机安全主题的研究需要广泛的视角，涉及该学科的许多方面，包括体系结构、编程语言、计算机网络、密码学以及人机交互。它还需要从进攻和防御的角度看待计算机系统。研究人员必须考虑攻击者如何攻击资源，以及防御者如何反过来保护这些资源。最终目标是设计、开发和构建最能为用户服务的计算机系统，免受攻击，并能够适应不断变化的网络环境。

2）加密与安全

关注密码学和安全性，其核心研究是开发隐私增强机制。在互联网上，大量隐私敏感的事务正在发生，如金融、医疗和电子邮件。毋庸置疑，披露这些私人信息可能会对所有者造成严重损害，因此必须制定在各种情况下保证隐私的机制。主讲教师领导这项工作，致力于在各种情况下的隐私增强机制，如安全多方计算、私人数据库、匿名声誉系统、可验证计算等。

3）数据库和分布式系统

"数据库"涉及数据的组织和管理。数据库技术使在线购物、银行、社交媒体和许多其他应用程序成为可能。数据可用性、收集和存储的急剧增加给传统数据库带来了新的挑战。现在，大多数数据不是存储在一台计算机上，而是分布在许多计算机中。主讲教师研究关注数据库和分布式系统的交叉点，重点是在动态、大型、分散的系统（设计有效的索引结构和算法）中查找信息。另一个重点是组织、存储和最终处理不同类型的数据（关系、XML、RDF 等）。具体项目包括：为分布式数据来源构建系统和算法，以便在多个用户/系统之间创建、修改和传输数据时跟踪数据，以及为 XML 数据创建分布式索引以允许对 XPath 查询进行快速查询处理。

4）自然语言处理

理解人类语言的计算方法，主要研究领域包括：从书面文本中提取知识，根据其文本描述连接现实世界的事件，以及时间推理。主讲教师的主要研究重点是确定文档的中心实体及其在文本中的语义角色。例如,当计算机一开始就不知道存在这样的角色时,将犯罪者与犯罪受害者区分开来是一个具有挑战性和开放性的问题。这需要学习文档中动词和名词的语义,以及帮助识别中心人物的句法线索。本领域构建无监督学习算法,以便在非常大的数据集上进行这种识别。其他自然语言处理研究包括:如何从文本中做出现实世界的预测,包括社交媒体分析。

5) 强化学习和自主控制

人类通过经验来学习,例如,在学习如何骑自行车时,也许你曾经太快绕过一个角落,在摔倒并磕伤膝盖后,你学会了如何避免这种情况。强化学习的目标是,让机器经历相同的过程,最终学习到足以自主完成任务。该领域的问题包括:如何最好地寻找最有用的经验,如何识别与成功或失败相对应的领域特征。研究重点是改进这些学习算法,以便应用于能够抵御现实生活中不确定性的物理系统。美国海军学院的具体项目包括:为波音 747 开发自动驾驶系统,应用于无人机自动驾驶系统和网络安全的异常状态检测。

6) 处理器设计中的安全性

主讲教师研究软件安全已经有很多年,但硬件安全领域最近才发展起来。所谓的处理器设计安全是什么意思?如何指定禁止和允许某些硬件行为?此研究关注如何将处理器架构安全的要求正式指定为时态逻辑断言,以及如何将这些断言转换为动态评估目标处理器行为的"检查器"电路。研究目标是识别可能由设计错误或插入硬件特洛伊木马引起的恶意行为。

7) 统计关系学习

Facebook 用户、研究出版物、手机账户和生物蛋白有什么共同点?所有这些都代表了现实世界的情况,其中有大量的"节点"(例如用户、出版物、帐户等)通过有趣的"链接"(例如友谊、引用、电话、代谢相互作用)连接在一起。此外,对于这些情况中的每一种,都有非常大(并且是不断增长)的数据量来描述他们。例如,明年哪些 Facebook 用户可能会成为"朋友"?哪些手机帐户可能正在从事欺诈活动?哪些新出版物可能最具影响力?统计关系学习(SRL)是计算机科学研究中一个相对较新的领域,可以解决所有这些问题。在美国海军学院,最近的研究集中在开发"集体分类"的新技术上,该技术涉及根据该节点与其他节点的连接,来预测网络中每个节点的标签。其他项目包括:开发用于使用链接和非链接信息的混合分类器,以及开发能够学习有效预测模型的技术,即便在只有极少数标记示例可用的情况下。

8) 符号计算

数学构成对世界科学理解的基础,数学问题是从天文学和物理学到医学成像和信息保护等广泛领域的重要问题的基础,符号计算是对这些重要数学问题追求精确可靠的答案。在计算机科学系,主讲教师正在开发算法和软件,以推进符号计算的最新技术。主讲教师在算法方面的研究重点是,从理论和实践的角度来理解和推动数学计算的极限。例如,一些研究表明,许多现代加密方案背后的基本乘法问题,可以使用比以前更少的内存来计算。主讲教师还在开发软件程序,为世界各地的数学家、工程师和科学家提供这些高级算法的高度优化和高效的整合。

4.3.9 近期的学员研究项目

1) 面向深度网络的快速分布式算法

在此学术项目中,项目负责人正在为超级计算机编写算法,这些算法可以帮助神经网络在更短的时间内实现更好的性能。这些高度并行化的算法允许数以万计的计算内核在每个计算内核中处理一部分数据,同时协作确定单个正确答案。

2) 用社交媒体识别网络安全攻击

此课题研究利用社交媒体对美国全国范围内网络攻击进行大规模的检测。自然语言处理和机器学习领域的进步,将用于解释来自数百万在线用户网络问题的非正式评论,并将解释映射到特定的公共和专用网络,以及网络攻击的类型。该研究将生成美国关键网络基础设施的近实时地图,并提供新的和正在发展的网络攻击警报和报告。

3) 稀疏多项式计算

项目负责人正在为多项式开发一种新的数据结构,该结构考虑了零的系数数量。例如,对于人们在 Mathematica 中常用的多项式类型,这种新的数据结构可以使用更少的内存。对于存储在该新数据结构中的多项式,如果再结合新的计算方法,那么比人们以往处理多项式计算的方法都要快。项目负责人正在编写一个附加包,加入到 Flint 开源软件库中,以便世界各地的任何人都可以免费使用此数据结构。

4) 收集 Android 图形模式解锁密码的方法和人口统计数据

项目负责人正在研究 Android 图形密码选择中的方法和人口统计学差异,比较个人在线自我报告图形密码,以及使用笔和纸生成个人密码。

5) 被遗忘的云文件系统

项目负责人正在开发和实现一个新的文件系统,可以在任何同步文件夹之上工作,这些文件夹可能位于 Dropbox、Google Drive、Ubuntu Unity 或任何类似的"云"服务上。有了这个新的文件系统,尽管从用户的角度,一切看起来都像普通文件一样,但在幕后,它们都被加密和分解,以至于同步服务无法了解您正在做什么。也就是说,Dropbox 不知道用户正在访问哪些文件、何时访问或访问这些文件的大小。

6）在稀疏标记的网络中改进分类的校准方法

项目负责人一直在研究如何通过使用"集体分类"或更普遍的"基于链接的分类"（LBC）来回答这些问题。LBC 的目标是自动将标签分配给一组相互链接的对象（如文档或人员）。然而，关键问题是必须同时推断整个对象集的标签，因为每个对象的标签取决于它所链接的对象的估计标签。虽然这些同时推断通常可以显著提高准确性，但也可能发生一些不正确的预测，导致一连串的错误，被称为"洪水问题"。项目负责人正在研究，如何将基于随机化和/或对最终结果的"合理"预测的新型校准方法应用于 LBC，使其对此类"洪水问题"更具弹性，从而提高准确性。

4.3.10 教学评估

1）部门目标和教育目标

（1）课程目标：提供具有挑战性的课程，以满足学员、美国海军和认证标准的需求。计算机科学和信息技术课程必须反映时代进步，为学员提供强大的理论和实践基础，具有足够的灵活性以适应这些领域的最新动态。

（2）师资力量目标：打造一支在专业发展的所有领域能够提供支持的教师队伍。保持多元化和合格的教师队伍，包括军事和文职人员。让学员有机会在最大程度上展示领导才能和战争专业技能，所有教师都必须精通教学。此外，该部门还为教职人员提供终身任期和晋升机会。

（3）学员目标：满足学员的教育需求，通过保持具有挑战性和高回报的专业，提供适当的、全覆盖的服务课程，建立鼓励学习的良好氛围，培养学员终身学习的热情和承诺，让他们为整个职业生涯做好准备。计算机科学和信息技术专业的学员不仅应该学习计算机的基础知识，还应该学习解决问题、逻辑、组织和计算机伦理的必要技能。

（4）机构设施和支持目标：在学院的所有领域间保持持续和开放的沟通，包括其他学术部门、指挥官办公室和行政部门。向行政部门和其他机构部门提供反馈，以确保部门费用预算、教室、设备以及教师办公室的充足性。

2）计算机科学专业学员成果

计算机科学专业的所有学员都将根据以下成绩进行衡量。

（1）分析复杂的计算问题，应用计算原理和其他相关学科来确定问题的解决方案。

（2）设计、实施和评估基于计算的解决方案，以满足程序学科背景下的一组给定计算要求。

（3）在各种专业环境中进行有效沟通。

（4）在计算实践中，基于法律和道德原则，承担职业责任并做出明智的判断。

（5）作为团队的成员或领导者，有效地从事与计划学科相关联的活动。

（6）识别和分析用户需求，在选择、创建、集成、评估和管理基于计算的系统时考虑这些需求。

4.3.11 数据科学专业

从2025届开始，学员可选择数据科学作为专业。该专业将包括数学和计算机科学基础知识，以及应用数据科学技能的跨学科课程。数据科学适合具有不同兴趣的学员，在专业学习中还将学习编程、数据分析等有价值的课程。

1）什么是数据科学

数据科学家应用他们的数学和计算机科学知识来分析大型数据集，并从中提取有价值的信息。在美国海军和海军陆战队中，他们为指挥官提供必要信息，以便后者根据数据做出决策。在私营部门，他们构建有效的工具、软件和用户界面，以应对庞大而复杂的数据输入。

2）数据科学专业的学员将选修什么类型的课程

数据科学专业涵盖以下主要选修方向。

第一是计算机编程。与许多使用预构建的计算机程序作为工具的专业不同，数据科学专业有三门专门的课程来学习Python语言，学员能够编写自己的工具来解决复杂的问题。

第二是统计学与数据分析。有三门课程介绍如何在数据中解释和分析模式。

第三是数据技术。有四门课程介绍云计算和机器学习等最新数据技术。

最后，该专业提供四个可选方向（包括在其他院系），将应用和扩展数据科学技能到实际领域。

数据科学课程旨在为所有学员提供成功所需的技能，不需要编程经验。

3）主要课程

由于是正在筹建的专业，以下是预计在数据科学专业中将开设的课程设置。所有学员都需要学习以下课程，此外还要选修四门课程。

（1）数据科学和编程简介：学习数据科学（DS）管道以及Python语言编程的基础知识。

（2）数据科学的高级编程：学会用Python编写程序。

（3）数据结构和算法：通过高效使用数据和出色算法来编写有效的基于数

据的程序。

（4）探测器和统计：学习统计学和概率论的基础知识。

（5）统计学习：学习如何从统计数据中得到有用信息。

（6）应用线性代数：通过编程技能，学习如何用矩阵操作数据。

（7）数据存储：学习如何存储来自各方面的海量数据。

（8）机器学习：机器学习、神经网络等。

（9）人机交互：设计人机界面和可视化，并研究我们用数据做出决策背后的道德规范。

（10）大数据计算：学习面对海量数据时如何处理。

选修课：可以从其他院系选修课程，以便将数据科学应用到其他领域。

另外还为优秀学生安排了可选择的顶点实践项目，用以开发充满创造性、创新性的应用程序。

4.4　数学系

4.4.1　数学系概况

数学系的任务是为学员提供所需的技术培训，让他们认识并掌握数学的力量、魅力和实用性。数学系致力于培养具有批判性思维，能够分析和解决问题的美国海军和陆战队军官；为学员打下攻读高级技术学位的数学基础；提供积极的学习环境和丰厚的奖学金。

自20世纪60年代以来，数学系一直提供数学学士学位。每年有约165名数学专业的毕业生，其中，35名为纯粹数学与应用数学专业、100名为运筹学专业、30名为数学与经济学专业。

数学系由大约70名教职员工组成。约有25名教职员工是现役美国海军或陆战队军官，7名拥有博士学位，18名拥有硕士学位，他们带来了将数学和数学思维应用于特定海军问题的第一手经验。文职教师均拥有博士学位，将大量时间用于纯粹数学与应用数学以及运筹学等各个专业领域的研究。

1）数学专业

对于海军军官来说，逻辑和批判性思考是非常有价值的，而这就是数学专业学员将学到的。数学在几乎每个技术和科学领域都发挥着核心作用，在现代化环境模型中更至关重要。数学提供了分析问题、制定攻击方法以及以清晰且合乎逻辑方式表达结果的训练。这些技能适用于船上或潜艇上、战斗机内部以及所有军事领域。

2) 运筹学专业

运筹学是一门现代的跨学科专业,它使用数学技术来解决现实世界中的大规模优化问题。该领域源于盟军在第二次世界大战期间面临的紧迫问题,当时旨在帮助军事规划者做出决策。例如,运筹研究表明,为了尽量减少跨大西洋航运被德国 U 型潜艇攻击造成的损失,最好使用少量的大型船队,而非使用大量的小型船队。战后,作战研究将运筹学影响力扩展到军队中的所有后勤和调度问题,民用领域的应用也激增。除了传统的运筹学课程,如线性规划和模拟,运筹学(senior mathematics operations,SMO)专业的学员还将学习概率论、统计学和矩阵理论等传统数学课程以及应用于军事问题的运筹学课程。

3) 数学与经济学专业

数学与经济学(senior mathematics economics,SME)专业,以前被称为数量经济学(senior quantitative economics,SQE)专业,是由数学系管理的跨学科专业。该专业的目标是培养擅长使用数学来理解和评估经济学问题的毕业生。课程包括同等数量的数学和经济学高级课程。

该专业将介绍分析和计算工具,以便学员们进一步学习经济学、金融学、工商管理、运营分析——这些学科都变得越来越数学化。在美国海军或陆战队,该专业的毕业生将有能力解决武器分析、人力研究、决策分析、战略规划等领域问题。

4.4.2 课程表

数学系课程表如 4.41 所列。

表 4.41 数学系课程表

代码	课程	学分	先修课程
SM005	微积分数学预科	4-1-4	系主任许可
SM121	微积分 I	4-0-4	无
SM122	微积分 II	4-0-4	SM131 或 SM121 或 SM161
SM122X	多变量微积分	4-0-4	按系主任安排
SM212	微分方程	4-0-4	SM221 或 SM223
SM219	统计学入门	3-0-3	SM122 或 SM162
SM221	微积分 III (向量场)	4-0-4	SM122 或 SM162
SM222	矩阵微分方程	4-0-4	SM221 或 SM223 和 SM261
SM223	微积分 III (优化)	4-0-4	SM122

续表

代码	课程	学分	先修课程
SM230	概率论在海军中的应用	3-0-3	SM122 或 SM162
SM233	应用数学导论	2-2-3	SM221 或 SM223 和 SM261
SM239	概率统计Ⅰ	3-0-3	SM221 或 SM223
SM242	离散数学与概率	4-0-4	SM122
SM261	矩阵理论	3-0-3	SM122
SM275	经济学数学方法	3-0-3	无
SM286D	数学与Python应用入门	3-0-3	无
SM315	偏微分方程简介	3-0-3	SM212 或 SM222
SM316	工程数学与概率统计	3-0-3	SM212 或 SM222
SM331H	实变函数论Ⅰ	4-0-4	系主任许可
SM333	函数项数列与函数项级数	4-0-4	SM261 和 SM291，或系主任许可
SM339	应用统计学Ⅰ	3-0-3	SM239 和 SM261
SM342	离散结构Ⅰ	3-0-3	SM122
SM350	数论	3-0-3	系主任许可
SM361	中级线性代数	4-0-4	SM233、SM261 和 SM291，或系主任许可
SM362	现代代数	3-0-3	SM261 和 SM291
SA402	动态和随机模型	3-0-3	SM239 或 SM230 和 SM261
SA403	图形与网络算法	3-0-3	SM233，或系主任许可
SA405	高级数学规划	3-0-3	SA305
SA421	仿真建模	3-0-3	SM233 和 SM339
SA430	后勤学	3-0-3	SM239 或 SM230
SA463	运筹学	3-0-3	系主任许可
SA463A	数据整理与可视化	3-0-3	系主任许可
SM464	拓扑学	3-0-3	SM331 或 SM331H 或 SM333。
SA485	可持续创新(顶点项目1)	3-0-3	无

4.4.3 数学专业

21世纪美国海军面临的数学挑战涉及数学中大量子学科，从传统应用数学、数值分析、工程数学、运筹学和统计学，到应用离散数学、代数和代数几何等。

数学专业还为任何技术领域以及经济学、商业或法律的研究生工作提供良好的基础。美国海军学院数学系现在提供两个方向，以便为学员们提供在特定数学领域更深入的学习机会，在项目最后一年，学员还将参与顶点实践项目。这两个方向都将教导学员们如何进行逻辑和批判性思考，为他们在数学和科学的进一步学习提供良好背景。该专业的两个方向都可以参加荣誉课程项目。

1. 应用数学方向

应用数学侧重于建模、估计和数值近似方法。该课程的重点是对现实世界问题进行建模。学员学习如何获得各种问题数值结果，分析或预测这些近似值产生的误差，并有机会了解数学在海军中的应用。数学一直是美国国防部自动驾驶汽车计划（特别是无人机计划）的重要推动力量，主要技术原理就是开发图像分割与自动目标识别技术。针对数学中逆问题的算法开发，特别是在水声学和电磁学领域，在增强美国海军信号处理和传感器开发方面发挥着重要作用。数学是美国国防部激光通信和定向能领域激光研究的关键工具，也是理解洋流、天气预报和气候变化的关键科学组成部分。为了研究这些领域，数学系开设了特殊主题课程、顶点（实践）和荣誉项目，以及"鲍曼"和"三叉戟"学者项目。

2. 计算方向

计算方向提供较多的理论背景和数学基础，包括数学分析、线性代数、复变量、代数、拓扑学、几何学和组合学等传统领域课程，还有密码学、编码理论等应用课程，以及微分几何、代数几何、数学物理等特殊主题课程。

3. 能力培养

1）应用数学方向

（1）从各种数学领域调用标准数学工具，包括偏微分方程、概率、线性代数、数值分析和更高级别的计算机编程。

（2）对自然现象进行数学建模。

（3）严格运用数学方法，有效分析数学模型，从中得出结论。

（4）了解数学模型和计算方法的局限性，判断它们是否产生合理结果。

（5）以普通人能看懂的语言，并保持技术精度，在书面和口头陈述中有效沟通。

2）计算方向

（1）从各种数学领域调用想法、定义、结构和定理，包括代数、实数分析、线性代数。

（2）研究数学定义和陈述，提供有用的例子、相关定理、可能的证明途径。

（3）设计简单的证明，并衍生出更复杂的数学陈述证明。

（4）确定论点是否有效，结论是否合理。

(5) 以普通人能看懂的语言,并保持技术精度,在书面和口头陈述中有效沟通。

4.4.4 数学与经济学专业

数学与经济学专业毕业生将能够具有以下能力。
(1) 掌握若干种数学语言。
(2) 了解微观经济和宏观经济理论的基本思想,并将其应用于经济问题、事件和政策。
(3) 使用适当的数学语言分析经济模型。
(4) 使用适当的数学语言解释经济模型。
(5) 使用适当的数学语言收集和分析数据,以解决经验经济问题。

4.4.5 运筹学专业

运筹学专业的毕业生应具有以下能力。
(1) 调用运筹学工具,包括数学规划、概率论、统计学、随机过程、模拟等。
(2) 拟订运筹学问题,并确定解决方法。
(3) 通过构建和处理数学模型,或通过收集和统计分析数据对问题进行适当分析。
(4) 评估运筹学方法和他人决策的质量。
(5) 以普通人能看懂的语言,并保持技术精度,在书面和口头陈述中有效沟通。

4.4.6 运筹学子专业代码

为了填补海上和岸上的关键岗位,美国海军使用子专业代码来标识那些具有高阶知识的军官,这些专业代码与他们的作战代码并不相关。最高等级的子专业代码是 P 代码,要求军官具备海军指定关键技能的硕士学位。

美国海军为军官本科教育指定了一套子专业代码系统。如 3211E,即分析师子代码,该代码表示具有分析技能和训练经历的初级军官,他们将直接从事非常重要的作战分析研究工作。

海军陆战队向符合以下描述或计划要求的军官授予次要军事职业专业(MOS)代码:运筹学专业毕业,平均分不低于 2.7,专业平均分不低于 3.0,其中有 4 个 A、3 个 B、2 个 C,就能获得子专业代码。与海军 3211E 代码类似,MOS8051,即"运筹学专家",该代码表示具有资格担任特定研究和开发活动、支持机构和作战部队总部,以及联合参谋部/司令部的军官。

即将毕业的学员也有资格获得运筹学子专业代码(0042E)称号。这个子专业代码可以提高他们参加海军研究生院作战分析课程的机会,并在军官第一次作战行动后扩大其适用的兵种范围。

4.4.7 荣誉课程

参加数学荣誉课程的学员将获得特殊的学习经验、声望、文凭上的认可,以及诸如图书馆特权之类的"特权"。获得数学荣誉学位的主要要求,是在美国海军学院数学系教师指导下完成一个荣誉项目,数学荣誉论文将装订并存放于尼米兹图书馆。

当前荣誉数学课程矩阵包括:荣誉纯数(SMAH)课程矩阵,荣誉应用数学(SMPH)课程矩阵,荣誉运筹学(SMOH)课程矩阵。

入选要求:数学平均成绩至少为3.5学分,总体平均成绩至少为3.0学分,军事平均成绩至少为2.5学分,最终成绩单上没有"D"或"F"成绩。

荣誉课程与标准数学课程不同之处在于它具有以下特殊课程要求。

(1) SM331H(实变函数论Ⅰ)是必需的,而非SM333。SM332H(实变函数论Ⅱ)也是必需的,并取代常规矩阵中的普通选修课。

(2) 对于应用数学方向,两个必修的选修课课程代码都必须达到400水平。SM411不再需要,取而代之的是另一门选修课。

(3) 对于纯粹数学方向,需要SM411、SM461或SM462中的一个,且还需要另外一个数学方向选修课课程代码也必须达到400水平。

(4) 荣誉项目(SM495、SM496、SA495或SA496)将取代常规课程矩阵中的顶点实践课程(SM472、SM473、SM474、SA412或SA475)。该项目比通常的顶点项目要求更高,并将包括口头报告和书面报告。

4.4.8 入读研究生院机会

在加利福尼亚州蒙特利的美国海军研究生院、南卡罗来纳州查尔斯顿的核动力学院和其他专业海军机构,都有进一步学习应用数学或运筹学的机会。

数学专业的学员还能申请志愿研究生教育计划(VGEP)、即读研究生教育计划(IGEP),以及国家和国际奖学金。近年有一批数学专业学员通过乔治·华盛顿大学、乔治梅森大学、马里兰大学的VGEP计划获得硕士学位,而IGEP参与者则继续在麻省理工学院、宾夕法尼亚大学、威斯康星大学、芝加哥大学商学院等进行数学研究。数学专业学员也可以直接进入马里兰州贝塞斯达的海军医学院学习。

VGEP为高素质的学员提供机会,可加速他们的本科学位,并在最后一年参加研究生课程。申请 VGEP 的学员必须符合以下要求：

(1) 平均分不低于 3.20 学分。

(2) 在军事态度评分中得到"B"级或更高。

(3) 在行为表现评分中得到"B"级或更高。

此外，他们必须完成本科课程，并在海军学院毕业后 7 个月内完成研究生学习。

4.4.9 测试和分班

1) 4/C 数学分班考试

所有 4/C 学员都将参加数学分班（微积分预备）考试，这是一项在线的、包括多项选择题在内的考试，涵盖微积分预科主题，包括指数、分数、因子分解、求解方程、函数、图形、对数、三角函数、几何。学员应该在正式向海军学院报到前参加此考试。考试分为四个部分，每个部分都是定时的，但不需要一次性全部完成，已经完成的部分不允许再次修改。

2) SM005 微积分数学预科

一般来说，学员从微积分Ⅰ开始学习，特殊情况下，少数学员可参加 SM005，即微积分数学预科。考官会综合考虑多重因素，包括学员分班考试表现、数学 SAT 分数、高中课程、高中毕业后接受的相关教育等。从 SM005 开始学习的学员们，将在第一年结束后的暑期学校期间，参加微积分Ⅱ课程。

3) 微积分水平测试

大多数学员从微积分Ⅰ和微积分Ⅱ开始学习，那些具有良好微积分基础、已经修过微积分Ⅰ、Ⅱ课程的学员，如果通过微积分水平测试，可以选择 SM122X 课程，即 4 学分的"加速微积分"课程，与后续课程 SM221X 一起学习。这允许学员在两个学期内，通过修微积分Ⅰ、Ⅱ、Ⅲ课程，获得三个学期的微积分学分。考核的标准由申请人数和数学系主任决定。

4) 微积分Ⅰ水平测试

完成在线微积分预备考试的学员，有机会参加微积分Ⅰ考试（在线、包括多项选择题）。该考试每年更新一次，以反映微积分Ⅰ课程的变化。正确率 70% 以上视为通过。

微积分Ⅰ也可以通过 AP 考试进行水平测试。那些在高中时参加 AP 微积分课程并在 AB 考试（或 BC 考试的 AB 部分）获得 4 或 5 分的学员，被视作通过微积分Ⅰ水平测试。

5) 微积分Ⅱ水平测试

那些通过微积分Ⅰ水平测试并参加过微积分Ⅱ课程的学员，将被邀请在

Blackboard 上参加微积分Ⅱ水平测试。该考试也包括多项选择题。微积分Ⅰ和Ⅱ也接受 AP 微积分 BC 考试成绩,那些在 BC 考试中得分为 4 或 5 分的人可被视作通过微积分Ⅰ、Ⅱ水平测试。

6) 微积分Ⅲ水平测试

那些通过微积分Ⅱ水平测试并参加过微积分Ⅲ课程的学员,将被邀请参加微积分Ⅲ水平测试。该考试包括多项选择题(在线)和简答题(用纸笔作答)。如果学员在线分数出色,在美国海军学院报到后将受邀参加简答题测试。

分班决定将会考虑学员的特殊情况,比如以前的大学数学课程、自上次数学课程以来的时间等。无论学员毕业于哪所学校,数学系都不会仅通过成绩单来判断其数学水平。一般来说,要申请测试某一门课程的水平,学员必须以前参加过该课程,且必须参加该课程的水平测试,或在 AP 考试中取得足够高的成绩。

7) 统计学水平测试

在 AP 统计考试中获得 4 或 5 分,可被视作通过 SM219 水平。但是,SM219 不是每个专业的必修课。

注:AP 即 The Advanced Placement Program。AB、BC 为 AP 的考试种类,专用名词。

4.4.10 课程设置

1) 课程:SA233

标题:运筹学与编程简介

学分:2-2-3

描述:该课程向学员介绍运筹学的几个基本主题,每个主题都将在 Python 中实现。SA233、SI268、SY201 不计算学分。

开课时间:春季

先修课程:运筹学专业方向或系主任的许可;同时要求:SM261

2) 课程:SA302

标题:海军战术分析

学分:3-2-4

描述:介绍应用于特定海军作战问题的建模和定量分析技术,包括搜索和巡逻、识别、防空战、布雷、设备可靠性与决策规则。该课程不作为数学专业的主要选修课。SA302、SA410 均不能获得学分。

开课时间:春季

先修课程:SM219,SM239 或 SM230

3) 课程:SA305

标题:线性规划

学分:3-0-3

描述:线性规划入门。主要包括:广泛的线性规划建模技术、Simplex方法、灵敏度分析、基本线性规划理论。学员不能同时获得SA305和SA401的学分。

开课时间:春季

先修课程:SM261或系主任许可

4) 课程:SA367

标题:数学建模导论

学分:3-0-3

描述:将具有军事意义的现实问题,以数学方式公式化阐释,使用概率、统计学、微积分、微分方程的技术来解决。问题分析包括小组和个人,需要以口头的非技术性简报和书面的技术性报告形式提交解决方案。

开课时间:春季

先修课程:SM219,SM239或SM230

5) 课程:SA402

标题:动态和随机模型

学分:3-0-3

描述:研究决策选项的定量分析,包括动态规划、决策树、马尔可夫链和队列理论。该课程将强调典型操作的运用。

开课时间:秋季

先修课程:SM239或SM230和SM261

6) 课程:SA403

标题:图形和网络算法

学分:3-0-3

描述:该课程介绍网络和组合优化问题中的图形算法。主题包括:最小生成树、匹配、最短路径、最大流量、最小成本流程。该课程要求学员在计算机上编写算法。

开课时间:秋季

先修课程:SM233或系主任许可

7) 课程:SA405

标题:高级数学编程

学分:3-0-3

描述:该课程涵盖数学规划中的一系列高级主题,包括整数规划建模、分支绑定方法、整数规划理论、非线性优化理论和算法。学员还将学习如何将基于集合的建模语言用于高级整数规划求解器。授课主题因教师而异。

开课时间：秋季

先修课程：SA305 或系主任许可

8) 课程：SA410

标题：搜索与检测理论的应用

学分：3-0-3

描述：该课程研究了在分析决策方案和决策准则时，选择有效性度量（MOE）时应考虑的问题。课程重点是，使用概率模型分析搜索和探测行动，特别关注在反潜行动中如何开展分析。学员将建立障碍物探测、区域搜索和平行扫掠模型。指导教师还可能讲授水雷战、目标覆盖模型、防空、目标运动分析等其他课题。SA302 和 SA410 均不能获得学分。

开课时间：春季

先修课程：SM239 或 SM230

9) 课程：SA412

标题：运筹学项目

学分：3-0-3

描述：该课程将在学员项目、案例研究、客座讲师授课中讨论运筹学的技术运用，主题包括当前的军事和工业问题。

开课时间：春季

先修课程：系主任许可

10) 课程：SA421

标题：仿真建模

学分：3-0-3

描述：使用仿真语言对系统进行离散仿真，包括随机变量生成、仿真验证和确认、输入和输出数据分析。学员组队完成学期项目。

开课时间：秋季/春季

先修课程：SM233。同时要求：SM339

11) 课程：SA430

标题：后勤学

学分：3-0-3

描述：该课程研究适用于解决可靠性、可维护性、可用性和库存问题的操作分析技术。

开课时间：秋季

先修课程:SM239 或 SM230

12) 课程:SA435

标题:决策分析

学分:3-0-3

描述:该课程介绍决策分析的现代理论和方法,强调不确定性和军事应用下的决策。主题包括决策树、影响图、信息和实际期权的价值、风险、效用理论和多标准决策。

开课时间:春季

先修课程:SM230 或 SM239 或 SM316 或系主任许可

13) 课程:SA442

标题:应用统计学Ⅱ

学分:3-0-3

描述:SM339 的延续,包括高级统计方法的检查、评估和应用。研究技术包括:抽样、非参数分析、简单和多元回归、相关性、方差分析和决策理论。

开课时间:春季

先修课程:SM339

14) 课程:SA463

标题:运筹学课题

学分:3-0-3

描述:运筹学的高阶课程。内容与入门课程存在显著差异,以体现最新动态。运筹学方向的专业选修课,SMA,SMAH,SMP 和 SMPH 方向的普通选修课。SQE 方向的数学选修课。

开课时间:秋季/春季

先修课程:系主任许可

15) 课程:SA475

标题:运筹学顶点(实践)

学分:3-0-3

描述:该课程是运筹学专业的顶点课程。学员将阅读并就教师确定的主题进行演示。每个学员将完成一个由教师和学员商定的主题项目。学员将以书面和口头方式展示他们的成果。

开课时间:秋季/春季

先修课程:1/C SMO 专业或系主任许可

16) 课程:SA475E

标题:数学与经济学研究研讨会

学分:3-0-3

描述:针对特定主题的定向研究。数学与经济学专业的顶点课程。强调使用计算机的实证工作。

开课时间:春季

先修课程:1/C 中小企业专业

17) 课程:SM005

标题:微积分预科数学

学分:4-1-4

描述:代数和算术运算的基本回顾,函数及其图形的分析以及三角学。

开课时间:秋季

先修课程:系主任许可

18) 课程:SM121

标题:微积分Ⅰ

学分:4-0-4

描述:传统双课程序列中的第一个,涵盖一个实变量的和无穷级数的微分和积分演算。

开课时间:秋季

先修课程:无

19) 课程:SM122

标题:微积分Ⅱ

学分:4-0-4

描述:微积分Ⅰ的延续。

开课时间:秋季/春季/夏季

先修课程:微积分Ⅰ(SM131 或 SM121 或 SM161)

20) 课程:SM122X

标题:多元微积分

学分:4-0-4

描述:适合于那些之前有一年微积分学习但没有验证微积分Ⅰ的学员。将从微积分Ⅲ的第一部分开始介绍多变量微积分主题,并嵌入对第一年微积分主题和技能的回顾。参与 SM122X 需要获得 SM131 的验证积分。SM122X 的完成算作 SM122 的学分。

开课时间:秋季

先修课程:系主任许可

21）课程：SM131

标题：微积分Ⅰ

学分：3-0-3

描述：传统两门课程序列中的第一门，涵盖一个实变量的和无穷级数的微分和积分，适用于具有微分、微积分经验的学员。

开课时间：秋季

先修课程：系主任许可

22）课程：SM161

标题：微积分与计算机Ⅰ

学分：5-0-5

描述：两门课程序列中的第一门，介绍了一个实变量的微分和积分演算的算法发展以及编程的介绍。

开课时间：秋季

先修课程：系主任许可

23）课程：SM162

标题：微积分与计算机Ⅱ

学分：5-0-5

描述：SM161的延续。

开课时间：春季

先修课程：SM161

24）课程：SM212

标题：微分方程

学分：4-0-4

描述：线性和联立微分方程；拉普拉斯变换解；偏微分方程和傅里叶级数。

开课时间：秋季/春季/夏季

先修课程：微积分Ⅲ（SM221或SM223）

25）课程：SM219

标题：统计学导论

学分：3-0-3

描述：统计方法的性质，数据描述，概率，分布，估计，假设检验，相关性，回归。如果SM230或SM239已获得学分，则不能为SM219提供学分。

开课时间：秋季/春季

先修课程：SM122或SM162

26）课程：SM221

标题：微积分Ⅲ（矢量场）

学分：4-0-4

描述：几个实变量的微分和积分演算；向量分析，包括积分定理。

开课时间：秋季/春季

先修课程：微积分Ⅱ（SM122 或 SM162）

27）课程：SM221X

标题：多变量微积分

学分：4-0-4

描述：适用于已完成 SM122X 的人员。从微积分Ⅲ的第二部分开始介绍多变量和向量微积分主题，介绍无限序列和系列，并嵌入对第一年微积分的主题和技能的回顾。SM221X 的完成算做 SM221 的学分。

开课时间：春季

先修课程：SM122X

28）课程：SM222

标题：矩阵微分方程

学分：4-0-4

描述：对 SM212 材料的更严格的处理，该课程使用线性代数的基本思想。适用于数学和数量经济学专业。

开课时间：秋季/春季

先修课程：微积分Ⅲ（SM221 或 SM223）和 SM261

29）课程：SM223

标题：微积分Ⅲ（优化）

学分：4-0-4

描述：几个实变量的微分和积分演算；向量分析；几个变量函数的优化技术。

开课时间：秋季

先修课程：微积分Ⅱ（SM122 或 SM162）

30）课程：SM230

标题：概率论在海军中的应用

学分：3-0-3

描述：对概率基本概念的基本处理，重点是海军应用。样本空间、离散和连续随机变量以及标准分布。概率论的海军应用选定主题，如随机搜索，雷区和横向范围曲线，条件概率和贝叶斯定理。SM230 和 SM239 都不会获得学分。

开课时间：秋季/春季

先修课程:微积分Ⅱ(SM122 或 SM162)

31)课程:SM233

标题:应用数学导论

学分:2-2-3

描述:该课程向学员介绍应用数学的几个基本主题:模拟和统计建模,线性代数的应用,偏微分方程模型以及计算工具和主题。将引入适当的计算机软件。

开课时间:秋季/春季

先修课程:微积分Ⅲ和SM261

32)课程:SM239

标题:概率统计Ⅰ

学分:3-0-3

描述:各种离散和连续概率模型的应用研究。涵盖的概率模型包括二项式、泊松式、指数式、伽马式、正态等。包括计算概率和估计参数的方法。包括大数定律和中心极限定理。该课程既是一门独立的课程,也是应用统计学Ⅰ(SM339)的先修课程。SM239 和 SM230 都不会获得学分。

开课时间:秋季/春季

先修课程:微积分Ⅲ(SM221 或 SM223)

33)课程:SM242

标题:离散数学与概率

学分:4-0-4

描述:介绍一阶逻辑,集合论,证明技术,计数原理,图论,矩阵运算,离散随机变量和算法分析。如果 SM342 已给予学分,则不能为 SM242 提供学分。

开课时间:秋季/春季

先修课程:SM122 或 SM162

34)课程:SM259

标题:数理逻辑

学分:3-0-3

描述:数学语言,形式逻辑,命题演算和真值表,一阶谓词演算,证明理论,公理系统和模型理论。逻辑网络和非标准分析的应用。

开课时间:秋季

先修课程:微积分Ⅱ(SM122 或 SM162)

35)课程:SM261

标题:矩阵理论

学分:3-0-3

描述:矩阵、变换、线性方程、向量空间、特征矩阵、特征值、正交性。

开课时间:秋季/春季

先修课程:微积分Ⅱ(SM122 或 SM162)

36)课程:SM275

标题:经济学数学方法

学分:3-0-3

描述:主要针对经济学专业。介绍经济学和相关应用的数学方法。矩阵运算,具有矩阵方法的简单均衡模型,差分方程和增长模型,用于效用最大化或成本最小化的约束优化。

开课时间:秋季/春季

先修课程:无

37)课程:SM279

标题:多变量微积分

学分:3-0-3

描述:介绍 n 维空间的几何和分析,包括多维曲线、内积、线性函数、实值函数、泰勒近似、优化、逆函数定理、隐式函数定理和积分中变量变化的主题。将讨论经济学和物理学的应用。

开课时间:春季

先修课程:SM221 或 SM223 和 SM261

38)课程:SM280

标题:数学课题

学分:1-0-1

描述:来自各种数学学科的主题的概述和抽样,包括数学专业的两个专业方向。学员将接触到数学的力量,美丽和实用性。

开课时间:秋季

先修课程:微积分Ⅱ和纯粹数学方向或应用数学方向,或系主任许可

39)课程:SM291

标题:数学基础

学分:3-0-3

描述:数学推理导论以及数学概念,理论以及集合和关系的应用。

开课时间:春季

先修课程:微积分Ⅱ

40)课程:SM311

标题:工程数学Ⅰ

学分:3-0-3

描述:矢量分析,傅里叶分析,偏微分方程,斯特姆-刘维尔问题,勒让德多项式,行列式和矩阵。

开课时间:秋季/春季

先修课程:微分方程(SM212 或 SM222)

41)课程:SM312

标题:工程数学Ⅱ

学分:3-0-3

描述:拉普拉斯和傅里叶变换,面向复变量函数的变换。

开课时间:秋季/春季

先修课程:微分方程(SM212 或 SM222)

42)课程:SM313

标题:概率与应用

学分:3-0-3

描述:概率的第一门课程,有许多来自电气工程的例子和练习。需具有微积分(包括多变量)基础。该课程涵盖基本计数技术,概率属性,离散和连续随机变量,期望值,方差,协方差,联合概率分布,随机变量函数,矩生成函数,中心极限定理,随机抽样和均值抽样分布。重点是理解随机变量概念。

开课时间:秋季

先修课程:微分方程(SM212 或 SM222)

43)课程:SM315

标题:偏微分方程简介

学分:3-0-3

描述:线性方程、柯西问题、拉普拉斯方程和泊松方程、边界值问题、热方程、斯特姆-刘维尔问题和正交展开。

开课时间:秋季

先修课程:微分方程(SM212 或 SM222)

44)课程:SM316

标题:工程数学与概率统计

学分:3-0-3

描述:概率和统计的基本概念,复数的算术和傅里叶分析。SM219、SM230 或 SM239 和 SM316 均不能获得学分。

开课时间:秋季/春季

先修课程:微分方程(SM212 或 SM222)

45）课程：SM321

标题：应用数学专题

学分：3-0-3

描述：应用数学的初级主题。

开课时间：秋季/春季

先修课程：系主任许可

46）课程：SM331

标题：高等微积分Ⅰ

学分：4-0-4

描述：实数,序列,序列的极限,函数的极限,连续性,连续函数的性质,可微性,黎曼积分,级数,幂级数。

开课时间：秋季

先修课程：SM261 和 SM291

47）课程：SM331H

标题：实变函数论Ⅰ

学分：4-0-4

描述：SM331 的荣誉课程矩阵版本。

开课时间：秋季

先修课程：系主任许可

48）课程：SM332H

标题：实变函数论Ⅱ

学分：4-0-4

描述：SM334 的荣誉课程矩阵版本。

开课时间：春季

先修课程：系主任的许可

49）课程：SM333

标题：函数项数列与函数项级数

学分：4-0-4

描述：该课程涉及序列和级数的收敛属性,包括极限定理和收敛检验,幂级数,函数序列和序列,逐点和均匀收敛,以及收敛过程保留的分析运算。

开课时间：秋季

先修课程：SM261 和 SM291,或系主任许可

50）课程：SM334

标题：高级微积分的要素

学分:3-0-3

描述:该课程是 SM333 的延续。这些课程共同涵盖逻辑、归纳、序列、极限、实数、级数、连续性、可微性、连续函数的性质、黎曼积分和幂级数。

开课时间:春季

先修课程:SM331 或 SM331H 或 SM333

51)课程:SM339

标题:应用统计学 I

学分:3-0-3

描述:用于获取、呈现、总结和分析统计信息的各种统计方法的应用研究。其中包括数据收集和呈现的策略,以及总体统计推断技术,基于抽样、概率和分布理论概念的参数。

开课时间:秋季/春季

先修课程:SM239 和 SM261

52)课程:SM342

标题:离散结构 I

学分:3-0-3

描述:该课程涵盖集合论、组合数学、图论、群论等专题,介绍了基本概念和证明方法。计入 SMA 和 SMP 专业的选修课。

开课时间:秋季/春季

先修课程:SM122 或 SM162

53)课程:SM350

标题:数论

学分:3-0-3

描述:数论的初级主题。

开课时间:秋季

先修课程:系主任许可

54)课程:SM361

标题:中级线性代数

学分:4-0-4

描述:该课程涉及抽象线性代数及其应用。主题包括:抽象向量空间,线性变换,内积和范数,正交基,投影,奇异值分解和其他矩阵分解,以及数值线性代数。应用将由讲师选择,但可能包括图像压缩,主成分分析和物理应用。

开课时间:秋季

先修课程:SM233,SM261 和 SM291,或系主任许可

55）课程：SM362

标题：现代代数

学分：3-0-3

描述：该课程涵盖了整数、群、环、域、映射等内容。

开课时间：秋季

先修课程：SM261 和 SM291

56）课程：SM364

标题：科学计算简介

学分：3-0-3

描述：计算机算术和误差、算法和程序、函数近似、数值积分、常微分方程的数值解、编程简介。

开课时间：春季

先修课程：SM361 或系主任许可

57）课程：SM365

标题：科学计算简介

学分：4-0-4

描述：计算机算术和误差、算法和程序、方程的迭代解、线性方程组、函数近似、数值积分、常微分方程的数值解、编程导论。

开课时间：秋季

先修课程：SM261。

58）课程：SM411

标题：复变函数简介

学分：3-0-3

描述：该课程将微分和积分的技术扩展到复数。重点包括关于积分的柯西定理、残余定理和幂级数展开，将讨论实际分析和物理问题的应用。

开课时间：春季

先修课程：SM331 或 SM331H 或 SM333

59）课程：SM415

标题：海洋和大气的数学建模

学分：3-0-3

描述：海洋和大气的数学建模。矢量分析，傅里叶分析，偏微分方程，重点是流和势函数，质量守恒，矩形和旋转坐标系中的线性动量守恒（纳维-斯托克斯方程）。使用 MATLAB 解决海洋学和气象学中的应用问题。

开课时间:春季

先修课程:SO414 或教师许可

60）课程:SM421

标题:应用数学主题 II

学分:3-0-3

描述:应用数学的高级主题。

开课时间:秋季

先修课程:系主任许可

61）课程:SM425

标题:高级数值分析

学分:3-0-3

描述:一个和几个变量中方程的数值解,直接和迭代算法,收敛速率。强调计算机方法。

开课时间:秋季

先修课程:(SM212 或 SM222)和(SM233 或 MATLAB)和(SM331 或 SM331H 或 SM333 或系主任许可)和(SM364 或 SM365)

62）课程:SM426

标题:微分方程的数值方法

学分:3-0-3

描述:插值和多项式近似,数值积分和微分,初始值和边界值问题的数值算法。

开课时间:秋季

先修课程:(SM212 或 SM222)和(SM233 或 MATLAB)和(SM331 或 SM331H 或 SM333 或系主任许可)和(SM364 或 SM365)

63）课程:SM437

标题:实验设计

学分:3-0-3

描述:这是一门高级应用统计学课程,侧重于收集和分析来自采样有限种群或来自科学实验的数据。重点放在简单的随机抽样、分层抽样、聚类抽样、比率估计和随机区块设计。

开课时间:春季

先修课程:SM339

64）课程：SM439

标题：统计学主题

学分：3-0-3

描述：统计学中的高级主题。

开课时间：春季

先修课程：SM339 或系主任许可

65）课程：SM444

标题：离散结构Ⅱ

学分：3-0-3

描述：组合学和图论主题、应用程序、拉丁平方、线性代数和组合学、有限射影平面，拓扑图论和拉姆齐理论。

开课时间：春季

先修课程：SM342

66）课程：SM450

标题：数论专题

学分：3-0-3

描述：数论的高级主题。

开课时间：秋季/春季

先修课程：系主任许可

67）课程：SM461

标题：线性代数

学分：3-0-3

描述：向量空间，线性变换，Jordan 标准形，内积空间。

开课时间：秋季/春季

先修课程：(SM261 和 SM291) 或系主任许可

68）课程：SM462

标题：代数结构

学分：3-0-3

描述：群，环，场，伽罗瓦理论。

开课时间：秋季/春季

先修课程：SM362

69）课程：SM463

标题：数学分析专题。

学分:3-0-3

描述:纯粹数学的高级主题。

开课时间:春季

先修课程:系主任许可

70)课程:SM464

标题:拓扑学

学分:3-0-3

描述:拓扑空间、分离公理、覆盖属性和度量空间的数学分析。

开课时间:秋季

先修课程:SM331 或 SM331H 或 SM333

71)课程:SM465

标题:高级微分方程

学分:3-0-3

描述:常微分方程解的存在性和唯一性。

开课时间:春季/秋季

先修课程:(SM212 或 SM222)和(SM331 或 SM331H 或 SM333)

72)课程:SM468

标题:加密,代码和信息安全

学分:3-0-3

描述:密码学、代码和信息安全研究、秘密和纠错代码的数学原理。

开课时间:秋季

先修课程:SM261 或系主任许可

73)课程:SM472

标题:数学项目

学分:3-0-3

描述:该课程是数学专业的顶点课程,学员将阅读并就教师确定的主题进行演示,每个学员将完成一个由教师和学员商定的主题或项目,学员将以书面和口头方式展示他们的成果。

开课时间:春季

先修课程:1/C SMA 专业或系主任许可

74)课程:SM473

标题:数学与应用数学项目

学分:3-0-3

描述:该课程是数学和应用数学专业的顶点课程。学员将阅读并就教师确定的主题进行演示。每个学员将完成一个由教师和学员商定的主题的项目,学员将以书面和口头方式展示他们的成果。

开课时间:春季

先修课程:1/C 数学专业或系主任许可

75）课程:SM474

标题:应用数学项目

学分:3-0-3

描述:该课程是应用数学专业的顶点课程,学员将阅读并就教师确定的主题进行演示,每个学员将完成一个由教师和学员商定的主题的项目,学员将以书面和口头方式展示他们的成果。

开课时间:春季

先修课程:1/C SMP 专业或系主任许可

4.5 海洋学系

4.5.1 海洋学系概况

海洋学系拥有先进的本科实验室设施、海洋设备和独特的实习机会,帮助学员培养将地球物理概念从课堂应用到现实世界所需的技能。

(1)研究切萨皮克湾内复杂的生物地球化学过程和相互作用。

(2)操作水下和空中自主飞行器,在世界各地研究环境的方方面面。

(3)为造船厂的作业开发实时预报天气,并在全美范围内追踪恶劣天气。

(4)研究热带大气波如何通过遥相关影响全球、区域和局部的大气和海洋过程。

(5)分析气候变化的驱动因素和对未来军事行动的影响。

(6)研究确定有利于热带气旋发展的环境条件。

(7)编写计算机脚本以安全高效地处理和分析网络敏感环境中的大型环境数据集。

(8)利用无人驾驶飞行器调查和探索深海环境。

该系的教员包括6名终身教职的文职教授、5名具有近期上舰经验的轮换军事教官、4名常设军事教授和2名具备实际经验的文职教官。

海洋学专业的学员选修海洋学、气象学和应用数学在内的13门课程,荣誉课程的学员选修14门课程。

课程按年分为以下几种。

(1) 3/C年：

① 描述性物理海洋学。

② 气象学导论。

③ 海洋和大气科学统计。

(2) 2/C年：

① 生物地球化学海洋学。

② 大气热力学。

③ 海洋学和气象学定量方法。

④ 海洋和大气过程。

⑤ 第一选修课/荣誉研究方法。

(3) 1/C年：

① 海浪和潮汐。

② 水声学与声呐。

③ 第二和第三主选修课。

④ 顶点课程或自主/荣誉独立研究。

选修课包括：地质海洋学、地理信息系统、极地海洋学、近岸海洋学、生物海洋学、河口海洋学、海洋勘探、全球气候变化、天气气象学、遥感、热带气象学、能源分析、政策和安全。

1) 研究与实习

教员指导的研究机会包括但不限于：全球远程连接、百年沉船调查、切萨皮克湾的氧气耗竭与牡蛎种群、自动驾驶设备调查、热带气旋发展等。

在过去的20年里，该系共有1名"罗兹"学者，9名"三叉戟"学者，产出了大量会议报告和会议记录中的文章，以及若干篇被引用的期刊文章。

提供的实习计划包括但不限于：在大平原各州追逐风暴、在飓风中飞行、自主水下机器人研究、应急管理和气候缓解实践、格陵兰岛气候变化研究，以及采集白令海海冰样本等。

2) 气象学和海洋学中的应用数据科学

气象学和海洋学中的应用数据科学是对复杂多样的地球科学数据集的收集、获取、处理、组织、分析和科学解释。

其研究方法强调：以目标为导向的、质量可控的数据收集及获取的作用；实用分析技术和技能的应用。两者都在该专业讲授的大气和海洋理论框架下，被用来理解和分析真实世界的数据集。

3）实验室

海军学院拥有的亨德里克斯海洋实验室位于塞文河河口,是一个多功能的围栏,学员们在这里可以研究世界上最大的河口——切萨皮克湾。

亨德里克斯实验室包括教学实验室、自动驾驶设备实验室、显微镜实验室和现场实验室。

海事处的考察船 YP686 是一艘配备有特殊装置的船坞巡逻艇,使学员能够收集海洋和气象数据,以便在海上或在亨德里克斯实验室里进行分析。

该部门还在肖维纳和梅尔维尔礼堂设有四个实验室空间,包括一个环境数据实验室、地球物理流体动力学实验室和海岸海洋学实验室。

4）海洋俱乐部

海洋俱乐部由学员管理,对学院的所有学员开放。该俱乐部提供一批志愿者,帮助学员和教员进行研究,以及安排海滩清理、亨德里克斯纪念活动、国家水族馆之旅和其他活动。

5）上舰/研究生院/文职工作

毕业后,其学员将在水面战、潜艇战、海军航空兵、海军陆战队、特种战等领域就业。每年大约有 3 名毕业生在罗德岛大学、海洋研究生院和伍兹霍尔海洋研究所(与麻省理工学院的联合项目)就读。在他们完成最初的任务后,一些人转到加利福尼亚州蒙特利的海军研究生院攻读海洋学和气象学研究生学位。

在过渡到公共部门后,就业机会存在于联邦政府,如美国国家海洋和大气局、美国国家科学基金会、美国地质勘探局、美国国家航空和宇宙航行局、美国环境保护局、美国能源部等 500 多个提供海洋学和气象学相关领域课程的学术机构,以及私营企业。

4.5.2 海洋学系民用就业方向

1）海洋学和气象学领域的民用职业

海军学院海洋学系是美国少数几所拥有足够资源和师资,能提供海洋学综合学士学位的大学之一,该学位侧重于物理、海洋和大气过程研究。因此,其毕业生既能胜任就业市场,也能继续攻读研究生深造学习。

例如,地球科学家、海洋学家和气象学家的需求量很大,因为他们拥有技术技能,以及应用基础知识解决实际问题的能力,这包括分析实验技术、应用数学和统计学、自动驾驶设备操作、计算机编程和数值建模方面的背景知识。

2) 联邦公务员与海洋学和气象学相关的职业

美国海军学院的海洋学学士学位符合美国政府的要求,可以被联邦政府雇用为海洋学家、物理学家或地球科学家。

雇用海洋学家、物理学家、地球科学家和气象学家的联邦机构包括但不限于:国家海洋和大气管理局(NOAA)、国家冰雪数据中心(NSIDC)、国家气象局(NWS)、国家海洋局(NOS)、国防部(DOD)、能源部(DOE)、国家航空航天局(NASA)、美国林业局(USFS)、联邦紧急事务管理局(FEMA)、联邦航空管理局(FAA)、环境保护局(EPA)、地质调查局(USGS)、中央情报局(CIA)和国家地理空间情报局(NGA)等机构。

4.5.3 海洋学系军事运用方向

1. 气象和海洋学(气象学和海洋学)军官

几乎每一次美国海军或海军陆战队的任务都会受到海洋或大气条件的影响。气象和海洋学军官可以为海军气象与海洋司令部提供量身定制、及时准确的预报和建议,以获得战场空间的战术优势。海军装备、人员和决策都依赖于气象和海洋学军官的技术和战术建议,因为他们能够解决以下问题:

(1) 帮助指导舰船、飞机和部队,根据大气、海洋预报和条件提出建议。

(2) 将最新预报和天气警告传递给军事和文职官员。

(3) 为从导航到搜救工作的各类任务准备海洋海图和地图。

(4) 维护军方的主时钟,并驱动全球定位系统(GPS)。

海军气象学家和海洋学家可以在世界上任何地方工作,在航空母舰或两栖舰艇上服务,也可以在海军研究生院、海军天文台或海军研究实验室进行研究。

2. 适用于舰队和海军陆战队的军事运用

1) 水面战

(1) 水面作战军官负责导航、维护和操作庞大海军舰队。在这一角色中,水面作战军官需要适应不断变化的环境条件,以确保设备和人员的安全,同时也寻求利用大气和海洋条件来获得战术优势。水面作战军官就海军舰艇、后勤以及如何支持日常各种作战任务做出关键决策,而所有这些都会受到环境条件的影响。

(2) 作为海洋学专业的学员,将要学习海洋动力学、洋流、海浪、潮汐、气象学以及海洋物理环境的方方面面。因此,主修海洋学,学习气象学和海洋学基础知识,将有助于毕业生的整个海军职业生涯。

2) 海军和海军陆战队航空兵

(1) 无论是参加反潜战、搜救、监视还是后勤补给,海军和海军陆战队飞行员与飞行军官的安全和任务成功与否,都始终取决于大气条件。飞行员要能够识别恶劣天气,接受在恶劣天气下操作飞机的专门培训,重要的是飞行人员需要了解气象条件将如何影响导航和飞机系统安全。

(2) 作为海洋学专业的学员,要选修大气热力学、方法与过程等方面的课程,还可以选修天气气象学(天气模式和预报)、热带气象学(热带过程与系统)等。

(3) 对于成功的飞行员来说,在气象学和大气学领域拥有深厚的背景知识是必不可少的。

3) 海军陆战队地面战斗

(1) 海军陆战队军官在执行陆基和两栖行动时负责任务的成功和安全。这包括从世界各地的各种平台开展的进攻、防御、人道主义、侦察和安全行动等。因此,海军陆战队军官必须了解他们执行任务的物理环境,以及环境的变化将如何影响结果。也就是说,在执行地面任务时,海军陆战队军官需要认识到不断变化的天气条件。

(2) 作为海洋学专业的学员,将选修大气热力学、方法与过程等方面的课程,还可以选择选修天气气象学这门对天气模式识别与预报来说很重要的课程。

(3) 当某项作战任务需要派出两栖部队时,海军陆战队军官需要识别和了解海浪、潮汐和海岸条件将如何影响任务成功。

(4) 作为海洋学专业的学员,将要学习海浪和潮汐,并可以选修近岸海洋学和河口海洋学,这将为毕业生在海军陆战队的职业生涯做好准备。

4) 海军特种战与爆炸物处理

(1) 当执行某项作战任务需要专门的器械、培训和人才时,美国海军依靠海军特战部队,包括海豹突击队、爆炸物处理技术人员、潜水员和救生员等。虽然这些小组都依赖于来自海军气象和海洋学军官的量身定做的预测、建议和信息,但一旦任务开始后,负责这些特战单位的军官必须了解环境——它将如何改变,以及它对任务成功意味着什么。例如,海豹突击队执行区域、陆基和两栖行动时,海豹突击队军官必须对大气和海洋都有广泛的认知。

(2) 作为海洋学专业的学员,将要广泛学习大气和海洋过程,包括大气热力学、海洋动力学、海浪和潮汐等课程。

(3) 专业选修课包括近岸海洋学(两栖作战与攻击)、天气气象学(天气模式识别和预报)和河口海洋学(在更多城市环境中处理沿海任务)。

(4) 气象学和海洋学背景将帮助海军特战军官在行动中驾驭环境条件,并在国家最需要的时候增加任务成功的可能性。

5）潜艇作战

（1）海军核潜艇军官负责驾驶和操作舰队中最先进和最秘密的潜艇。要做到这一点,潜艇军官必须在没有海面预报员帮助的情况下,对他们操作的海洋条件和上面的海面情况都要有所了解,包括海流、潮汐、海冰、水柱的垂直结构以及最重要的水声背景。

（2）作为海洋学专业的学员,将要学习海洋动力学、海浪和潮汐以及水声等方面的课程。此外,海洋学还开设了一门选修课——极地海洋学,因为极地对潜艇而言,也是一个不断变化的战场空间。

4.5.4 课程列表

海洋学系课程列表如表4.42所列。

表4.42 海洋学系课程列表

课程编码	开课时间和学分	内容描述	先修课程
SO221 海洋学导论	秋季/春季 3-0-3	一个描述性课程,旨在概述重要的海洋学因素及其对工程应用的影响。	仅限非SOC/SOCH专业
SO242 龙卷风和严重风暴	春季 3-0-3	大规模中纬度气象学调查,重点是促进严重雷暴和龙卷风发展的过程。提出并应用热力学不稳定性和垂直风切变诊断方法,并应用于预测风暴形态。重点是研究超级单体雷暴和中气旋龙卷风的发生。其他主题包括多普勒雷达基础、降水/冰雹增长、云电气化以及诊断和预测风暴演变的产品。应用向量微积分和物理概念。注册学员可能有资格获得实习机会,以学习和观察美国的严重对流风暴	仅计为SOC/H专业的任选课
SO251 描述性物理海洋学	秋季/春季 3-2-4	该课程作为物理海洋学的入门。主题包括:地质学导论,板块构造,海洋盆地,沉积物和地层学,大地测量学和海洋深海测量,海水性质,海洋结构,海洋热平衡,保护方程,运动方程,地转平衡和流动,主要洋流,密度驱动流,波浪和潮汐,沿海海洋以及海洋光学和声学。这门4学分的课程有一个实验室部分,提供使用统计和图形软件程序,收集与物理海洋学和数据分析相关的数据	无

续表

课程编码	开课时间和学分	内容描述	先修课程
SO254 气象学导论	秋季/春季 2-2-3	该课程作为气象学的入门。主题包括:气象状态变量,空气状态方程,辐射平衡,气候变化和气候变异性,大气水蒸气,云形成过程和云微物理,大气运动中涉及的力,地转流,大气稳定性,表面和上部分析以及热力学图。这门3学分课程包括一个实验室部分,涉及使用Matlab分析和可视化气象数据集	SO251
SO262 自然地理学	秋季/春季 3-0-3	自然环境影响自然资源、人类文化、国家安全和军事行动。该课程探讨了自然地理学的基本科学原理,以及地球上的位置如何影响气候,地貌,土壤和自然植被。课程将研究地理要素工作过程,分析地理要素的特征及其空间分布。利用卫星图像和地理信息系统来研究世界各地的案例和自然环境	视作自由选修课
SO264 海洋和大气科学统计	春季 3-0-3	该课程介绍统计方法在地球物理数据中的应用。主题包括基本概率和组合、概率分布、贝叶斯推理、假设检验、置信区间、线性回归和时间序列分析	SO251
SO335 海洋学和气象学定量方法	秋季 2-2-3	让学员了解海洋学和气象学中可用的产品和数据集,学习分析数据以更好地理解海洋学和气象学的定量方法	SM212,SO251 (可同时修)
SO345 大气热力学	秋季 2-2-3	对大气热力学和运动学性质的研究,包括大气温度,水分和风形成过程的影响,介绍了负责大气运动的力。该课程使用热力学图来分析大气变量的垂直剖面图,以及常规和遥感数据来分析气象场的水平分布	SO251,SO254
SO351 生物地球化学海洋学	秋季 3-2-4	介绍海洋中的地质、化学和生物过程。该课程建立在SO251提供的物理海洋学基础知识的基础上,将地质,化学和生物过程之间的密切相互作用添加到水柱的物理环境中。主题包括热液循环,沉积物诊断,养分循环,海洋碱度,生物生产,食物链,分类学和生态学。强调实际应用。这门4学分的课程有一个实验室部分,加强了SO251和SO264中提出的现场数据收集和分析技术	SO251,SO264

续表

课程编码	开课时间和学分	内容描述	先修课程
SO414 海洋和 大气过程	春季 3-2-4	该课程介绍了海洋和大气运动的基本规律和基本方程。介绍了海洋和大气过程的基本数值建模技术。实验室练习将利用 Matlab 软件包来解决与流体流动相关的动手问题	SO345 和 SO335
SO416 海浪和潮汐	秋季/春季 2-2-3	计算并实际应用控制地表波和内波(包括海啸、内潮汐和潮汐孔)动力学的方程。将波浪理论与波浪观测进行比较。波浪统计和能量谱用于预测海浪。对潮汐产生和牵引力进行数学分析,并回顾和运用潮汐预测方法	SO414
SO422 近岸海洋学	秋季 2-2-3	检查从大陆架断裂到潮间带和沿海沙丘的海洋学制度。专注于浅水波,冲浪和海滩过程,包括对沿海管理和工程程序的讨论	SO251
SO426 极地海洋学	春季 2-2-3	一个描述性的课程,涵盖极地勘探的历史以及极地地区的物理海洋学和气象学,特别强调海冰在全球变暖研究中的作用。将审查当前的国防部极地计划,包括 Deep Freeze、国际冰上巡逻和海军行动,如 ICEX 和 TEAMWORK	SO251
SO427 河口海洋学 导论	春季 2-2-3	研究了河口环境的物理,地质和生物方面。实验室会议,包括巡航和实地考察,侧重于实际和动手应用。讨论水质和污染等环境问题,探讨使用数值模型作为工具的方法	SO251
SO431 环境遥感	春季 2-2-3	概述当前使用和计划中的各种平台和传感器。解释电磁波谱和辐射定律。应用程序练习提供图像处理系统的"实践"经验	无
SO432 地理信息系统	春季 2-2-3	地理信息系统(GIS)使用计算机来操作地理数据,将地图和数据库相结合。该课程将介绍地图投影和基准面、栅格和矢量数据库的基础知识,以及地理数据的设计、操作和分析。课程将讨论如何使用遥感来收集数据并提供背景地图,以及使用数字高程模型为三维显示提供框架	SO221 或 SO251
SO441 天气气象学	春季 2-2-3	适用于运营规划的气象分析和预报实践课程。计算机气象实验室提供的各种气象数据流用于分析和预测大气的当前和未来状态	SO254

续表

课程编码	开课时间和学分	内容描述	先修课程
SO442 热带气象学	秋季 2-2-3	研究影响热带气象分析和预报的特殊过程，包括卫星图像分析，特别强调飓风或台风的预报、产生、运动和衰变	SO254、SO335 （可同时修）
SO445 全球气候变化	春季 2-2-3	该课程将回顾气候科学和在不同空间和时间尺度上影响全球气候的自然因素。它将讨论人类活动如何影响当地、区域和全球气候。过去和现在的全球气候数据将从地质和现代记录中进行检查，包括卫星数据、陆地/海洋观测、冰芯等。相关的气候主题，如臭氧空洞、温室效应和厄尔尼诺现象也将被讨论	SO254
SO451 生物海洋学	秋季 2-2-3	研究海洋中生物生产的模式和概念。重点是生物和物理环境的整合。实验室包括学员计划的学习和概念练习。课程的各个方面都强调利用各种知识领域来解决问题	SO251、SO264 和 SO351
SO461 地质海洋学	秋季 2-2-3	介绍海洋地质/地球物理仪器、理论、数据收集、分析、解释和应用。根据板块构造理论研究海洋盆地和边缘的地貌、结构、岩石学、沉积、地层学、起源和发育。切萨皮克湾的实践研究是实验室工作的一部分	SO251
SO470X 顶点研讨会	春季 3-0-3	为 SOC 专业的学员提供的课程，为顶点论文的构建及口头演示提供指导。该课程将包括背景阅读和相应的讨论，以及科学写作和演示的指导，该课程的重点是顶点论文的制作和顶点论文的口头介绍	开放给 1/C 海洋学专业
SO485 能源分析、 政策与安全	秋季 3-0-3	课程将涵盖以下主题：能源科学、能源资源分配/供应、能源技术、能源/环境影响、能源政策/战略（国防部、美国、国际），以及能源市场和能源基础设施	SO351 或讲师权限
SO503 荣誉研究方法	春季 2-2-3	介绍海洋学和气象学的研究方法。统计学方法和技术应用于研究课题、海洋学和实验室仪器、遥感和数学建模。讨论当前研究课题，学员准备在海洋学或气象学方面进行独立研究	2/C 荣誉海洋学专业
SO505 荣誉独立研究	秋季 0-6-3	在海洋学或气象学方面对学员选择的主题进行独立研究，最终以书面报告向教师介绍	SO503 和 SOCH 专业

续表

课程编码	开课时间和学分	内容描述	先修课程
SO506 荣誉独立研究	春季 0-6-3	在海洋学或气象学方面对学员选择的主题进行独立研究,最终以书面报告向教师介绍	SO503和SOCH专业
SO513 荣誉海洋和大气过程	春季 3-2-4	课程是面向荣誉学员的SO414的高级版本	SO345H
SO516 荣誉海浪和潮汐	秋季 2-2-3	课程是面向荣誉学员的SO416的高级版本	SO513和SOCH专业
SP411 水声学与声呐	秋季/春季 3-0-3	对声音在海洋环境中传播的基础研究,因为它与声呐的设计和操作有关。主题包括波力学、检测理论、傅里叶分析、光线追踪、波导和散射	SP212或SP226

注:SOC专业:海洋学专业;SOCH专业:海洋学荣誉专业。

1)适用于非本专业学员的课程

课程:SO221

标题:海洋学导论

学分:3-0-3。

描述:这是一门入门课程,旨在概述重要的海洋因素及其对工程应用的影响。

开课时间:秋季

先修课程:仅限非海洋学专业

2)非专业课程和自由选修课

(1)课程:SO262。

标题:自然地理学。

学分:3-0-3。

描述:自然环境影响自然资源、人类文化、国家安全和军事行动。该课程研究自然地理学的基本科学原理,以及地球上的地理位置如何影响气候、地形、土壤和自然植被。我们将研究自然地理学的过程、所创造的特征及其空间分布,使用卫星图像和地理信息系统来查看世界各地的案例研究,并审视广泛的自然环境。

开课时间:秋季/春季

先修课程:无。这是一门适用于普通科学、普通工程或海洋工程专业的数学及科学类别选修课,或者是海洋学专业的任意选修课

(2) 课程:SO286B。
标题:极地科学。
学分:3-0-3。
描述:该课程将讲解极地地区的海洋学和气象学。
开课时间:秋季和春季
先修课程:海洋学入门课程(SO271、SO287 或 SO221)或 EN286 四门课程中的任意一门。这是一门适用于普通科学、普通工程或海洋工程专业的数学及科学类别选修课,或者是海洋学专业的任意选修课。

4.5.5 实验室和设施

1) 亨德里克斯海洋实验室

美国海军学院的亨德里克斯海洋实验室于 1985 年 9 月开始运作,以查尔斯·亨德里克斯船长的名字命名。实验室的主要目标,是通过让学员亲身使用海洋气象设备,在塞文河上对学员开展教育。该实验室支持教学实验以及学员和教职员开展研究。亨德里克斯实验室还承担了切萨皮克湾观测和建模中心任务,并为学院其他系的学员和教职员工提供必备支持。

2) YP686 巡逻艇(YP 是巡逻训练艇的代号)

YP686 是海军学院内巡逻艇之一,专门装备了用于海洋研究的设施。该船载有 4 台海洋绞车,1 台液压 A 型架,3 个 J 型吊艇架,以及实验室空间和一套海洋与气象仪器。

3) CH088 地球物理流体动力学实验室

地球物理流体动力学实验室用于模拟地球物理大气和海洋现象,包括使用旋转水箱的行星波、射流和洋流。该实验室里用旋转的水箱模仿地球的自转,从而产生离心力。

4) CH221 环境数据实验室

环境数据实验室用于计算研究和学员研究。该实验室配备了 5 台高性能计算机,用于学员的研究和数据密集型课程工作。海军学院气象小组在这个实验室开会,为海军学院和安纳波利斯社区提供预报。

5) MI092 海岸海洋学实验室

海岸海洋学实验室为学员的设计研究和小型项目提供实验空间。

4.5.6 实习机会

海洋学系学员实习和内容如表 4.43 所列。

表4.43 海洋学系实习内容

实习名称	承办/地点	资格信息、特殊要求、备注
恶劣天气实地训练	随机选择	1/C 和 2/C 海洋学专业,但对所有已完成 SO286O 课程(龙卷风和严重风暴)的学员开放。申请人必须表现出卓越的能力和军事表现记录。
海上国际海洋研究所的海洋学研究	斯克里普斯海洋研究所,加州大学圣地亚哥分校,加利福尼亚州拉霍亚	1/C 和 2/C SOC、EOE 和 SPH 专业。必须已完成 SO251、SO264 课程或同等课程。有 MATLAB 和统计学经验优先。必须是与 SIO 项目导师相匹配的课程作业和技能
地理空间情报研究	美国国家地理空间情报局,弗吉尼亚州斯普林菲尔德或密苏里州圣路易斯	1/C 或 2/C,偏好海洋学专业和支持课程。对其他申请者,会综合考虑他们是否有足够的项目背景。了解 MATLAB、C++和/或 Python 编程优先,参加过描述性物理海洋学课程和地理课程优先。该课程涉密,需国家地理空间情报局支持
天气预报和数据分析	美国海军气象和海洋学司令部,斯坦尼斯,密苏里	1/C 和 2/C SOC 或 SOCH 专业。需要适当的学术背景和课程,以及良好的军事表现记录。仅限3区。选定的海军学院学员必须同时任职于海军气象和海洋学司令部
鹦鹉螺号与深海探索	海洋探索基金会,纳拉甘西特,罗得岛州或各种正在进行中的航程	1/C 或 2/C 海洋学或海洋工程专业。必须完成海洋学入门课程(SO251)。需要公开演讲技巧,基本导航能力和技能,以及在海军学院良好的军事记录。实习是在"鹦鹉螺"号船上开展的
应急管理和灾难规划	安纳波利斯市应急管理办公室,安纳波利斯,马里兰	在任何专业的 1/C 和 2/C,成功完成适当的课程作业,并且至少具有2.8分的平均分。偏好海洋学专业或具有应用气象学、应急管理、灾难准备的背景。必须具备 MATLAB、GIS 和/或类似分析软件的工作知识。实习期间居住在班克罗夫特礼堂,每天需要通过个人交通工具通勤
国际北极浮标计划(IABP)/NOAA 项目	西澳大学应用物理实验室	1/C 和 2/C 海洋学专业。对海洋工程专业和其他 STEM 专业的学员,会视具体情况进行考虑。必须具有2.7分或更高的平均分。有在北极野外或实验室研究方面经验优先

续表

实习名称	承办/地点	资格信息、特殊要求、备注
冻土物质通量现场研究	阿拉斯加大学费尔班克斯分校	1/C 和 2/C 海洋学专业,最低平均分 2.7 分或与该项目相关的课程。优先考虑具有北极领域或实验室研究经验的海军学院学员。在学年期间对极地科学领域的顶点项目或研究感兴趣的优先。申请人必须在海军学院的所有领域都有令人满意的表现
与北极领域意识中心合作研究	阿拉斯加大学,安克雷奇	1/C 和 2/C 海洋学专业,最低平均分 2.7 分和 SO251(物理海洋学入门)课程。优先考虑具有北极野外或实验室研究经验的海军学院学员。计划在极地科学领域进行学年顶点项目或研究的优先
沿海海洋学、海底测绘、地理信息系统、机器人和环境监测	特拉华大学机器人发现实验室,特拉华州刘易斯	1/C 和 2/CSOC/SOCH 专业优先。应具有沿海海洋学、机器人技术或沿海工程的背景。优先考虑具备以下经验者:基本的海洋学和气象过程,强大的基于计算机的编程技能和高级数学技能

1) 恶劣天气实地训练

美国海军学院海洋学系恶劣天气实地训练的任务是让学员预报、观测和核实强对流风暴。每年 5 月,学员和教员都会在中西部地区花几个星期的时间预测和追踪恶劣天气。

2) 安纳波利斯应急管理实习办公室

参加该实习的学员将能够:

(1) 开展有限范围的独立研究项目,以支持安纳波利斯市应急管理办公室。实际项目视具体情况决定,由于应急管理办公室的需求和应聘者的兴趣不断变化,可能要到实习开始时才能完全明确实习岗位。

(2) 接触与灾难规划、应对和管理相关的挑战。应急管理是一项协作和跨学科的工作,需要详细的规划,了解所有可能的威胁,以及在高压环境中进行批判性思考和有效行动的能力。在整个实习期间,学员将在与应急管理相关的会议和活动中协助应急管理办公室的官员。

(3) 该实习符合暑期学分要求,具体实习时间/日期是灵活的。每年只有一名实习生名额。

(4) 申请者的 GPA 不得低于 2.75 学分,并且没有公开的行为或荣誉指控在案。申请者必须具有令人满意的身体和军事表现。有使用 MatLab、GIS 或类似分析软件的工作知识/经验者优先。所有参与者必须是美国公民。在确定实习参与者之前,申请者可能会接受指导老师和安纳波利斯市应急管理办公室主管的面试。

此外,申请人必须已完成以下列出的一门或多门课程,期末课程分数为 B 或以上。

SO264:海洋和大气科学统计。

SO335:海洋和气象定量方法。

EN330:概率统计与海洋应用。

SA305:线性规划。

SA367:数学建模导论。

SP351:问题解决方法Ⅰ。

FE331:经济统计数据。

FE342:工程师经济方法。

FP320:高级政治学方法。

SY301:网络运营数据结构。

3) 海洋学夏季游轮项目

由专业发展系主办、海洋学系承办的海洋学夏季游轮项目是一个专业发展的机会,来自全学院的学员在参与海洋研究的同时,还可以练习航海和船只操纵。项目组将使用考察船 YP686 或其他小船来收集塞文河和切萨皮克湾的海洋数据。此外,还将在东海岸逗留三天,参观特拉华大学的实验室设施,停留在钦科蒂格湾野战站,在大西洋采集样本,探索钦科蒂格岛国家野生动物保护区/阿萨蒂格岛国家海滨,并参观国家宇航局在沃洛普斯岛的飞行设施。项目结束时,学员们向来自学院的教职员工以及受邀的嘉宾介绍他们的成果。

4.5.7 研究项目

顶点学员研究项目包括:塞文河中小船的声学检测、冬至时期切萨皮克湾水柱结构特征分析、确定塞文河上的潮汐排放、使用现成的气象数据估算湿球体温度、马里兰州塞文河下游的遗物牡蛎礁调查、塞文河和切萨皮克上游波的光谱表征。

研究课程包括以下几门课程。

1) SO475/6:海洋学和气象学读数

这是一门学员与教员一起参加的独立学习课程,为学员进行独立研究做准备。在该课程中,学员将与他们的导师会面,讨论与他们的研究项目相关的科学文献中的主题。他们还将撰写一份所审阅的科学文献的总结报告,这份报告将被整合到他们下个学期的最终研究项目报告中。

2) SO495/6:独立研究

该课程是在海洋学或气象学方面对学员选择的主题进行独立研究,最终以书面报告和口头报告的形式提交给指导教师。

3) SO505/6:荣誉独立研究

该课程是在海洋学或气象学方面对学员选择的主题进行独立研究,最终以书面报告和口头报告的形式提交给指导教师。

4.6 物理学系

4.6.1 物理学系概述

物理系由12名军事教员和26名文职教员组成,致力于培养近100名物理系专业学员和1100名以物理为核心课程的学员。物理系有四个方向,允许学员选择天体物理和应用物理专业。所有方向都鼓励学员通过课程发展他们的批判性思维以及自主选择研究项目。

4.6.2 物理学系课程

1) 课程:SP212

标题:普通物理Ⅱ

学分:3-2-4

描述:SP211的延续。

开课时间:秋季/春季

先修课程:物理Ⅰ(SP211或SP221)或系主任许可

2) 课程:SP221

标题:物理力学Ⅰ

学分:3-2-4

描述:物理专业经典力学的第一门课程。学习适用于粒子和粒子系统的牛顿定律,学习能量和动量方法,学习阻尼和驱动谐波运动,重力和轨道运动。

开课时间:秋季

先修课程:化学Ⅱ(SC112或SC151),同时需要SM221或系主任的批准

3) 课程:SP222

标题:电与磁Ⅰ

学分：3-2-4

描述：物理专业的第一门电学和磁学课程，重点是场和电位的概念。该课程以麦克斯韦方程组的公式化作为结束。

开课时间：春季

先修课程：SP221 或 SP211

4）课程：SP226

标题：热、声、光

学分：3-2-4

描述：物理专业的第一门关于热力学，声学和光学基本概念的课程。主题包括热机、冰箱、宇宙学、多普勒效应、节拍、冲击波、流体、透镜、望远镜、偏振、干涉和衍射。

开课时间：春季

先修课程：SP211 或 SP221

5）课程：SP301

标题：现代物理学

学分：3-0-3

描述：相对论和量子力学的介绍。主题包括相对论力学、黑体辐射、波粒二象性、玻尔理论、量子现象、核衰变和核反应。

开课时间：秋季

先修课程：SP212 或 SP226

6）课程：SP310

标题：天文学

学分：3-0-3

描述：天文学作为物理科学的基础知识，学员将学习通过恒星、银河系及银河外天文学、宇宙学，从太阳系测量宇宙。

开课时间：秋季/春季

先修课程：SP211 和 SP212 或 SP221，SP222 和 SP226 或天体物理学方向主管批准

7）课程：SP324

标题：应用量子力学

学分：3-2-4

描述：量子力学在物理系统中的应用。涵盖的主题包括量子统计学、多电子原子、分子、固体的性质、超导性、核模型和反应以及基本粒子。

开课时间：春季

先修课程:SP351,同时需要 SP352

8) 课程:SP327

标题:20 世纪物理学

学分:3-0-3

内容:研究 20 世纪物理学的发展,特别关注相对论、量子理论和原子物理学。

开课时间:秋季

先修课程:SP222 和 SP226;或 ENR 专业和 SP212;或系主任许可

9) 课程:SP333

标题:物理力学Ⅱ

学分:4-0-4

描述:物理专业物理力学中级课程。研究牛顿力学、哈密顿力学和拉格朗日力学,特别强调中心力问题和非惯性参考系。

开课时间:秋季

先修课程:(SP221 或 SP211)和 SM212

10) 课程:SP342

标题:电与磁Ⅱ

学分:4-0-4

描述:物理专业电磁理论中级课程。运用矢量分析符号阐释麦克斯韦方程组,并将其应用于各种情况。

开课时间:春季

先修课程:SP351

11) 课程:SP350

标题:赛车运动物理学

学分:3-0-3

描述:赛车运动物理学是一门选修课,面向所有专业。学员将把普通物理和微积分应用于赛车运动的技术方面,重点是影响性能的参数。学员将学习真实的道路路线数据,并将其与轮胎和悬架建模的结果进行比较,探索高性能驾驶的物理学原理。每周有一天专门用于给学员就感兴趣的主题进行演讲。该课程将以小组项目和演示作为结束。

开课时间:秋季/春季

先修课程:SP211

12) 课程:SP351

标题:问题解决方法Ⅰ

学分:3-0-3

描述:物理问题解决方法Ⅰ是一门物理数学技术课程,特别强调中级力学的应用。该课程包括对坐标系的详细研究,应用积分、微分方程和傅里叶级数,线性代数,向量空间介绍,向量微积分,以及从几何学、变化微积分和物理学特殊应用中选择的其他主题。

开课时间:秋季

先修课程:SM212,同时需要 SP212 或 SP222

13)课程:SP352

标题:问题解决方法Ⅱ

学分:3-0-3

描述:物理问题解决方法Ⅱ是一门普通物理学数学技术课程,特别强调电磁学和量子力学的应用。该课程包括向量微积分的应用、线性向量空间的进一步应用、边界值问题、量子力学技术,以及从入门数值方法、统计学基础和物理学特殊应用中选择的其他主题。

开课时间:春季

先修课程:SP351

14)课程:SP411

标题:水声学与声呐

学分:3-0-3

描述:该课程是对声音在海洋环境中传播的基础研究,因为它与声呐的设计和操作有关。主题包括波力学、检测理论、傅里叶分析、光线追踪、波导和散射。

开课时间:秋季/春季

先修课程:SP212 或 SP226

15)课程:SP425

标题:高级量子理论

学分:3-2-4

描述:描述量子系统的先进技术。涵盖的主题包括量子力学形式、求解薛定谔方程、微扰理论、实氢原子和角动量代数。

开课时间:秋季

先修课程:SP324 和 SP352

16)课程:SP434

标题:核物理

学分:3-2-4

描述:研究原子核的基本静态和动态特性,以及粒子和辐射与物质的相互作用,强调实验技术。在适当的情况下,研究对现象的量子力学解释。

开课时间:春季

先修课程:SP324

17) 课程:SP436

标题:声学

学分:3-2-4

描述:现代声学入门。主题包括振动与振型,耦合振荡器,离散傅里叶变换,辐射、传输和检测声波,电声学,心理声学,建筑声学,音乐声学和声呐。

开课时间:秋季

先修课程:(SP212 或 SP226)和 SM212

18) 课程:SP438

标题:光学

学分:3-2-4

描述:现代光学简介。主题包括偏振、干涉、相干、衍射、傅里叶变换、全息、固体光学和基础激光物理学。

开课时间:秋季

先修课程:SP342

19) 课程:SP442

标题:固体物理

学分:3-2-4

内容简介:凝聚态物理原理介绍,主题包括晶体和非结晶、能带理论、半导体、磁性和超导性。

开课时间:春季

先修课程:SP324 或系主任许可

20) 课程:SP444

标题:热物理学

学分:3-0-3

描述:介绍从量子力学和统计学定律推导出的物质和辐射的热性质等主题。

开课时间:春季

先修课程:SP324

21) 课程:SP445

标题:天体物理学Ⅰ

学分:3-0-3

描述:研究恒星和星系等天文物体的物理学。

开课时间:秋季

先修课程:SM212 和(SP301 或 SP324)和(SP310 或天体物理学方向主管的批准)

22) 课程:SP446

标题:天体物理学Ⅱ

学分:3-0-3

描述:该课程是SP445(天体物理学Ⅰ)的延续。它是为表现最佳的天体物理学方向学员设计的。学员探索目前对星系外天体物理学和宇宙学的理解,特别是研究各种银河系类型的结构和动力学,宇宙的大尺度结构,以及宇宙本身的起源和命运。

开课时间:春季

先修课程:SP445

23) 课程:SP447

标题:观测天体物理学

学分:3-2-4

描述:该实验课程为学员提供现代天体物理观测、数据分析和解释技术的实践经验。学员将使用双筒望远镜、光学和射电望远镜等仪器,以及从人眼到最先进的电荷耦合设备和无线电接收器等探测器进行观测。通过现代分析方法对这些数据以及可用的观测数据进行简化,特别强调图像处理,提高学员对宇宙的基本认知。

开课时间:秋季

先修课程:SP310

24) 课程:SP503

标题:荣誉物理研究Ⅰ

学分:0-6-3

描述:该课程允许学员开展物理研究项目。学员通过咨询物理系教师来选择主题。需要向部门研究委员会提出正式提案,并向该部门进行最后的口头报告,由顾问以外的物理系教师评估书面最终论文,以及在全院范围的研究日进行汇报展示。

开课时间:秋季

先修课程:系主任的批准

25) 课程:SP504

标题:荣誉物理研究Ⅱ

学分:0-6-3

描述:该课程允许学员进行物理研究。学员通过咨询物理系教师来选择主题,需要向部门研究委员会提出正式提案,并向该部门进行最后的口头报告,由顾问以外的物理系教师评估最终的书面论文,以及在全院范围的研究日进行汇报展示。

开课时间:春季

先修课程:系主任许可

26)课程:SP520

标题:荣誉物理研讨会Ⅰ

学分:1-0-1

描述:学员将研究物理学的最新主题,听取海军学院教师和访问学者的讲座,并在科学环境中与技术熟练的观众一起练习阅读,理解和展示现代物理学出版物。整个学期都需要口头进度报告。

开课时间:秋季

先修课程:系主任许可

27)课程:SP521

标题:荣誉物理研讨会Ⅱ

学分:1-0-1

描述:学员将研究物理学的最新主题,听取海军学院教师和访问学者的讲座,并在科学环境中与技术熟练的观众一起练习阅读,理解和展示现代物理学出版物。整个学期都需要口头进度报告。

开课时间:春季

先修课程:系主任许可

4.6.3 研究设施

海军学院物理设施如下。

(1)核磁共振实验室,核磁共振,电子顺磁共振。

(2)材料的介电性能实验室。

(3)微波暗室。

(4)激光与非线性光学实验室。

(5)水下与非线性声学实验室。

(6)2兆伏串联式珠链静电加速器。

(7)20英寸反射镜和12英寸折射望远镜观测台。

(8)X射线衍射仪。

4.6.4 物理学专业

物理学专业有四个方向。

(1) 物理学(SPH):基础物理专业,允许学员探索物理学的基础知识。

(2) 天体物理(SPAA):专注于天文学的专业,允许学员探索与物理世界有关的专业知识。

(3) 应用物理(SPA):允许学员在学习基础物理课程的同时,获得相关研究领域的专业知识。

(4) 荣誉物理(SPHH):包括SPH的基础课程,但学员只能在2/C学年结束时参与此方向。该方向要求学员参加由一名教员指导的正式研究项目和一次物理研讨会(表4.44)。

表4.44 物理学专业课程表

开课时间	物理	天体物理学	应用物理	荣誉物理
秋季3/C	SP221:物理力学Ⅰ	SP221:物理力学Ⅰ	SP221:物理力学Ⅰ	SP21:物理力学Ⅰ
春季3/C	SP222:电与磁Ⅰ SP226:热、声和光	SP222:电与磁Ⅰ SP226:热、声和光	SP222:电与磁Ⅰ SP226:热、声和光	SP222:电与磁Ⅰ SP226:热、声和光
秋季2/C	SP327:20世纪物理学 SP333:物理力学Ⅱ SP351:问题解决方法Ⅰ	SP327:20世纪物理学 SP333:物理力学Ⅱ SP351:问题解决方法Ⅰ SP310:天文学	SP327:20世纪物理学 SP333:物理力学Ⅱ SP351:问题解决方法Ⅰ	SP327:20世纪物理学 SP333:物理力学Ⅱ SP351:问题解决方法Ⅰ
春季2/C	SP324:原子物理学Ⅰ SP342:电与磁Ⅱ SP352:问题解决方法Ⅱ	SP324:原子物理学Ⅰ SP342:电与磁Ⅱ SP352:问题解决方法Ⅱ	SP324:原子物理学Ⅰ SP342:电与磁Ⅱ SP352:问题解决方法Ⅱ	SP324:原子物理学Ⅰ SP342:电与磁Ⅱ SP352:问题解决方法Ⅱ
秋季1/C	SP425:原子物理学Ⅱ(4学分) SP4xx:物理选修课Ⅰ(光学,声学)	SP445:天体物理学Ⅰ SP447:观测天体物理学	物理选修课(或批准的课程)	SP425:原子物理学Ⅱ(4学分) SP4xx:物理选修课1(光学,声学) SP520:荣誉研讨会Ⅰ SP503/504:研究课程
春季1/C	SP444:热物理(3学分) SP4xx:物理选修课2(核,固态,声学)	SP446:天体物理学Ⅱ	数学、科学或工程选修课	SP444:热物理(3学分) SP4xx:物理选修课2(核,固态,声学) SP521:荣誉研讨会Ⅱ

物理专业课程的基础是围绕以下五个主要学习成果设计的。这些成果概括了对毕业生的培养目标,他们是在技术上有能力应用物理原理,来应对舰队和海军陆战队在所有操作条件下遇到的问题,成为在和平时期和战争中应对挑战的领导者。

(1) 对入门和中级经典物理原理有详细的了解和理解。

(2) 能够运用入门和中级经典物理原理,解决高阶问题和进行实验分析。

(3) 展示对量子、相对论和统计物理原理以及相关数学方法的知识和理解。

(4) 设计并开展实验,以评估经典和现代物理学中的已知原理。

(5) 将古典或现代物理学的原理应用到项目或课程的顶点研究中。

4.6.5 研究项目

1. 天体物理学

0.5 米望远镜可以满足对天体物理对象大量基于时间的监测,包括对小行星/彗星轨道、自转、掩星、系外行星凌日和恒星稳定性的观测。学员们有机会与研究人员在尖端天体物理研究项目上进行合作,包括类星体、大质量恒星、小行星和彗星。主要设施包括20英寸反射镜和12英寸折射望远镜观测台。

2. 声学和流体

主要研究声波如何传播,以及机载和水载声波。通过教员主导的项目,学员们有机会使用分析、计算和实验技术来探索声音的产生、接收和改变。声学测试设施是两个步入式消声室,其中的墙壁和天花板几乎完全吸收入射声波。学员们将被邀请参与感兴趣的研究课题,并与教员联系,参与到现有的最新研究项目中。其他设备还包括扬声器、水听器、超声波换能器、振动器、加速计、便携式激光多普勒测振仪。

4.6.6 本科阶段研究

1. 独立研究的课程选择

(1) SP481C/SP482C 物理研究准备:在秋季(481C)和春季(482C)学期提供。有1个课程学分(通常为每周两个实验或研究小时)。专为 3/C 或感兴趣的学员设计,以便为后续研究项目奠定基础。修此课程后不能获得数学和科学选修课、任选课或物理顶点研究的学分,仅计入最低学分。

(2) SP483C/SP484C 物理研究简介:分秋季(483C)和春季(484C)学期。有2个课程学分(通常为每周四个实验或研究时间)。专为所有班级进行更详细的测量或计算以支持研究项目而设计。修此课程后不能获得数学和科学选修课、任选课或物理顶点研究的学分,仅计入最低学分。

(3) SP485C/SP486C 物理进修:在秋季(485C)和春季(486C)学期提供。有 3 个课程学分(通常为每周两个复习课时和两个实验时间)。课程是对某一专题或特殊仪器设计方面的高级指导。修此课程后可视作数学和科学选修课和任选课以及物理顶点研究的学分。

(4) SP495/SP496 物理研究项目:在秋季(495)和春季(496)学期提供。有 3 个课程学分(通常为每周 6 小时的实验或研究时间)。是一门完整的研究课程,最终以书面报告和汇报演示为主。需要一份正式的研究计划,供系研究委员会审查。修此课程后可计入物理顶点研究项目和鲍曼研究项目,以及数学和科学选修课和任选课的学分。

(5) SP503/SP504 荣誉物理研究:在秋季(503)和春季(504)学期提供。有 3 个课程学分(通常为每周 6 小时的实验或研究时间)。申请物理荣誉证书的学员必须选择该课程。这是一门完整的研究课程,最终以书面报告和汇报演示为主。需要一份正式的研究计划,供系研究委员会审查。修此课程后可计入物理顶点研究项目和鲍曼研究项目。

2. 学员研究项目

1) 项目名称:利用圆形合成孔径声呐对目标进行声成像

描述:对于声学中的水下声或空中声作战,由于战术威胁,对敌方目标(海底水雷或路边地面目标)的成像一直是一个挑战。在医学声学中,成像需要声波到达组织,这些组织可能会因肿瘤或癌症生长而构成威胁,也可能没有威胁。利用圆形合成孔径声呐(C-SAS)在圆形路径上的位置点产生脉冲,而共址接收系统收集来自二维或三维区域的目标的回波。接下来,发射机在路径上的邻点处产生另一个相同的脉冲,并收集回波。利用反投影算法,沿圆路径的所有回波集合被用来在二维或三维空间中构建目标的图像,来自背景杂波的回波产生了叠加在对应于真实目标的实际图像上的背景图像噪声。学员将建立一个实验性的 C-SAS 系统,研究在无杂波、轻杂波或中等杂波存在的情况下所谓的点目标的散射,并执行 C-SAS 成像所需的步骤。

2) 项目名称:2D 材料在液晶器件中的应用

描述:液晶(LC)因其在光学显示器(称为液晶显示器)中的广泛应用而具有重要的技术价值。在传统的 LCD 中,LC 材料包含在传统的 LC 单元中,其中使用聚酰亚胺层在单元中均匀地对准 LC,并使用透射性的氧化铟锡(ITO)电极来施加电场以沿场重新定向 LC。二维材料,有时被称为单层材料,是由单层原子组成的晶体材料,在软物质和纳米材料实验室,开发了电光 LC 器件,其中使用了各种二维材料,如石墨烯、氮化硼和二硒化钨,作为准直剂和透明电极。实验室对基于二维材料的新型透射型 LC 器件进行了系统的研究,提高了器件的效率、可调性和可靠性。

3) 项目名称:中子散射截面。

描述:许多技术领域都需要核数据,即中子散射和衰减截面以及 γ 射线产生率,这些领域包括基础核科学、实验设计和分析、医疗和剂量学、裂变和聚变电力工业、国土安全和防扩散。工作范围包括测量锂、碳 12、氟、钠、铁的中子散射截面和 γ 射线产生截面,以及铟、镉同位素的中子俘获截面和强度函数信息。团队每年将在肯塔基大学加速器实验室实现约 50 天的中子捕获,从而产生 5~10 个 (n,n') 和 $(n,n'\gamma)$ 角分布和激发函数。该团队还将在洛斯阿拉莫斯国家实验室进行 (n,γ) 测量。

4) 项目名称:了解 Heusler 合金中的反铁磁耦合机制。

描述:Heusler 合金因其杂化电子轨道而产生的独特磁性而闻名。该项目将探索各种反铁磁性 Heusler 晶格中的耦合机制,希望将这些材料应用于需要超快工艺(太赫兹量级)和低功率的器件。这些材料将使海军目前可用的设备发生革命性变化,并改善未来的高频应用。

5) 项目名称:自旋量子磁学。

描述:宽能带半导体中的自旋为皮特斯拉磁学提供了一条纳米级的途径。该项目将探索利用碳化硅中的硅空位作为量子尺度磁强计。该项目研究成果将用于未来的海军场景,如量子重力测量和潜艇导航。该项目与海军学院量子光子学实验室共同开展实验,可能使用串联式直线加速器来创建样品。

6) 项目名称:纳米钻石在液晶中的旋转。

描述:半导体中的单自旋为量子信息和传感系统提供了一条途径。该项目由海军研究办公室赞助,并与密歇根大学物理与计算机科学系合作,旨在设计一种新型装置,将纳米金刚石颗粒中的单自旋耦合到锥形光纤的液晶盒中。参与该项目学员需为 3/C、2/C 或 1/C 年级,有机会在国际会议上发表演讲,并在量子物理的前沿领域工作。

7) 项目名称:破解光子学实验室——使用 Arduino 认识研究级光谱学。

描述:由于其使用的计算机接口相对容易过时,高端科学设备经常在使用寿命前很久就被丢弃。无人机爱好者和制造商使用的低成本微控制器为重振这些高端科学设备提供了一条途径。海军研究实验室提供了一台高端双光谱仪,但其控制电子设备较为陈旧。该项目目标就是让这些设备再次焕发光彩,通过使用 Arduino 微控制器,编写 Matlab 控制脚本,并测试和校准设备。

8) 项目名称:自旋 1 型受阻晶格中的量子磁性。

描述:几何上受阻的晶格显示磁矩的排列方式,使得任何共线磁性结构都不能同时满足所有最近邻交换作用。由此产生的经典最低能态可以被量子涨落破坏,从而产生独特的量子基态,如自旋液体、自旋冰或价键固体。该项目旨在使用自旋 1 型来为几何上受阻的晶格新材料赋能,比如焦绿石或 Kagome 晶格。参与该项目学员需为 3/C、2/C 或 1/C 年级,有志于合成新的粉末样品,用 X 射线衍射仪进行结构表征,并进行磁化率表征。

9) 项目名称:基于物理建模的深度学习(机器学习、神经网络)。

描述:机器学习涉及使用神经网络从各种来源获得的数据集中提取物理模型参数。对于极其复杂的系统,想掌握其精确的物理模型可能是很难做到的,然而,提取同一系统的模型参数是有可能的。该项目是数学密集型的,将跨越几个学期,可能会有鲍曼和/或三叉戟水准的应用。该项目中,将使用 MatLab 或 TensorFlow(基于 Python)。仅提供给物理专业或其他技术学科背景学员。

10) 项目名称:地球海洋的流动特征。

描述:了解流体力学和应用数学技术,才能够准确地描述海洋是如何流动的。作为入门材料,学员可以观看美国宇航局 YouTube 视频《永恒的海洋》。来自卫星图像的视频数据,可以构建海洋表面的速度矢量场。从这些模拟的速度场、流体包,就可以"看到"海洋流动。观察到的情况能从数量上做出哪些阐释?这些是该项目试图回答的问题。这些问题与海军有着巨大的相关性,因为海军的主要工作就是通过海洋的流动,将物体从 A 点移动到 B 点。仅提供给物理专业或其他技术学科背景学员。

11) 项目名称:信号源分离。

描述:假设在一个晚宴上,你的几个好朋友都在那里,房间里很吵很吵,但你仍然可以"辨别"出你很熟悉的人的声音,即使信号被淹没在噪声中。这怎么可能做到?从音乐的角度来看,当管弦乐队演奏时,音乐可以非常复杂,但你仍然可以分离出单独的乐器。该项目解决了这个概念背后的数学和物理问题,称为"信号源分离"。该项目中,学员将全面接触到傅里叶变换(FFT)、音乐理论、声音合成和矩阵数学的应用。先修课程:所有物理和其他技术专业背景。

12) 项目名称:小行星。

描述:帮助制作一个行星的近似值。了解地球物理学和计算机建模。该项目中,学员将接触到 MatLab,如果已有相关经验将有助于更快上手。该项目最终结果,将是开发一个既可以用于 iPhone 也可用于安卓系统的应用,展示一个具有天气、火山、海洋、草生长等功能的小星球。仅提供给物理专业或其他技术学科背景学员。

4.7 网络科学系

4.7.1 网络运营专业

网络运营是一个跨学科专业,涵盖网络空间的整个范围和相关操作,包括技术和非技术类。因此,网络运营专业提供了计算机体系结构、编程、数据结构、网络、互联网、数据库系统、信息保证、密码学和取证方面的基本基础。该专业的技术方面与其他课程和选修课相平衡,强调在政策、法律、伦理和社会工程等领域的应用。在海军学院完成网络运营专业后,未来的军官可以继续深造,或者可能在各种与网络有关的军事网络部队中承担任务,以支持国家安全。

学员将从第三年级开始参加实际操作的网络课程。在第一年级,学员将全身心参与网络操作研究和模拟。网络运营专业的高年级学员可以独立学习,也可以参加国家安全局、国防信息系统局、国防情报局或海军研究实验室的暑期实习。每年,学院都将遴选一批网络运营专业学员,与计算机科学与信息技术专业的学员一起参加军校网络防御演习。同时,还有可能开展旨在扩大对国际网络行动和网络安全认识的境外实习。

根据任务安排和个人能力,网络运营专业的毕业生可能有机会入选成为信息专业官和密码作战官。信息专业官利用技术、信息和知识来确保战场优势,而密码作战官则进行广泛的网络战行动。网络安全和网络运营是美国增长最快的行业和领域之一,拥有网络运营学位可以在海军和海军陆战队,或在政府和私营部门开始自己的职业生涯。

对网络运营专业感兴趣的学员应该对计算机和信息技术有浓厚的兴趣,因为它适用于网络空间、网络和互联网的使用;在数学、科学和网络安全Ⅰ(SY110)方面的表现和天赋,是在该专业取得成功的关键之一。学员将获得使用计算机、服务器、路由器和其他计算机设备的坚实基础,同时也将了解网络操作的政治、伦理、法律以及推动网络操作的社会因素。此外,想要就读该专业的学员,不需要以前具备计算机编程经验。

4.7.2 网络科学系课程

1. 网络运营专业课程表(表4.45)
2. 网络科学核心课程
1)课程:
标题:SY110 网络安全Ⅰ

表 4.45 网络运营专业课程表

等级	初级		中级		高级	
核心课程	NE203 伦理与道德理性 3-0-3	NN210 初级导航 1-2-2	NN310 高级导航 1-2-2	NL310 领导力 II 3-0-3	NL400 初级军官法律 2-0-2	NS43x 初级军官实习 1-2-2
SP211 普通物理 I 3-2-4	SP212 普通物理 II 3-2-4	EE301 电气基础与应用 3-2-4		EW300 海军武器系统 3-0-3		
SM223 微积分 III 优化 4-0-4	HH216 现代西方世界 3-0-3	HUM/SS 选修课 3-0-3	HUM/SS 选修课 3-0-3	EW360 控制系统实验室 0-2-1		
领域课程	HH215 全球背景下的西方 3-0-3	SM242 离散数学与概率 4-0-4			EM300 推进原理 3-2-4	EA/N4XY 船舶性能原理 3-2-4
专业课程	SY202 网络系统工程 2-2-3	SY301 网络运营数据结构 3-2-4	SY306 网络与数据安全操作 2-2-3	SY304 网络行动中的人为因素 3-0-3	SY403 网络规划与政策 3-0-3	SY406 网络法律与道德 3-0-3
	SY204 编程和操作系统基础 3-2-4	SY303 应用网络系统架构 2-3-4	SY308 安全基本原则 2-2-3	SY4XX 选修课 3-0-3	SY4XX 选修课 3-0-3	
SY201 网络基础 I 2-3-4			SY310 网络和无线通信介绍 2-3-4	SY401 网络运营 I 2-2-3	SY402 网络运营 II 2-2-3	
学分	18	20	17	19	19	15

174

描述:该课程是一门基于实验室的实践课程,主要介绍计算机、网络和应用程序的使用、功能和操作背后的原理,重点是网络安全。

学分:2-2-3

开课时间:秋季/春季

先修课程:无

2) 课程:SY201

标题:网络基础知识 I

描述:该课程将教授学员在 Linux 平台上使用 Python 编程语言解决网络操作领域问题的技能。学员将分析当前的网络战威胁和问题,并编写 Python 程序来解决其中的相关问题。

学分:2-3-4

开课时间:秋季

先修课程:无

3) 课程:SY202

标题:网络系统工程

描述:介绍性实践,强调互连的网络物理系统、这些系统之间的通信、控制和存在这些关系的相关空间。学员将验证网络空间是在信息和电磁环境中的一个领域,由相互依赖的信息技术基础设施网络组成,包括互联网、电信网络、计算机系统以及嵌入式处理器和控制系统。该课程的主题是,让学员了解与网络物理和通信控制系统相关的整个通信周期。

学分:2-2-3

开课时间:春季

先修课程:SY201、SM223、SP211

4) 课程:SY204

标题:系统编程和操作系统基础

描述:学员将通过探索使用 C 语言系统级编程来扩展他们的编程专业知识。此外,学员将学习操作系统的基本功能和设计。该课程将侧重于从网络运营的角度进行知识讲解。

学分:3-2-4

开课时间:春季

先修课程:IC210/SI204/SY201

5) 课程:SY205 网络运营与分析

学分:3-2-4

开课时间:春季

先修课程：IC210/SI204/SY201

6）课程：SY301

标题：网络运营数据结构

描述：该课程将涵盖常见的数据结构主题，重点是网络操作。学员将了解计算机程序中如何表示复杂数据，以及实现接口，如何帮助实现复杂数据表示。学员将学习最常见的抽象数据类型及其标准实现。同时，学员也将认识到，当使用更为复杂的软件表示数据时，也会产生复杂的漏洞。在课程中还将引入部分网络与数据库课程的实例供研究。

学分：3-2-4

开课时间：秋季

先修课程：SY204

7）课程：SY303

标题：应用网络系统架构

描述：将使用"与非门"和"D 触发器"，设计和实现一个简单但功能强大的计算机。在这个面向项目课程中，小组将在整个模块化系统设计的每个组件上进行协作。学员将使用硬件描述语言，描述实现每个模块所需的顺序和组合逻辑。然后，通过汇编器、虚拟机和编译器的设计，使计算机可以执行高级面向对象程序。最后，学员还将设计一个基本的操作系统，以便与底层硬件轻松连接。如果时间允许，最终项目将解决整个系统中的安全问题或利用该系统来实现现有的安全算法。

学分：2-3-4

开课时间：秋季

先修课程：SY204

8）课程：SY304

标题：网络运营中的人为因素

描述：该课程将研究网络作战的"人为因素"，即个人和团体在网络作战中的作用，重点是使用社会工程技术和非标准方法来获得网络领域优势。社会工程是利用人类心理来获取建筑物、系统或数据的艺术，并且正在不断发展，以至于仅靠技术解决方案、安全策略和操作程序无法保护资源。在许多情况下，"个人"被证明是网络中最大的漏洞，网络从业者需要了解如何有效地防御或利用这些漏洞。

学分：3-0-3

开课时间：春季

先修课程：无

9) 课程:SY306

标题:网络和数据库网络运营

描述:该课程涵盖了基本的基于网络的应用程序开发以及数据库后端,重点是安全性。主题包括客户端和服务器端网络应用程序开发、关系数据库的SQL语言、网络身份验证、安全网络协议、基于网络且具有数据库后端的应用程序攻防。

学分:2-2-3

开课时间:春季

先修课程:SY301

10) 课程:SY308

标题:安全基本原则

描述:该课程介绍计算机、网络和信息安全。学员将要学习安全的基本原理,包括基本密码学、缓冲区溢出攻击、各种协议和防火墙。SY308是网络运营专业学员的必修课。

学分:2-2-3

开课时间:春季

先修课程:SY301

11) 课程:SY310

标题:网络和无线通信介绍

描述:介绍TCP/IP模型的物理层、数据链路层和网络层的有线和无线通信以及相关漏洞。该课程的主题是,让学员了解与有线和无线计算机网络与通信系统有关的整个通信周期。从电磁频谱及其使用的基本原理开始,每个学员都将了解在无线环境中运行的独特含义。学员将展示相互依存网络的应用,包括网络空间域内的互联网和电信网络。此外,学员将了解电子工程策略,以支持频谱优势并保持开放和封闭网络的战略优势。

学分:2-3-4

开课时间:春季

先修课程:SM224和SP212

12) 课程:SY401

标题:网络运营Ⅰ

描述:该课程的结构旨在让学员充分了解从端到端的网络空间作战,并挑战学员不断提升自我能力。完成该课程后,学员将了解成为网络运营专家所需的条件,了解端到端的进攻性网络运营,并获得实现预期效果所需的技能。

学分:2-2-3

开课时间:秋季

先修课程:SY304 和 SY308

13)课程:SY402

标题:网络运营Ⅱ

描述:课程分为四个领域:构建网络的基础;网络和主机入侵检测;数据;理解和管理风险。课程结束后,学员应能够了解布局大型网络的有效方法、保护数据的重要性,并了解网络数据带来的相关风险。

学分:2-2-3

开课时间:秋季

先修课程:SY401

14)课程

标题:SY403 网络规划与政策

描述:对军事和情报网络、国家基础设施网络的日益依赖,可能很快产生新的漏洞。该课程将制定分析网络权力的政治和经济框架。课程将涵盖影响网络事务的思想主体,并在各种决策环境中提供这些信息的综合。

学分:3-0-3

开课时间:秋季

先修课程:FP130

15)课程:SY406

标题:网络法律与道德

描述:该课程探讨网络运营专业人员在公共和私营部门面临的许多法律和道德挑战。首先深入审查美国宪法中塑造军事和文职政府机构网络行动的条款。然后,回顾赋予政府进行网络运营权力的法律和法规,及其施加的有关限制。该课程探讨公共部门和私营部门网络安全工作之间的相互作用,以及规范私营部门网络安全的州和联邦法律。

学分:3-0-3

开课时间:春季

先修课程:FY403

4.7.3 专业评估

网络运营理科学士学位课程由美国计算机科学与技术学院计算机认证委员会认可。

网络运营专业学员预期将具备以下能力:

(1)分析问题并识别和定义适合其解决方案的计算需求的能力。

(2) 设计、实施和评估基于计算机的解决方案以满足学科背景下的一组给定计算要求的能力。

(3) 就技术信息与一系列受众进行有效沟通的能力。

(4) 在计算实践中根据法律和道德原则做出知情判断的能力。

(5) 在团队中有效运作的能力,以确立目标、计划任务、在最后期限前完成任务、管理风险和产生可交付成果。

(6) 将安全原则和实践应用于系统的环境、硬件、软件和人员方面的能力。

(7) 分析和评估系统在存在风险和威胁情况下维持运营的能力。

人才培养目标:

(1) 运用技能和解决问题的能力,解决与网络作战相关的海军和海军陆战队问题。

(2) 以口头和书面形式有效地向技术和非技术受众传达有关网络运营的信息。

(3) 在符合海军和海军陆战队核心价值观的前提下,实践网络行动的伦理、法律和社会影响。

(4) 通过与军官和科学家相关的网络运营方面的继续教育和专业发展,拓宽职业生涯。

4.7.4 顶点研究项目

作为SY401/402课程的一部分,所有网络运营专业的学员都必须在第一年完成一个顶点研究项目。近几年的顶点研究项目主要包括:分析英特尔评估视频、实战对抗-海军学院CAC读卡器、网络空间里的绥靖、汽车指纹识别技术、用于区块链数据记录的分散式网络应用、电子投票、ADS-B开发、影响软件开发人员的因素、在TOR内故意指定可打印的网站、军人家庭对物联网风险的认知、在对网络钓鱼的恢复力中测量虚幻的优势偏差、移动式定向越野平台、海军垃圾如何变成敌人的宝藏、非致命性无人机对抗、ToR中的可插拔传输、实战对抗-TAK服务器、使用华为技术的安全风险、使用无人机系统扰乱活跃的射手、亚马逊Echo设备的无意录音和窃听漏洞及应用。

2021年顶点研究项目主要包括防止新冠肺炎感染您的企业安全、网络安全成熟度模型认证评估、数据泄密法、网络犯罪在国家危机中的影响、共生自主模式、洛克希德·马丁网络杀手链、公共教育系统中的宽带接入、面向网络安全的数据可视化、快速远程取消身份验证无人机、基于LBS的地理围栏、计算机视觉辅助的无人机单元级移动应用、将无人机应用到终极标签、用于操纵2020年选举的社交媒体技术分析、机器学习漏洞优先级排序、学员安全意识、新冠肺炎传播链追踪应用的漏洞、垃圾邮件扫描、面向客户的供应链分析、开发不受漏洞攻击的应用程序、基于逆向工程的固态硬盘固件分析、躲避面部识别、无人机消音器、无人机应用于有氧的电子竞技、通过蓝牙欺骗跟踪应用程序。

4.8 通用科学系

顾名思义,通用科学,不是一门单一的学科。相反,它借鉴了数学与科学学院各系提供的主题内容。该专业允许学员在数学和科学的物理应用领域学习广泛的课程。包括12门课程,其中9门是专业课,3门是选修课。必修课程包括普通海洋学、大气科学、现代物理学、基础编程、微分方程、海军战术数学、水声学和声呐、生物学和科学哲学等入门课程。选修课中的两门可以从数学、科学和工程的大量课程中选择,这两门课程中的一门必须是另一门主修课程的延续,第三门选修课任选。

从海军学院通用科学专业毕业的学员会拥有比较扎实的技术背景,这为他们在海军服役的任何方面做好了准备。有些人可能会进入更专业的研究生课程学习。

但是,很少有学员一开始就选择通用科学专业。更普遍的情况是,当他们发现其他技术专业中的一个比预期的要求更高或关注范围更窄时,他们就会转到这个专业。该专业旨在让这些学员在一个强大的理科项目中完成毕业要求。如上所述,该专业的结构比其他任何技术专业都要灵活。特别是,以前在另一个技术专业学习的课程可能会在满足通用科学专业的一些要求方面发挥作用。这不应被理解为,通用科学专业提供了一条通往毕业的捷径,事实并非如此。要想在通用科学专业取得成功,需要在数学和科学方面付出更多努力。

通用科学专业的毕业生预期将具备以下能力:

(1)用通俗易懂的英语进行清晰有效的沟通。

(2)识别和检索来自广泛的数学和科学学科的信息,包括物理、海洋学、生物学、计算机科学、数学和运筹学。

(3)解释并恰当地使用科学和数学思想,包括跨学科工作,使用跨学科的技能集。

(4)确定论点是否有效,结论是否合理。

4.9 研究生教育

美国海军学院为合格的学员提供了若干研究生教育机会。这些学员通常已经通过了足够的课程学习与考核,以便在他们的日程表中有足够的空间开始他们大四的研究生院学习。

1. 直升项目,在大四期间或在海军学院毕业和实习后立即开始研究生学习

1) 民间资助的奖学金项目

在美国和国外著名的地方大学攻读一到两年的硕士课程。奖学金可以从外部来源获得,如罗兹或马歇尔奖学金计划或内部来源。内部颁发的奖学金包括菲茨杰拉德奖学金、鲍诺尔奖学金、诺兰奖学金和特纳奖学金。

2) VGEP——志愿研究生教育计划

攻读地方大学为期一年的硕士课程,从高年级第二学期开始,一般在次年12月结束。过去的学员曾在约翰霍普金斯大学、乔治敦大学和马里兰大学攻读研究生学位。

3) 鲍曼奖学金计划

加州蒙特利海军研究生院为期一年的仅限STEM的硕士课程,这一机会只适用于核潜艇和舰艇军官。

2. 延迟项目,在舰队服役后开始研究生工作

1) 海军伯克奖学金项目

在第一次舰队执行任务后,在加利福尼亚州蒙特利的海军研究生院进行长达两年的STEM硕士课程。

2) 海军陆战队伯克奖学金计划

第一次舰队执行任务后,在海军研究生院或地方大学最多两年的硕士课程。

3. 外语研究生项目

在外国大学攻读两年的外语研究生课程。

注册研究生学习的学员必须攻读一个能够满足海军子专业规范的学位。子专业代码属于更广泛的类别,如国家安全研究、资源管理分析、应用学科、工程技术和运营。为了证明申请者的研究生课程将满足所需的子专业认可的要求,每个学员都必须准备一份教育计划,概述特定的预期课程,以满足获得子专业认可所需的教育技能要求。

第5章 人文社会科学学院

5.1 学院概况

人文社会科学学院旨在培养未来的美国海军军官,让他们能够清晰地交流并理解历史的背景和教训。教师向学员介绍政治、政府和经济在国家安全战略中的地位和影响,同时扩大他们对人类经验、外国文化和语言的理解。

5.2 经济学系

5.2.1 基本情况

经济学系通过培养能够批判性思考的学员来支持美国海军学院的使命任务,他们期望学员能够理解、解释和应用经济学的核心原则和定量方法,来解决资源分配问题、支持经济机构运作,以及为社会政策制定者和其他经济主体做出决策。

1. 主修经济学的益处

(1) 经济学教给学员最基本的道理,就是相对于潜在用途而言,资源是非常稀缺的,因此必须做出选择——这就是"经济思考"的含义。海军军官总会说:"……如果我有更多的人手、更大的舰队、更好的飞机、更快的补给、更长的时间,任务就好办了,"但显然军官不是生活在这样的世界里。军官要本能地从稀缺资源的替代使用角度思考——从经济角度思考,只有那样才能成为一名有效率的军官。

(2) 经济学让每位学员能够理解他承诺捍卫的经济机构和经济体系。

(3) 经济学让每位学员投身国际舞台。能够了解世界资源禀赋、产业模式、贸易流动,以及世界不同经济体系的性质和相互依存关系,这些经历对于将来他们不可避免地与其他国家公民和代表打交道是极为有用的。

(4) 经济学提供了一套很强的职业中期技能,它为学员做好了以下准备:①就读于海军战争学院等军校;②舰队、联合参谋部、联军参谋部入职分配;③管理、国家安全事务和情报方面的研究生培训;④获得未来管理和政治军事或战略规划方面的子专业代码。

2. 教职人员

美国海军学院经济学系目前由 12 名终身教授组成,其中包括 4 名正教授、4 名副教授和 4 名助理教授。

除了强大的研究议程外,教师们还受聘于联邦贸易委员会、兰德公司和美国农业部,举几个例子:罗瑟特和乌特戈夫教授被授予弥涅耳瓦奖金,英斯勒教授和麦克奎德教授被人文社会科学学院授予 2019~2021 年沃尔格诺学术奖金。

此外,作为协助的还有一群来自一线的军官,他们不仅是经济系内讲授课程的核心成员,而且增加了教师群体的多样性。他们作为美国海军和海军陆战队军官的经验,在加强对经济学专业学员指导中发挥了重要作用。

经济学不仅会为学员在海军或海军陆战队的职业生涯做好准备,而且还会为学员的军事生涯带来许多机会。经济学本科专业为学员在管理、商业、法律、金融和定量分析方面的职业生涯做好准备。此外,经济学专业的本科生通常还会获得工商管理硕士学位和法律学位。

3. 研讨会

近期研讨会主题有:时间序列计量经济学、应用微观经济学/公共经济学、经济学中的历史课题、微观经济学中的应用研究、消费经济学和市场营销学中的实证主题、经济理论的艺术、经济学的主要研究方法、数据可视化、宏观经济的量化分析、理解因果关系、理解资产价格和回报、实验经济学。

5.2.2 计量经济学专业

1. 目标

支持美国海军学院的使命任务,培养出能够批判性思考,能够理解、解释和应用经济学核心原理和量化方法来解决资源配置问题和帮助经济机构运作,并且能为社会中政策制定者和其他经济行为者做出决策的毕业生。

2. 教学目标与评估体系

目标 1:将微观经济学和宏观经济学的经济学推理应用到经济学的几个子领域问题。

解释经济推理的核心概念;解释基本的微观经济模型;解释基本的宏观经济模型;利用适当的模型分析子领域经济问题。

目标 2:使用适当的经验模型去检验经验性经济问题。

使用描述性统计;使用适当的统计模型来探索数据中的单变量、双变量和多变量关系;区分显著和不显著的统计关系;应用适合分析分类变量的统计方法,或使用适当定量技术,如校准或实验室实验,以研究实证经济问题。

目标 3:描述美国和国际重要经济机构职能,并将其纳入公共政策分析中。

描述美国主要宏观经济机构职能;描述主要机构在经济学分支领域的职能。

目标 4:展示终身学习技能,包括找到合适的参考材料、评估流行的经济评论和理解专业文献的能力。

展示使用图书馆资源和互联网资源查找资料的能力;区分专业素材和通俗素材;对于通俗的经济学评论文章,能够总结作者观点,使用经济推理对其进行评估,且能够点评评论员的专业知识;对于专业经济学文献中的论文,能够解释作者的核心论点和支持它的实证结果;知道如何定位和使用主数据源。

目标 5:就具体的经济问题,以书面、口头和图表形式进行有效沟通。

阐述一个研究问题;总结过去的研究成果;组织严密的书面论证,陈述有证据支持的推理和假设;口头提出经济论据。

目标 6:展示分析/批判性思维能力。

确定一个经济后果问题;确定并选择合适的理论、方法和/或相关信息/数据来分析经济问题;使用适当的工具和方法,组织和展示收集到的信息;应用相关信息和数据;使用理论或经验结果,得出合乎逻辑的结论;根据结果评估,提出合理的解决方案或政策选项。

总体而言,要实现以上 6 个目标,需要分别完成以下课程。

目标 1:SE201(微观经济学原理)和 SE202(宏观经济学原理)、核心理论序列——SE341 微观经济学和 SE312 宏观经济学,以及至少完成三门 400 级选修课。

目标 2:SE331 经济统计、SE445 计量经济学、SE475 研究研讨会,以及以实证为导向的选修课。

目标 3:SE202、SE312 和多门实践锻炼课程。

目标 4:SE475 并且能够访问专业文献,辅以其他核心理论和选修课的写作要求。

目标 5:SE475(顶点实践课程),辅以其他核心理论和选修课的写作要求。

目标 6:完成所有经济学课程。

3. 计量经济学荣誉项目

荣誉计划旨在为计量经济学专业的优秀学员提供与教师导师合作完成研究项目机会。

荣誉计划的目标,不是简单承认学员过去在经济学课程取得的成就或得到的高分,而是旨在通过独立研究和教师指导相结合的方式,挑战对经济学感兴趣且追求知识的能力。

过去的荣誉研究课题包括:撒哈拉以南非洲的经济增长、住房金融和抵押贷款违约模型、加油站市场价格竞争、学员职业生涯起步贷款,以及优步(UBER)对酒后驾车概率的影响。

通常,建议有兴趣参加荣誉计划的学员在他们的2/C学年正式参加该计划。根据系里的规定,进入计量经济学荣誉课程的学员必须满足平均分不低于3.0分、经济学课程平均分不低于3.4分、专业/技术课程平均分不低于2.7分的标准。

参加荣誉计划让学员有机会与教师导师一起研究他们选择的研究项目。这样,学员就能在传统课堂结构之外进行深入研究。项目结束时,学员向教员介绍他们的研究成果,这些经验对参与培训学员的学术和职业发展都非常有价值。对于成功完成荣誉计划的学员,在他们的毕业证书上也将体现这一成就。

5.2.3 数学经济学专业

数学经济学专业隶属于数学系,但由数学和经济学两个系的教师共同组成咨询委员会。该专业的最初发展,是因为教师们发现经济学变得越来越数学化,对数学的要求日趋提高,而该专业需要为学员提供一套广泛的数学概念和工具,以及坚实的经济理论背景。

经济学本质上是关于资源如何配置——如何从所有可用的东西中获得最大的利益。资源分配问题往往适合数学解决方案,专业经济学家和数学家也经常合作。国防机构的公共政策制定者,以及企业高管在决策时经常使用工作人员开发的量化模型,而将数学知识付诸应用也是许多海军军官工作的一部分。

数学经济学专业,专注于将数学和统计学具体应用于经济推理和经济问题,该专业由14门课程组成,它完全是跨学科的——所需课程一半在数学系;另一半在经济学系,管理权在数学系。

数学经济学专业学员将能够具有以下能力:

(1) 会说、读、写若干数学语言。

(2) 理解微观经济学和宏观经济理论基本观点,将其应用于经济问题、事务和政策。

(3) 使用适当的数学语言分析经济模型。
(4) 使用适当的数学语言解释经济模型。
(5) 使用适当的数学语言收集和分析数据,以解决实证经济问题。

5.3　英语系

英语专业包括阅读、理解和回顾古希腊、文艺复兴时期的英国、早期和现代美国以及非洲和其他英语国家地区的最重要文学作品。该专业的结构既是理论的,也是历史的,学习从入门到批判理论和研究的方法,再到更详细的文学时期考试,还包括一门关于莎士比亚的必修课。英语系研究文学问题、文学时期,关注不同作家、不同流派,最后还将举办顶点研讨会。

5.3.1　基本情况

英语专业课程提供了学习从古至今最重要和最有影响力的文明著作的机会,也提供了独立学习和创造性写作项目机会。毕业时授予文学学士学位。

英语系还提供荣誉学位计划供学员选择。参与这一计划的前提是,学员专业课程成绩出色,有志于深入研究文学时期的课程,并参以文学和美学为重点的研讨会,以及高级文学主题的研讨会。

除了荣誉计划,学员还可以参加三叉戟奖学金计划、出国留学以及诗歌和剧本创作比赛。

选择英语专业将为学员在美国海军或海军陆战队的职业生涯做好准备。一名高级军官的素质必须包括创造力、解释及沟通能力、独立思考能力和通过文学学习获得知识的能力,这些素质构成了所有英语课程的学习基础。

1. 多样性要求

英语系致力于为所有学员提供一个安全的、受尊重的学习环境。虽然兵役院校有特有的招生限制,如服兵役体能标准和成文法规制定的地域配额,可能会对英语系的生源造成一些限制,但教职员工一贯高度重视多样性,英语系教职员工相信,包容性的课程、多样化的教职员工队伍和学员群体,以及和谐包容的氛围,对于学术卓越和全面发展的教育至关重要。

关于教师队伍,由于学校由联邦政府管理,所以与合法工作身份有关的限制是适用的。除此之外,英语系认为教职员工应该是多元化的,将多样性定义为包括年龄、文化认同、语言背景、种族、性别、性别认同、信仰、神经构成(神经多样性)、地理背景、政治和意识形态观点、是否残疾、种族、性取向、社会和经济状况,以及是否退伍军人等方面的差异。

英语系的学员可以依靠英语系来维持一个创造性的成长空间,他们能够潜心于修辞和公民思考、学术探究,以及接受新思想。英语系反对任何形式的骚扰或欺凌,特别是基于种族、性别、宗教、国籍、移民身份、年龄或残疾的骚扰和欺凌。

2. 关于英语专业

谢尔曼·亚历克西在2015年布雷迪系列,即诺亚·彗星摄影的学员演讲中表示,通过选择课程和独立学习的机会,英语专业的学员可以在完成专业基本要求的基础上定制他们的课程,以更加深入研究体裁、文学阶段或创造性和专业性写作。

在该专业表现优异的学员可以攻读荣誉学位,需要以选修两门专注于高级主题的研讨会来取代顶点研讨会:一门是涉及文学和艺术主题的跨学科课程(如第一次世界大战在英国艺术和小说中的展现);另一门专注于对特定文学人物、时期或问题的研究(如马克·吐温时代)。英语专业的课程主要以定向讨论方式开展,主要通过在作者的生活和文化与学员个人经历之间建立联系。

英语课程的学习成果包括:确保学员具备以专业交流为目标的阅读和写作能力;确保学员具备分析和解释各种体裁文本的能力(阅读能力);确保学员理解文化、文学和自我之间的相互关系(文化素养)。

3. 学习内容

英语专业课程提供了学习从古至今最重要和最有影响力的文学著作的机会,也提供了参与独立学习和创造性写作项目标机会。

英语专业的核心课程非常严格,所以选择哪一个专业非常有意义,因为这个专业要能允许学员追求自己的兴趣和才华。所以,选择想读的书,选择希望与之合作的教授,以及选择想深入研究的课程。换句话说,选择专业是一种学术自由,一种自我决定。

作为一名英语专业的学员,学员将成为最广泛意义上的交际专家。他们将学会以不同的风格和形式分析文学作品;批判性地思考观点、论点和人物;准确而清晰地写出复杂的观点。更重要的是,作为英语专业的学员,他们将了解人类的经历和行为:野心、欲望、悲伤和胜利,所有的恶习和所有的美德,它们都在文学作品中充分体现,任由具有好奇心和洞察力的学员去深入发掘。

4. 课程要求

在第一年要求的基础之上,还要求:

专业:NE203、NL310、NL400、NN200、NS300、NS42X。

数学:SM223,加上以下之一:SM212、SM219、SM222、SM230、SM239

或 SM242。

科学：SP211，SP212。

人文学科：HH215/A/M、HH216 和两门该专业以外的 HM/SS 选修课。

语言：四学期学习一门外语。

工程：EA400 或 EN400 或 EN401、EM300、EE301、EE310、ES300、ES360。

主修：HE242，HE333，一门关于 19 世纪前的课程（HE313，HE314，HE315），一门关于 20 世纪前的课程（HE313，HE314，HE315，HE317，HE319，HE326），一门顶点研讨会（HE46X），以及五门主要选修课。

其他：一门任选课（最少 3 学分）。

5.3.2 课程设置

所有学员都被要求在四年级完成两个学期的英语课程：HE111 和 HE112。HE111 的通过标准为：在所有学员抵达海军学院后不久参加的验证/分班考试表现出色；或在 AP 作文和/或文学考试中获得 5 分以上；或在 IB 高级英语考试（A1 考试）中取得 7 分。

参加过 AP 或 IB 英语考试并获得 5 分或 7 分的学员，必须将他们的成绩送到海军学院，英语专业需要官方成绩作为验证。核心英语课程不接受转学分。

（1）以下课程在春季学期开放：

- HE222 圣经与文学
- HE242 文学分析法
- HE250 海洋文学
- HE260 战争文学
- HE301 戏剧模式
- HE302 诗歌的形式
- HE306 小说类型
- HE307 电影和文学
- HE314 文艺复兴思潮（1800 年前，1900 年前）
- HE318 现代英国文学
- HE319 维多利亚文学（1900 年前）
- HE328 美国文学（1860—1914）
- HE330 美国文学（1945 年至今）
- HE333 莎士比亚
- HE340 非洲裔美国文学
- HE343 创意写作

- HE344 专业沟通
- HE442 文学理论与评论
- HE486 亚裔美国文学

(2) 专题课程：
- HE360 古英语导论：菲茨杰拉德(1800年前)
- HE461 中世纪后的启蒙
- HE462 胜利的刺激
- HE504 早期现代媒体

(3) 以下课程在秋季学期开放：
- HE217 早期西方文学
- HE242 文学分析方法
- HE260 战争文学
- HE302 诗歌的形式
- HE306 小说类型
- HE307 电影和文学
- HE313 乔叟和他的时代(1800年前,1900年前)
- HE314 文艺复兴思潮(1800年前,1900年前)
- HE317 浪漫主义时期(1900年前)
- HE320 当代英国文学
- HE326 美国文学(1607—1860)
- HE329 美国文学(1915—1945)
- HE333 莎士比亚
- HE343 创意写作
- HE344 专业沟通

(4) 专题课程：
- HE360 重视越南：成长、感恩和战斗
- HE467 青蛙与老池塘：夏威夷的艺术与历史
- HE462 哥特式小说
- HE485A 美洲原住民研究专题
- HE485B 文学中的性别和性主题
- HE503 从"谦虚的求婚"到"每日秀"的讽刺

5.3.3 主修课程

英语专业课程提供了学习从古至今最重要和最有影响力的文学著作的机

会,也提供了参与独立学习和创造性写作项目机会。

(1) 十门必修课程:
- HE242 文献分析法
- HE333 莎士比亚
- 一门重要课程:研究重点为 1800 年前文学(HE313、HE314、HE315、HE326)
- 一门重要课程:研究重点为 1900 年前文学(HE313、HE314、HE315、HE317、HE319、HE328)
- 一次高难度顶点研讨会
- 五门额外的英语选修课

(2) HE242:文献分析法。

该课程旨在通过一系列重点阅读材料向新入学学员介绍专业的文献分析工具,有三个目标:第一,掌握并展示文学批评家在文本阅读中使用的批评词汇;第二,获得深入开展文学研究项目所需的技能;第三,学会各种具有代表性的文本(涵盖哲学、社会经济学、历史学等)的文学分析方法。该课程要求学员提交一系列短文,并要求一篇长论文作为结课作业。最近的研究有:托尼·莫里森、约翰·济慈、弗吉尼亚·伍尔夫等。

以下这些课程的文学内容是兼收并蓄的,它们提供来自不同文化、历史时期和流派的文学调查,同样,它们要求大量写作练习。

- HE217 中古文学
- HE222 "圣经"与文学
- HE224 文学与科学
- HE250 海洋文学
- HE260 战争文学

(3) 高级课程:

HE301—307 课程更深入地探讨每一种基本的文学体裁。HE313—330 课程研究特定历史和文化背景下的文学。所有英语专业学员都必须参加 HE333 考试。HE343—344 课程提供了多种写作形式的广泛练习。HE340 和 HE353—360 关注文学传统。

- HE301 戏剧模式(秋季与春季)
- HE302 诗歌的形式(秋季与春季)
- HE306 小说类型(秋季与春季)
- HE307 电影与文学(春季)
- HE313 乔叟与中世纪世界(1800 年前,1900 年前)(秋季)
- HE314 文艺复兴思潮(1800 年前,1900 年前)(春季)

- HE315 复辟与18世纪文学(1800年前,1900年前)(秋季)
- HE317 浪漫主义时期(1900年前)(秋季)
- HE318 英国现代文学(春季)
- HE319 维多利亚文学(1900年前)(春季)
- HE320 当代英国文学(秋季)
- HE326 早期美国文学(1607~1860)(秋季)(1800年前)
- HE328 美国文学(1860~1914)(春季)
- HE329 美国现代文学(1914~1945)(秋季)
- HE330 当代美国文学(1945年至今)(春季)
- HE333 莎士比亚(秋季和春季)(必修)
- HE343 创意写作(秋季与春季)
- HE344 专业沟通(秋春)
- HE360 文学研究专题(秋季与春季)
- HE371 非裔美国人研究专题
- HE372 亚裔美国人研究专题
- HE373 拉丁语研究专题
- HE374 性别与性行为研究专题
- HE375 美国原住民研究专题

(4) 高难度顶点课程:

特指英语系学员与教职员工一起深入学习某一门文学课程。每门课程的重点是在有限的材料、研究技术和独立批判性判断的发展中,开展广泛而深入的阅读。

作为顶点课程,这些四年级课程每一门都要求写作成绩。

- HE461 文学时期研究
- HE462 文学问题研究
- HE463 文学人物研究
- HE467 文学流派研究

(5) HE496:独立学习。

每学期,英语系的独立研究小组都会审查并批准选定学员在一名教授的赞助下攻读特殊课程。在整个学期的课程中,学员们在教授的正常教学课程之外与教授见面讨论,根据专家小组的建议探索和讨论研究课题。学员们在学期末向英语系教职员工答辩展示他们的研究成果。近期的研究主题有:多媒体人种学研究、战斗创伤叙述、中古英语文本的翻译和检查等等。

5.3.4 荣誉学位

该专业表现优异的学员可以选择攻读荣誉学位。攻读荣誉学位的一个好处是,学员有机会参与到一个紧密联系的社区中,在这里,学员们充满干劲、富有好奇心,一起开展深入研究。荣誉学位包括两个以高级主题为重点的研讨会。分别是:第一个研讨会 HE503,采用跨学科方法研究文学和艺术的某一个主题;第二个研讨会 HE504,对特定文学人物、时期或问题进行专门研究。

(1) HE503 主题例子:
- 维多利亚时代的视野:19 世纪的艺术和文学
- 当代亚裔美国文学
- 从"谦虚的求婚"到"每日秀"的讽刺
- 漫画小说
- 奴隶制与美国文化
- 贝奥武夫的英雄时代
- 罗马帝国

(2) HE504 主题例子:
- 玄学诗
- 德州—墨西哥文学
- 惠特曼的"草叶集"
- 弗兰肯斯坦与后现代性怪诞的诞生
- 帝国回信:(后)殖民世界文学
- 创伤与文学
- 早期现代媒体

包括两个研讨会(以及它们所要求的补充课程 HE521 和 HE522),优等生在该专业要选择 11 门课程,包括 HE442 文学理论和批评。

荣誉英语专业的选课要求与英语专业略有不同。对荣誉专业感兴趣的学员可参考下面列出的要求,并相应地规划学习过程。请注意,荣誉学员只能选修一门高于 HE242 的中级课程。

(3) 英语荣誉专业必修课程(HEGH)包括:
- HE242 文献分析法
- HE333 莎士比亚
- 研究 1800 年前文学的课程
- 研究 1900 年前文学的课程
- HE442 文学理论与批评

- HE503 文艺研讨会暨 HE521 荣誉附加课 I
- HE504 高级专题研讨会暨 HE522 荣誉附加课 II

要想以荣誉学位毕业,英语专业学员必须有 3.0 的总体平均分和 3.5 的专业课平均分。同时,在任何学术或专业课程的正式成绩单上,不得有"D"或"F",除非重修该课程并获得高于"D"的分数。

5.4 历史系

5.4.1 基本情况

运用历史的经验就能产生高效的领导,因此,美国海军学院历史系的使命是确保每年 1000 多名毕业生中的每一位,都知道她或他需要从历史中了解到什么,才能成为一名受过教育和有效的领导人——首先是作为初级军官,然后是作为中级和高级军官,最终是作为公民领袖,胜任和光荣地履行历史系教导他们所承担的具有挑战性的责任。美国海军学院历史系始终致力于成为全国最好的本科历史系。

历史系的毕业生带领由不同的水兵和海军陆战队组成的团队,部署在美国大陆以外的地方,在那里他们将与世界各地的合作伙伴和人民进行互动。他们必须了解这些民族的历史和文化,也必须了解他们自己的民族。为了实现这一目标,历史系为普通学员开设了三门核心课程:一年级新生的美国海军史(HH104),高年级学员的两门持续两学期的世界史(HH215 和 HH216)。历史系还为历史专业学员开设了大量丰富多彩、趣味盎然的高级课程,这些课程也是对全校开放的。历史系不仅注重实践锻炼、研究覆盖面广,而且还深入研究海军和军事历史、地区历史、人类差异的挑战性历史这三个特定领域,为美国海军学院的使命服务。

历史系相信,多样化的教职员工可以自由地追随他们的求知欲,发展成为独特的专业人士,是历史系学员最好的教师和榜样。历史系培养了一个历史学家社区,其中也包括活跃于课程和教室内外的学员们。从历史系毕业后,学员将获得历史学学士学位。

1. 麦克马伦海军史研讨会

历史系是世界著名的麦克马伦海军史研讨会的所在地,每两年举行一次。这是展示世界各地专家对海军和海运史最新研究的重要学术会议。

2. 专业

除了标准专业外,还有一个特殊的荣誉专业,被选中的学员可以参加。学员也可以申请参加三叉戟奖学金计划和志愿研究生教育计划(VGEP)。

3. 教职人员

历史系的教师包括许多历史领域的专家,他们拥有世界一流大学的博士学位。

4. 奖励

历史系每年通过许多奖项奖励学员,包括贺拉斯·波特奖和美林·巴特利特奖。每年,符合要求的学员都会被选入国家历史荣誉协会。

5.4.2 历史专业

历史解释了世界上的一切是如何变成现在这个样子的。它考察过去的经历,以解释现在和未来。因此,历史不是一门狭隘的学科,而是一门包罗万象的顶尖学科,它的知识对于每个专业领域包括在军队指挥和政府管理等方面都是必不可少的。

作为一门全面的、以证据为导向、以现实为中心的学科,历史是初级军官的极好准备。学习历史,学员得到的回报是能对世界有更准确的理解,掌握成功沟通所需的技能和工具。

1) 专业特殊要求

每位学员,无论什么专业,都必须在核心课程中选修三门历史课程:

(1) 美国海军史(HH104);

(2) 前现代世界史中的一门:西方(HH215)、亚洲(HH215A)、中东(HH215M);

(3) 现代西方世界(HH216)。

历史专业学员必须完成三年的三个研讨会内容,来学习和掌握进行历史研究所需的核心技能,并展示他们的研究结果。在HH300和HH400B中,学员将与指导教师密切合作,选择和发展自己的研究主题。比如:

(1) 历史学家技艺(HH200)(3/C);

(2) 历史研究(HH300)(2/C);

(3) 两个1/C顶点课程中的一个:历史编撰学(HH400A)、研究论文(HH400B)。

历史学专业有七门高级选修课。与其他学科相比,历史学专业在选课上具有很大的灵活性。每学期,历史系都会提供20~25门不同的高级课程,因此,在三年的时间里,学员可以选择广泛的课程,也可以选择专注于某一历史领域。为了确保广度,历史学专业有课程分布要求,必须在以下五个方向的四个中各选修至少一门课程:

（1）美洲；

（2）欧洲；

（3）区域（非洲、亚洲、拉丁美洲、中东）；

（4）海军与军队；

（5）特殊专题（宗教、科学、种族、电影等）。

例如：对亚洲历史和文化有特殊兴趣的学员，可以最多选修四门与该领域有关的课程，一门就可以满足上述的"区域"要求。

2）课程要求

在第一年课程要求的基础上，还要求：

（1）专业：NN200、NE203、NL310、NL400、NS300、NS42X。

（2）数学：SM223；加上 SM219、SM230 或 SM212。

（3）科学：SP211、SP212。

（4）人文：在英语、政治科学、经济学、外语、哲学或心理学之外的 2 门选修课。

（5）语言：四学期的外语。

（6）工程：EE301、EE302、EM300、EN400、ES300、ES36。

（7）任意选修：任意专业的一门课。

（8）专业课程：HH200、HH300、HH400A 或 HH400B，以及五个方向的四个中的一门，共 7 门专业选修课。

5.4.3 课程设置

1）HH200：历史学家的技艺：广岛和长崎

该课程围绕讲师选择的一个主题展开，这是三个必修的历史专业研讨会中的第一个，向学员介绍现代历史学科的智力和结构起源，包括历史子领域和研究历史的方法论。

该课程中，学员提出一个研究问题，完成一次研究设计，包括写出一个简要综述和一个详细批注。该课程考察 1945 年 8 月，在第二次世界大战即将结束的日子里，美国对日本广岛和长崎使用原子弹摧毁的历史事件。

学员学习分析学术文章和专题论文，批判性地阅读和解释原始资料。学习如何进行在线历史研究，以及如何浏览传统和数字档案。

2）HH311：雅典：军事民主

公元前 5 世纪初的波斯战争之后，雅典人创作了伟大的艺术、建筑、文学和哲学作品。一般倾向于认为，这些是民主文化的证明。毫无疑问，古典希腊的繁荣是一项伟大的成就，但这一成就的前提在于他们拥有一只强大的海军。

学员将学习雅典帝国的历史,通过研究民主和帝国的相互关系、军事伦理和权力的性质等主题,锻炼批判性思维、分析和写作技能。

3) HH330:大英帝国及其人民

大不列颠已然成为过去,但人类居住的世界在很大程度上是由19世纪和20世纪的大英帝国塑造的。这个帝国触动了数亿人的生命,它的殖民和剥削遗产仍然伴随着人类生活。要了解现代世界,以及作为美国海军学院学员将被部署的地方,了解大英帝国至关重要。

学员将学到:
(1)帝国的军事行动;
(2)帝国的政治和经济发展;
(3)帝国对种族、性别、性别和文明观念的影响;
(4)对帝国的暴力和非暴力抵抗;
(5)帝国在亚洲、非洲和中东留下的遗产;
(6)以及关于帝国道德的激烈辩论。

4) HH331:艺术与思想

欧洲的艺术家、作家、哲学家和公共知识分子,从他们与"现代性"的互动中汲取了大量的创作能量。"现代性"是一个无定形的术语,是生活在多变和持续变化中的体验,大多数艺术家将"现代性"视为眼前的现实,也就是现在的一个未知领域——这是一个过去已经结束、未来尚未开始的空间。"现代性"作为一种智力和艺术创造力的冲动,也是一个非常都市化的事件。

在这门课程中,学员们将研究在欧洲"现代"的恐惧、兴奋和荒谬。特别是,课程中将通过柏林和维也纳两个城市来了解讲德语的中欧城市的城市体验,这两座城市都是从被摧毁的过去中重新创造出来的。学员们将关注顶尖的知识分子/艺术家,以及从弗洛伊德和现代主义建筑、从布莱希特到德国表现主义电影的社会经济空间,深入研究他们的思想后,对一系列问题做出创造性的回答。

学员将学习中欧民主共和国在两次世界大战期间的发展历史,阅读和讨论关键知识分子的作品,了解这些知识分子如何将社会、政治和经济变化,与"现代性"的艺术或知识分子观念联系起来。学员们将研究,如果一件事物没有过去,也没有确定的当下或将来,那这件事物是如何影响他们理解过去的。学员们将对个人或一场运动进行初步的源头分析,这将使他们能够就"现代性"概念如何帮助其更全面理解两次世界大战期间中欧民主的政治发展(以及最终的失败)提出见解。这项研究将包括史学检查、主要来源分析,以及最终的研究陈述。

5) HH337A:欧洲帝国中的性别与战争

在 19 世纪,帝国主义把欧洲人描述为传播西方文明,以推进殖民社会,提高当地人民的道德品质。作为这一文明使命的一部分,他们输出了欧洲关于性别和家庭的思想,这些思想在"文明的"殖民者和殖民臣民之间造成了尖锐的分歧。该课程将探讨关于性别的不同文化观念,如何在欧洲殖民地引发暴力,并影响战争的性质。还将研究非殖民化进程如何在前殖民地引发关于性别的新问题。

学员将研究欧洲人如何利用性别观念,来证明投入军事和经济资源可以合理地构建殖民社会。学员将分析对性别的不同看法,如何影响欧洲人和当地民众之间的殖民暴力和战争。还将学习根据地区、文化和宗教历史识别性别观念的差异,思考非殖民化和欧洲列强的撤离如何影响前殖民地的性别体验。

6) HH353:美国社会文化史

该课程研究美国人的生活和文化,以及影响美国社会发展的各种力量(特别是种族、性别、社会运动、劳工和宗教)。该课程还将特别研究乌托邦思潮,罗伯特·V. 海因对加州乌托邦运动的定义。

除了一些独立的另类社会,该课程还将把美国开国一代人建立的所谓美国实验视为一种"正在建设的乌托邦"。

学员将学到:①了解美国社会各阶层(种族、性别、宗教、阶级)从殖民时代到现在的历史发展;②分析如何将美国视为一种乌托邦实验;③调查多样性、包容性和排他性是如何挑战上述这一实验;④通过分析从革命到今天的乌托邦社会来确定为什么有些乌托邦成功,有些却失败;⑤选择和分析一个单独的乌托邦社会或最近规划的社区,进行深入研究。

7) HH354:世界事务中的美国

该课程考察从殖民时代到近代的美国外交关系,重点关注美国从殖民地到世界强国的转变。该课程考察了这一戏剧性转变的原因和国际后果,特别强调了 20 世纪,即美国对世界事务影响最大的时代。

8) HH357A:ROMERICA——美国古代的历史记忆

长期以来,人们运用文化遗产的方式之一,就是在各种社会、经济或文化问题上表明政治立场。在美国历史上,将美国比作罗马的专家、批评家和公众的不胜枚举。美国的开国元勋们在起草宪法时就考虑到了共和国的失败,也有许多人将二战后的美国比作罗马帝国的巅峰时期。该课程将通过几个不同的镜头和时间段来接近所谓的 ROMERICA,但核心点更多是关于美国和美国人如何看待自己,而不是罗马。

学员将学到:①了解罗马历史上的人物和事件,并从美国人的角度与他们作对比;②探索比较历史和"历史记忆"间的区别,以及如何通过关注文化遗产,加强自身看待某一群体的历史理解和视角;③识别和研究美国人是如何记住罗马的,以及他们在特定时期是如何使用(或滥用)这段历史的,比如革命时代、杰克逊时代和镀金时代;④课程结束时,将把镜头转向全球反恐战争,考察当时美国人使用了哪些罗马时期的比喻来解读。

9) HH360:美国地方史之南方

该课程考察美国南方从殖民时代到现在的演变,特别关注南北战争和民权运动。最后对历史、遗产和记忆进行了分析。

10) HH367A:沙特阿拉伯与瓦哈比主义

沙特阿拉伯王国拥有伊斯兰教最神圣的两个圣地和世界上最大的石油储量,代表着一个重要的全球大国。该课程考察沙特国家自17世纪建立以来的演变,特别强调了它成立时所倚仗的瓦哈比伊斯兰运动。18世纪中叶,穆罕默德·伊本·阿卜杜勒·瓦哈比在阿拉伯半岛创立了一场伊斯兰改革运动,至今仍在影响着世界。

从一开始,这场运动就被证明是有争议和暴力的,因为追随者从阿拉伯中部的内德沙漠向外传播他们的信仰、宣泄他们的怒火,从而引发了邻国的军事回应。20世纪20年代,现代沙特阿拉伯创始人阿卜杜勒·阿齐兹占领了伊斯兰圣城麦加和麦地那,将瓦哈比流派奉为伊斯兰教的正统,此后清教运动的思想进一步传播到世界各地。同时,随着沙特石油财富和全球影响力增长,清教运动也在20世纪末愈演愈烈。今天,广泛分布的伊斯兰运动追随者笃信他们的教义并愿意将其付诸实践,尽管其中许多是暴力的,这在一定程度上源于伊本·阿卜杜勒·瓦哈比的教义。

该课程旨在探索瓦哈比运动的历史和伦理主张,该运动的许多追随者声称代表了当代伊斯兰世界的正统。

学员将学到:沙特阿拉伯的历史,以及在那里成长起来的伊斯兰教流派——瓦哈比主义。

11) HH367C:现代埃及史

课程追溯埃及过去500年的历史,特别关注19世纪和20世纪。通过几个历史学镜头来探讨埃及的历史,包括环境、性别、知识、军事、医疗、经济等。当前,埃及正努力消解殖民主义的遗产,破除其对埃及国家和安全机构挥之不去的影响。该课程将探讨埃及人如何理解和回应他们的历史经历,唤起人们对非殖民主义历史和超越帝国蓄势挑战的关注。

学员将学到:①能够识别和解释影响现代埃及的因素以及它们如何随时间变化,特别是殖民主义;②在地区和全球背景下理解埃及历史;③更深刻理解埃及人是如何因为埃及身份认同及其与欧洲和"西方"的关系而争论不休;④更好地理解今天埃及面临的挑战;⑤接触到一系列分析历史的独特视角和方法。

12) HH367D:叙利亚和黎凡特当代史

该课程探索中东现代史,回顾其历经的曲折波澜,并特别关注叙利亚——这个国家曾被描述为"阿拉伯民族主义的跳动心脏",但最近深陷内战,成为地区冲突的战场。

13) HH373:基督教史论

该课程考察基督教从起源到20世纪初的历史。它特别关注以下问题:宗教权威和文本解释;教义和实践的发展;文化内部和跨文化传统的巨大多样性。这门学术的、非宗派的课程,是为所有人准备的——无论是基督徒还是非基督徒,无论是不是宗教人士,只要你想要更多了解这纷繁复杂又充满魅力的基督教历史。

学员将学到:①认识基督教丰富多样的文化表现形式;②理解基督教从起源到现在一直存在的权威和解释问题;③能够不偏不倚、批判性和富有同情心地讨论宗教问题;④理解基督教与政治和政治机构间经常出现问题的原因。

14) HH377A:僵尸启示录:灾难与人类行为

2021年5月16日,海军少将阿里·汗宣布,疾控中心计划应对即将到来的僵尸启示录式的威胁——人们如何应对灾难,如流行病、爆炸、洪水、地震、山火,以及人类所知的即将到来的世界末日?

该课程考察历史上应对灾难的关键时刻,检视包括宗教、电影和生存主义亚文化的例子,如9·11事件、新冠肺炎、南加州野火、2004年亚洲海啸、公元526年的火山喷发和1906年旧金山大火与地震等。世界末日是什么意思?人类要如何准备呢?

学员将学到:①什么是僵尸启示录?②你如何为僵尸启示录做好准备?③应对灾难时,人们为什么像他们表现的那样?④塑造历史的主要灾难有哪些?

15) HH377B:历史角度的军事演习

该课程提供历史背景下军事演习领域的基本介绍,强调其在美国海军战略和行动中的应用。课程从军事演习和演习设计的基本原则开始,学员们将接触到一系列不同的设计理念,这些理念在目标、风格和形式上各不相同。该课程以学员团队为中心,研究、设计、开发和测试一款与美国海军历史相关的、原创的、有教育性质的军事演习。课程教学是将讲座、演习、讨论相结合,既有专业的军事演习,也有商用的军事演习。

课程作业中,学员将对军事演习的发展和完善进行研究,以学习美国海军历史的某一个重点领域。教师将根据学员设计的军事演习的完整性、他们的创造力、他们开展研究的严谨性,以及他们设计的军事演习的可玩性等,对学员进行评分。在学期末,学员们将向国防和军事专业人士以及其他机构类似课程的学员演示和运行他们的军事演习。情况允许时,该课程还将提供外部的军事演习机会,例如参加其他学员军事演习、亲身参加军事演习,以及为军事人员演示学员军事演习等。

总体而言,该课程将考虑广泛的问题,以便让学员对军事演习及其用途有更深入的理解:是什么决定了一场军事演习的好坏,是什么决定了它是否有洞察力?什么样的设计理念、技术和工具可以用来制作军事演习?如何将军事演习作为一种教育工具加以利用?作为研究历史的方法论,军事演习的优缺点是什么?军事演习如何改善决策,激发更清晰的思维?

学员将学到:①掌握设计军事演习的知识;②磨炼研究技能、批判性思维和分析技能;③自行设计一个有教育性质的军事演习。

16) HH382:航海时代的战争

该课程考察从欧洲扩张初期到拿破仑时代,在欧洲和欧洲殖民地发生的海陆战争的历史。课程关注西方海军和军队的战术、后勤、技术和专业发展,在政治、经济、社会和文化背景下开展这些研究。

该课程特别探讨以下基本问题:西方的陆上和海上武器与战争,在欧洲各大海洋帝国的发展和欧洲最终占据全球主导地位中,扮演了什么角色?为什么某些国家能够在地区和全球占据主导地位?职业军队和海军是如何以及为什么产生?

学员将学到:①火药武器的兴起;②大发现时代;③欧洲扩张、殖民主义和贸易;④军事革命;⑤国家陆军和海军的崛起;⑥海事技术;⑦海洋帝国的兴衰;⑧近代早期的经济变化与演进;⑨水兵生活。

17) HH384:近代海军和军事史

该课程概述了从二战结束到现在的战争和军民关系。聚焦于美苏冷战竞争的军事层面,如马尔维纳斯群岛冲突,以及美国在伊拉克、阿富汗和更大规模的"长期战争"中的军事介入。

学员将学到:①了解二战后不同类型的军事冲突——核武器及相关威慑问题;②导弹时代的海军和远征军战争;③社交媒体时代的反叛乱、稳定、建言与反恐行动。

18) HH386A:朝鲜半岛的战争与和平

朝鲜战争可能是自 1950 年 6 月 25 日爆发以来,从技术上讲持续了 70 多年的唯一一场战争。这场战争涉及全球许多国家,自它开始以来,在朝鲜半岛制造了一个曾经统一的国家的物理分裂。关于战争爆发、战争进程和停战的争议,至今仍主导着学术和政治对话。

为此,该课程不仅是关于朝鲜战争,它还将考察战前和战后的历史与发展,以及战争对朝鲜半岛和世界的影响,旨在介绍与战争及其后果相关的主要问题、遗产和即将到来的解决方案。课程将集中讨论参战各方的所持意见,包括联合国、美国及其盟国、韩国、朝鲜、中国和苏联等。

学员将学到:①战争的起源和美国对朝鲜半岛内战的直接主要反应,以及战争中美国旗帜下的联合国司令部的性质;②中国加入朝鲜战争背后的政治和军事动机:其军事结构,以及中国人民志愿军的部署;③停战谈判期间战争如何陷入僵局以及当时谈判的主要问题,"边打边谈"时期主要特点,战俘问题;④关于战争起源、战争进程、停战谈判和战后非军事区的学术讨论;⑤朝鲜半岛未来统一的重大问题和发展。

19) HH386B:美国与越战

对美国人来说,越南只是一场战争。但对越南人来说,却事关他们的国运。该课程不仅是关于美国在越南的战争,正如罗伦·巴里茨所说,该课程将要介绍的是"美国文化如何带领我们进入越南,并让我们以过去的方式战斗。"它是关于两种不同文化的研究,这两种文化不仅在越战前、期间,而且在之后,都不停地在意识形态和战场上接触、碰撞。

这门课程中的主要任务是:通过个人理解和学术讨论,找出战争中的主要问题、美国战后的事态发展和统一的越南,以及美国学到的重要教训,来"重新解读越战"。

学员将学到:①华盛顿和北越领导层在军事行动战略与和平谈判方面的主要决策进程;②美国国内对越战的情绪如何影响华盛顿的决策过程;③战时和战后北越军民的心理准备和政治动机;④两国如何应对战争,并通过理解与反省努力治愈战争创伤;⑤有关越战以及战后越南政治经济改革的不同政治理论和学术解释。

20) HH386C:海军创新:从大炮到航母

回顾海军历史,随处可见在今天认为是"变革性"创新的例子,虽然这些创新广为人知,但它们发展背后的困难与挑战却极少有人关注。通过对一手资料和二次文献的研究,学员将试图了解19世纪和20世纪海军历史上一些最著名的范式转变——蒸汽推进、远程炮手、无线通信、航母空中力量等,了解它们是如何发挥作用的。学员将理解为什么一些创新能够成功,而另一些创新却失败并导致灾难。

学员将学到:①通过历史案例研究,能够定义何为创新并理解其影响;②将所学知识应用于美国军方面临的当代问题。

21) HH386D：现代平暴史

叛乱和平息叛乱并不是什么新现象。该课程的目标是概述非正规战争的历史、理论和学说，重点是现代反叛乱战争。还将探索影响美国非正规战争成功或失败的因素，并引入全球化叛乱的概念，为学员应对新兴非国家实体带来的挑战做好准备。

学员将学到：①叛乱的内容：成功的反叛乱分子必须了解行动和战略环境，特别是土著人口群体的社会文化方面。此外，叛乱与反叛乱都可能发生在更大事件或冤情的背景下；②叛乱的动态：用于评估一段时间内叛乱的框架，包括领导力、目标、意识形态、操作方法、外部支持、内部支持、阶段性、时机和组织；③反叛乱的原则：用于评估随时间推移的具体战略框架，这些原则包括：了解战略和行动环境、合法性、统一努力、政治至上、情报驱动的行动、孤立叛乱分子、没收叛乱事业、法治安全、长期承诺、对叙述和预期的管理、使用适当水平的武力，作为一个组织，学习和适应增强叛乱发生国指挥链条中最低层的权力和支持。

该课程的关键成果之一是让学员能够评估特定叛乱和反叛乱运动的效果，什么措施管用？什么没有用？为什么？这些都是关系到学员未来的关键问题。

22) HH386E：美国情报史

"在这个国家，信息安全至关重要。那些拥有秘密的人，即便在兄弟会的旅行中，都不会和其他人多说一句话。"威廉·富尔布赖特在谈到情报和信息的神秘世界时引用了这句话。该课程将带领学员一窥情报界的保密之谷，它回顾了早期的美国到9·11之后的特种作战和反恐行动，追溯美国对信息和信息保护纠缠不清的愿望的根源。

学员将学到：①能够追溯美国情报机构的历史创造、发展和随时间的变化；②能够看到社会和领导人物如何看待情报界，以及他们与情报界的关系如何随着时间的推移而摇摆不定；③通过情报的视角，理解美国历史上关键决策背后的困难和背景；④通过接触解密情报文件的新研究来源，来发展他们的写作和研究能力。

23) HH327：德国与纳粹

在19世纪下半叶和20世纪上半叶的德国，产生了近代历史中最具破坏力的政治激进主义、军事侵略、对少数群体种族灭绝的事件。因此，研究德国有助于分析过去两百年来更广泛的欧洲事务和西方文明。在该课程中，学员将考察德国在1871年统一后的发展，着眼于解释阿道夫·希特勒在国家社会主义工人党领导下的崛起以及他发动的战争性质。

学员将学到：对因果关系、政治激进主义在社会中的形式和表现有更深入的理解。

24) HH337A：罗马共和国的陷落

古罗马对现代世界的影响怎么强调都不为过，有最珍视的自由和公民身份的哲学和政治思想，以及丰富的技术、建筑和工程知识。不过，"罗马"不仅仅是一个单向度的历史叙述。

在该课程中，学员不仅将探索罗马的历史和政治发展，而且还将探索罗马和罗马价值观在过去和现在的理念——它的现实与理想，以及这一理念如何影响今天的社会和理念。

学员将学到：发展和掌握研究历史的方法，如研究和评估一手资料和二次文献。

25) HH337B：现代欧洲的民主革命

"欧洲民主革命"探索现代欧洲参差不齐的民主历史。在法国革命者庆祝自由民主胜利近200年后，欧洲人仍在努力摆脱独裁统治。从法国大革命到欧盟，学员们将调查欧洲人是如何支持民主改革，以及抵制限制自由的行为。

在课程中将分析民主制度、革命和政治运动，以了解现代欧洲的民主发展。最后，从欧洲民主的历史看21世纪的民主未来。

学员将学到：①研究围绕政治和经济自由含义的持久冲突的根源；②学习导致现代欧洲代议制政府和民主国家兴衰的关键历史冲突；③思考拿破仑帝国等威权政权如何试图制造民主制度的幻觉。

26) HH337C：欧洲的合作、抵抗和复仇（1938—1948）

该课程重点讲述第二次世界大战期间欧洲人口在占领或外国统治下的经历。民众对纳粹德国这样的侵略者或霸权有何反应？他们应该抵抗吗？或者，合作是更明智、更道德的选择吗？该课程还将探讨战后欧洲在面对这一困境时如何做出选择，研究的话题从高层政治到个人生活。

学员将学到：①叛乱的内容：成功的反叛乱分子必须了解行动和战略环境，特别是土著人口群体的社会文化方面。此外，叛乱与反叛乱都可能发生在更大事件或冤情的背景下；②了解轴心国在其占领的欧洲地区行为的多样性和复杂性；③占领带来的道德困境；④打破"合作者"或"抵抗者"等过于简单化的标签。

27) HH347：内战与重建

该课程讨论美国宗派主义的兴起、第二党制度的崩溃和共和党的崛起。它循着南方各州分裂的经历，研究南北战争的社会、政治和军事方面，直至内战结束后重建。

学员将学到：①学习宗派主义的起源，南北战争对美国社会的影响；②培养批判性思维和分析来源的技能。

28) HH349：现代美国的兴起（1896—1945）

学员将对 20 世纪初的美国史学进行探索,对 21 世纪上半叶的民粹主义运动和今天的民粹主义运动进行比较分析,从历史的角度审视时事,并在整个学期发表多篇书面论文。

该课程研究南北战争的社会、政治和军事方面,直至内战结束后重建。

学员将学到:①探索 20 世纪初美国史学;②对 21 世纪上半叶的民粹主义运动与今天的民粹主义运动进行比较分析;③运用历史眼光审视时事;④在整个学期内提交多篇高质量书面论文。

29) HH362:现代中东史

该课程将探索中东历史,讨论从穆罕默德时代到现在的变化和连续性,特别强调自 1798 年拿破仑入侵埃及以来的历史。

学员将学到:基本了解过去两个世纪的中东历史。

30) HH367A:传统中国的文化、战争与社会

该课程探索从孔子和孙子时代一直到 1900 年义和团起义的中国历史的主要方面,试图解释中国在当代崛起的历史根源,追溯中国社会从战国到汉唐大中华,再到近几个世纪强大的明清帝国的文化、智力和军事演变。

学员将学到:①中国传统文化脉络和战略计谋的主要方面;②了解当代中国及其在全球崛起的历史深度。

31) HH367B:拉丁美洲的种族与民族

很长一段时间以来,美国的种族制度(如黑人/白人二元)和政治(如种族隔离主义者吉姆·克罗)一直主导着西半球关于种族是如何被用来认同和排斥他人的讨论和理解。该课程考察了种族与民族如何在拉丁美洲从殖民时期到现代时期发挥认同或排斥他人的作用,它密切关注美洲原住民和非洲裔拉丁美洲人的经历,因为这两个群体曾面临最严厉的法律约束和事实上的歧视性政策。

该课程还考察了 19 世纪拉丁美洲的建国者,是如何以使种族服从于国家认同,并将种族融合作为国家认同的内在组成部分的方式,来构思他们的国家。在探索美洲原住民和非洲裔拉丁美洲人经历的基础上,该课程还将探索来自亚洲、欧洲和中东的移民如何影响国家认同感的构建。课程研究的重点会偏向于某些区域,大多数案例来自巴西、古巴、哥伦比亚、墨西哥和秘鲁。

学员将学到:①理解种族的概念是从社会和历史的角度中得出的;②了解到美国的情况在种族和民族方面是一个特例,而不是惯常;③通过大量的作业来强化分析与写作能力。

32) HH367C:第一次世界大战以来叙利亚和黎凡特地区的历史

一位以色列的资深政治人物曾说过:"我们(中东)身处在一个艰难的环境中。"是什么让中东成为一个"艰难的环境",以及这与美国有什么关系呢?该课

程回顾奥斯曼帝国在第一次世界大战中的失败(以及随后的分裂)到现在的历史进程,探寻那些让中东成为这个世界上至关重要的地区并变得如此错综复杂的线索,这是一次探索(新)国家崛起及其国家建设努力的旅程。

在这种背景下,该课程探讨了叙利亚的历史,这个曾经强大的黎凡特国家现在正发生内战,课程将深入研究它的国内政治动态,以及塑造它的外部入侵。曾经被压迫的农村少数派,是如何取代城市多数派的?那样一群少数派是如何上台并巩固其统治的?这个少数派政权是如何以及为什么会陷入与本国公民的内战中?这场战争对邻国、对该地区和其他地区有何影响?

学员将学到:理解中东目前所处的混乱局面,以及那些持续在叙利亚发生的悲剧。

33)HH367E:沙特阿拉伯与瓦哈比主义

该课程旨在探索瓦哈比运动的历史和伦理主张,该运动的许多追随者声称他们代表了当代伊斯兰世界的正统。

学员将学到:①了解沙特国家从18世纪中期到今天的三次迭代的演变;②理解瓦哈比教义的核心,以及它们与伊斯兰教其他流派的联系与区别;③了解19世纪、20世纪和21世纪的伊斯兰改革运动以及西方思想,研究它们是如何被瓦哈比主义持续塑造;④列举瓦哈比运动史上的关键里程碑,以及从18世纪中叶到现在,它们是如何影响阿拉伯半岛地区和大伊斯兰世界的;⑤了解沙特阿拉伯瓦哈比神职人员和沙特王室的长期关系;⑥理解瓦哈比关于正义使用武力的概念,将之与西方"正义战争"传统做对比;⑦分析档案文献,以检视瓦哈比主义从18世纪到20世纪的演变。

34)HH370:日本历史中的武士与士兵

武士,是通俗历史上最广为流传但却最不为人熟知的人物之一。该课程的时间跨度从8世纪到21世纪,通过研究取自日本过去各个时代的材料,揭开了武士和他们的继任者——日本帝国军人的神秘面纱。课程主题包括源平合战、蒙古入侵日本、日本的"战国时代"、日本三个幕府政府的政治结构、日本帝国军队的产生,以及战争与和平时期对武士的文学描述。

课程材料包括自传体作品、文学、军事指令以及各种视觉材料,如漫画和电影。致力于研究日本的历史发展以及真实和想象中的武士传统,使学员有能力分析武士这一充满矛盾的角色,最终能够回答一个关键问题:日本的"武士精神"去哪了?

学员将学到:①荣誉、羞耻、责任和忠诚等军事化的社会观念,是如何随着时间的推移而演变的?②现代军事制度是如何取代近代军事实践的?③在区分历史事实和历史表述时,可以采用哪些方法?

35) HH372:海盗的黄金时代:神话与现实

该课程探讨了从16世纪到今天,历史上海盗的形象:那些近代的海盗,他们是谁?他们做了什么?世界其他国家对他们的活动有何看法?他们与现代流行文学中对他们的描述有什么相似之处吗?该课程将通过阅读相关的一手资料和二次文献等,努力回答这些问题。梳理当今公众耳熟能详的"神话海盗"与近现代的"历史海盗"的不同之处,并分析这个"真实的"海盗是如何以及为什么会随着时间的推移而被扭曲的。

学员还将了解当代海盗行为和美国海军在处理这一日益严重的问题中所扮演的角色,并分析海盗活动在今天爆发的原因,以及如何制止海盗行为。最后,课程将增加学员的历史学和社会科学理论知识,学习近代的原始材料,讨论特定类型文献的价值和局限性,探索现代西方的情报和文化史,提高分析技能。

36) HH377A:真理史

什么是真理,如何知道它是真理?这些问题,自创世以来就一直跃在人类的生产生活中。课程将回顾先哲们如何回答这些问题,比如,有笛卡尔这样的古典哲学理论家,有薛定谔这样的物理学家,有《黑客帝国》这样的电影,有索绪尔这样的语言学家,还有图灵这样的计算机科学家。

37) HH377B:世界历史上的足球与社会

该课程以足球为镜头,探索19世纪末以来的世界历史,考察足球与殖民主义、民族主义、战争、性别、宗教和全球化的交集,解释体育对人类体验的中心地位,及其对一系列政治、经济和社会问题所产生的意想不到的影响。

该课程将通过世界上最漂亮的运动——足球,讲述现代人类历史的故事。

学员将学到:①足球是如何以及为什么成为一种全球现象,这项运动是如何在20世纪巨大的政治斗争中被发动起来的;②获得新的视角来观察世界的互联互通和经验共享。

38) HH377C:历史上的激进左翼思想

弗朗茨·法农披着"黑皮肤",戴着"白面具"说道:"我的身体,永远让我成为一个会质疑的人!"该课程沿袭了法农和其他左翼人士的研究路径,追溯了他们对现代世界、对资本主义的深刻而尖锐的批判,以及他们对更好的、社会公正的未来的希望。沃尔特·本杰明告诉我们:"历史这个建筑,它承载的不是同质的、空洞的时间,而是当下的时间。"在他的作品中,他描写了一个历史唯物主义者,"足够男子汉,能够打开历史的连续体。"

在该课程中,课程将带着"充足的人性"来思考:如果打开历史这个连续体,学员将会发现什么?

学员将学到:①解释批判性思维的重要传统,包括对资本主义的批判、帝国主义、殖民主义、革命理论、从属者研究和性别等;②批判性思考,接受不同的历史解释以及相互矛盾的数据,欣赏其中的复杂性。

39) HH380:科学史

该课程从美索不达米亚和埃及早期对自然的史前态度和科学的发端开始,考察当代世界的科学史(包括对医学史的探索)。课程的第一部分涵盖了西方自然哲学与科学传统及其哲学、文化、宗教和制度背景,从古希腊开始,到中世纪晚期结束,西方与伊斯兰科学的互动越来越多。第二部分论述了1500年至1700年科学革命时期科学哲学知识的演变。第三部分结合了现代科学发展的具体细节,包括现代科学史学中的突出主题,如性别、宗教、民粹主义和意识形态等。

学员将学到:扎实掌握某领域内的科学史和史学主题,磨炼他们的分析、研究和写作技能,这些技能对他们的专业发展和学术成长都至关重要。

40) HH383:全面战争时代(815—1945)

曾有一位著名海军历史学家说过,战争,真正的战争,就是"打破世界和残害生灵——而且通常是数量巨大的",这就是全面战争的主题。总体而言,该课程一方面考察后拿破仑时代的普遍和平与君主制及其内阁为边缘目标而进行有限冲突之间的鸿沟,另一方面考察20世纪上半叶的民主战争。课程将详细论述联盟的形成和解散、指挥的政治、战场上的领导,以及战斗和战争中的胜负之源。

1815年至1945年间,冲突对战斗人员和民众的杀伤力变得越发致命,这不仅源于更雄心勃勃的战争目标,也要归因于武器装备的改进——滑膛炮被速射炮所取代,火枪被自动步枪所取代,马匹在机动化补给和机械化装甲面前失去了领先地位。科学和工程的革命改变了弹药:机加工的炮弹取代了铁弹,空袭取代了炮轰,全新的弹药不断出现,比如毒气弹和原子弹。

简而言之,全面战争关注的20世纪,既是人类历史上最和平的世纪之一,也是最为暴力的世纪之一。

41) HH385:美国海军陆战队史

该课程将讲述美国海军陆战队从1775年成立到21世纪的历史。它的目标是让学员们熟悉关于海军陆战队随着时间推移而成长发展的基本史实。与陆军和海军一样,海军陆战队的发展也与美国经济、军事和海军实力的增长相吻合。海军陆战队是一个特殊的军事和海军机构,课程还将讨论传统与司法管辖权的特殊融合,如何影响海军陆战队的使命、身份、文化和历史。

学员将学到:①学习海军陆战队是如何从美国独立战争发展到21世纪的;②调查海军陆战队的社会演变(特别是在种族和性别方面),并特别关注兵团独特的制度文化。

42) HH386B：现代平暴史

叛乱和平息叛乱并不是什么新现象。该课程的目标是概述非正规战争的历史、理论和学说，重点是现代反叛乱战争。还将探索影响美国非正规战争成功或失败的因素，并引入全球化叛乱的概念，为学员应对新兴非国家实体带来的挑战做好准备。

学员将学到：①叛乱的内容：成功的反叛乱分子必须了解行动和战略环境，特别是土著人口群体的社会文化方面。此外，叛乱与反叛乱都可能发生在更大事件或冤情的背景下；②叛乱的动态：指用于评估一段时间内叛乱的框架，动态包括：领导力、目标、意识形态、操作方法、外部支持、内部支持、阶段性、时机和组织；③反叛乱的原则：用于评估随时间推移的具体战略框架，这些原则包括：了解战略和行动环境、合法性、统一努力、政治至上、情报驱动的行动、孤立叛乱分子、没收叛乱事业、法治安全、长期承诺、对叙述和预期的管理、使用适当水平的武力、作为一个组织学习和适应、增强叛乱发生国指挥链条中最低层的权力和支持。

该课程的关键成果之一是让学员能够评估特定叛乱和反叛乱运动的效果，什么措施管用？什么没有用？为什么？这些都是关系到学员未来的关键问题。

5.5 语言和文化系

语言和文化系提供以下语种的六个学期完整课程：阿拉伯语、汉语、法语、德语、日语、俄语和西班牙语。该系还开设有阿拉伯语和汉语专业，以及在美国海军学院讲授的所有七种语言的辅修课程。

语言和文化系的任务是，从语言、文学、文化和地缘政治角度，培养对外语和社会有基本了解的毕业生。

所有级别的课程都是用目标语言教授的，书面作业也要求用目标语言完成。在条件允许时，课程将运用视频和基于计算机的多媒体等技术，为语言和文化学习提供广泛支持。班级规模小，学员有很多机会参与互动交流，在课堂上最大限度地使用目标语言。希望学员们认真准备课堂作业，有效参与学习。使用的教学工具包括：电影、视频剪辑、互联网网站、在线学习辅助工具、PowerPoint 演示文稿、YouTube 视频、快速对话、在线聊天组、文件夹和日志等。

语言和文化系的教员们都流利掌握他们所教授的语言，并从事多个不同领域的研究：人类学、应用语言学、社会语言学、语料库语言学、戏剧和电影、民俗学、早期书籍和手稿传播、对话分析与身份构建、性别研究、能力评估等。

5.5.1　基本情况

语言和文化系致力于教授学员：

（1）有效地用外语交流，并以文化上合适的方式与以该语言为母语的人互动；

（2）深入了解所研究的一个或多个外国的遗产、文化价值和行为规范；

（3）培养终身学习其他语言和文化的性格与认知策略。

语言和文化系在其所有课程中都强调质量和专业性，从以目标语言教授的入门和中级语言课程开始，延伸到辅修课程，并开设文学和文化高级课程。该系教师致力于在其提供的各种语言、文学和文化的教学和研究领域取得卓越成绩，它将外语学习纳入海军学院的总体任务，并为学员提供接触和分析其他文化的手段。

在海军学院的课程中，学习外语有助于理解不同的世界观和交流的符号系统，它提供了分析语言和文化如何构建人的意识的工具，从而提高未来军官评估多元文化环境，并对其做出适当反应的能力。概括地说，语言和文化系旨在为舰队提供语言熟练、文化知识渊博的毕业生，他们可以更好地为海军和海军陆战队服务。

海军和其他武装部队的最高优先事项之一是，发展军官、平民和应征士兵的语言和文化专长。在最近通过的《国防语言转换路线图》中，外语和文化能力被认为是"与关键武器系统一样重要"，被称为"全球反恐战争的战略资产"。海军和海军陆战队需要精通外语的海军学院毕业生，以支持在21世纪向新的作战方式过渡。根据美国《国防语言转换路线图》的要求，语言和文化系特别设立了阿拉伯语和汉语专业。

2005年发布的《国防语言转换路线图》指出，"语言技能和地区专长…和关键武器系统一样重要。"

美国海军于2007年10月通过的"21世纪海权合作战略"将"培育和维持与更多国际大国的合作关系"列为一项关键任务。该战略还强调：培养和维持这种关系的一个关键，是在美军的水手、海军陆战队和海岸警卫队人员中发展足够的文化、历史和语言专业知识，以促进与不同的国际伙伴的有效互动。

海军和海军陆战队的语言技能、地区专长和文化意识战略，要求大幅增加具有外语能力和文化熟练程度的军官和应征人员的数量，强调：

"……实现国家海洋战略的成功在很大程度上取决于我们与潜在对手、持久盟友和新兴伙伴国家进行沟通和理解的能力。正如伊拉克战争和反恐战争的教训所证明的那样，沟通和理解是通过了解外国文化、地区专业知识和外语技能来实现的。"

国家安全语言倡议总结了当今全球互联社会中美国人学习外语的好处："说对方的语言能够增进理解,表达尊重,增强我们与外国人民和政府接触的能力,并为其他人提供了更多了解美国及其人民的机会。"

5.5.2 学术课程

1. 课程内容概述

语言和文化系提供阿拉伯语、汉语、法语、德语、日语、俄语和西班牙语,共四个年级的课程。一年级和二年级的课程帮助学员精通听、说、读、写,此外,还引入了语言文化内容。三年级的课程继续培养语言能力,同时强调语言领域的文化和文学。四年级的课程需要具备显著的语言能力水平,课程将集中介绍某一种语言的国家历史、当代社会和文学方面的专业主题。

该系还为非母语人士提供为期两学期的英语课程,以满足国际学员的英语核心要求。该系提供阿拉伯语和汉语的主修课程,以及所有七种语言的辅修课程。具有一定外语经验的学员,可以通过水平测试后参加更高级的课程,也可以选择辅修课程。语言和文化系提供阿拉伯语、汉语、法语、德语、日语、俄语和西班牙语的水平测试。通过这些考试,学员可以获得最多四个学期的大学语言课程学分。

2. 语言要求

所有主修经济、英语、历史或政治学的学员,都必须参加(或通过水平测试)海军学院提供的四个学期的外语课程。工程、数学或科学专业的学员,不需要额外学习一门外语,但他们中的很多人都选择这么做。

3. 设施和支持

该系的工作空间于 2008 年翻新,包括配备辅助语言学习技术的教室和研讨会房间。尼米兹图书馆拥有越来越多的音像资料、书籍、词典、期刊文章、语言学习资源等。同时,美国海军学院还提供上述七种语言中每一种的新闻报纸。图书馆网站还提供了一个专门介绍与语言有关的资源介绍页面。

5.5.3 课程信息

1)课程:FA101

标题:初级阿拉伯语 I

学分:3-0-3

描述:学员学习阿拉伯语语言能力的基本知识,在学期结束时能够围绕自我、家庭和工作,进行简短的入门对话,并用阿拉伯语阅读和写作,为在第二学期建立自己的技能做好充分准备。大部分上课时间用阿拉伯语进行。学员将获得视频和录音带以及重要的书面和口头工作的支持。

开课时间:秋季

先修课程:无

2) 课程:FA102

标题:初级阿拉伯语Ⅱ

学分:3-0-3

描述:学员进一步发展他们的阿拉伯语技能,拓宽他们可以处理的语言主题范围,加深他们对阿拉伯语语法和句法的理解。学员以口头和书面形式学习阿拉伯语,同时加强他们的听力和阅读能力。学员通过使用视频和音频磁带熟悉阿拉伯文化中更复杂的方面,有时候要完成互联网上的作业。培养学员在口头和书面上使用阿拉伯语的能力,以应对越来越多的任务和情况。

开课时间:春季

先修课程:FA101

3) 课程:FA121

标题:初级强化阿拉伯语Ⅰ

学分:3-0-3

描述:强化的6学分核心必备课程,FA121和FA123专为新手设计,以帮助他们掌握阿拉伯语的几种基本生活技能,为更高水平的语言学习奠定基础。学员将学会用阿拉伯语介绍和询问他人:有关自己和他人的信息,家庭结构和成员,工作和学习,教育和生活经验,他们的家园、爱好、饮食文化和相关活动,问路,讨论天气、季节和气候等。在教学中还将整合文化知识。教师将为学员分配任务,以检查他们的语言能力。FA121和FA123大致相当于FA101和FA102。

开课时间:秋季

先修课程:同时要求FA123

4) 课程:FA123

标题:初级强化阿拉伯语Ⅱ

学分:3-0-3

描述:强化的6学分核心必备课程,FA121和FA123专为新手设计,以帮助他们掌握阿拉伯语的几种基本生活技能,为更高水平的语言学习奠定基础。学员将学会用阿拉伯语介绍和询问他人:有关自己和他人的信息,家庭结构和成员,工作和学习,教育和生活经验,他们的家园、爱好、饮食文化和相关活动,问路,讨论天气、季节和气候等。在教学中还将整合文化知识。教师将为学员分配任务,以检查他们的语言能力。FA121和FA123大致相当于FA101和FA102。

开课时间:春季

先修课程:同时要求 FA121

5)课程:FA201

标题:中级阿拉伯语Ⅰ

学分:3-0-3

描述:学员继续发展他们的阿拉伯语技能,掌握更长、更多样化的文本,能够应对更复杂的情况,以及更具挑战性的口头和书面作业。学员通过复习,加强和完善他们对阿拉伯语语法和句法的掌握,并不断扩大词汇量。使用阿拉伯语广播、电影和当今阿拉伯语社会真正使用的文本作为补充教科书。

开课时间:秋季

先修课程:FA102

6)课程:FA202

标题:中级阿拉伯语Ⅱ

学分:3-0-3

描述:在该中级课程中,学员使用一组来自各领域的真实文本和媒体,来补充他们的教科书,课程鼓励讨论和写作复杂的想法,并为学员提供提高所有语言技能的机会,扩大他们的技能基础。学期末,以一篇简短的书面论文和学员课堂演讲作为结束,全部以阿拉伯语进行。

开课时间:春季

先修课程:FA201

7)课程:FA220

标题:中级强化阿拉伯语Ⅰ

学分:3-0-3

描述:6 学分的核心课程,与 FA222 一起作为 FA121 和 FA123 的延续。该课程旨在支持学员在口语、听力、阅读和写作这四项技能,进一步掌握阿拉伯语,获得中级语言能力。学员将增加他们对词汇、语法和文化的了解,能够使用阿拉伯语言来交流每日和每周的时间表、计划访问和旅行、家务、家具和安排、假期和文化特定习俗、购物、约会和婚姻,了解阿拉伯文化历史的各个方面包括阿拉伯侨民等。

开课时间:秋季

先修课程:FA121/123,共同要求 FA222

8)课程:FA222

标题:中级强化阿拉伯语Ⅱ

学分:3-0-3

描述:6学分的核心课程,与FA220一起作为FA121和FA123的延续。该课程旨在支持学员在口语、听力、阅读和写作这四项技能中进一步掌握阿拉伯语,获得中级语言能力。学员将增加他们对词汇、语法和文化的了解,能够使用阿拉伯语言来交流每日和每周的时间表、计划访问和旅行、家务、家具和安排、假期和文化特定习俗、购物、约会和婚姻,进一步了解阿拉伯文化历史的各个方面。

开课时间:春季

先修课程:FA121/123,合作要求FA220

9) 课程:FA301

标题:高级阿拉伯语Ⅰ

学分:3-0-3

描述:通过运用各种文本和媒体,学员将提高阿拉伯语口语和书面语的流利程度。该课程将全部以阿拉伯语进行,包括阅读短篇小说、新闻文章、电影和阿拉伯文学著作选编等。学员将进行全面的课堂讨论,撰写论文和故事,并在课堂上展示研究成果。

开课时间:春季

先修课程:FA202水平测试通过,或FA202获B或更高等级,或系主任许可

10) 课程:FA302

标题:高级阿拉伯语Ⅱ

学分:3-0-3

描述:通过在课堂上只使用阿拉伯语,学员们将努力提高阿拉伯语口语和书面语的流利程度。该课程将包括阅读和讨论一部短篇小说或阿拉伯戏剧,并讨论相关文化、历史和政治背景。该课程将着重强调提高语法和文体复杂性。

开课时间:秋季

先修课程:FA301

11) 课程:FA309

标题:国外语言沉浸——阿拉伯语

学分:3-0-3

描述:这门沉浸式课程要求通过课堂和体验式学习,在特定东道国的学术项目背景下进行语言和文化的沉浸学习,并由美国海军学院语言和文化系教师进行审查。每个项目都旨在促进学员语言技能的发展,并促进他们对目标国家社会、文化和历史等方面的了解。每个项目除了在东道国进行15小时的文化学习和远足外,还设计了至少45个小时的接触语言教学。FA309为在国外成功完成为期四周课程并取得合格成绩的学员提供3个学分。为了获得学分和适当的入学安排,学员必须完成项目主任指定的C或以上级别的语言和文化系课程,才能

获得3个学分,并被安排进入适当级别的语言项目,以便项目结束回国后在课堂上继续获得语言技能。当国外语言沉浸体验不能完全达到学院现开设的语言课程要求时,FA309才会以学员在课堂学习期间所获学分为准。

开课时间:春季

先修课程:FA202或同等水平

12) 课程:FA315

标题:阿拉伯语对话与作文

学分:3-0-3

描述:该课程强调口语、阅读、写作能力向高水平发展,特别注意语法、句法、词汇、口语和写作。运用特定文本和补充视听材料,鼓励学员发展用阿拉伯语阅读和讨论的技能,写出更加复杂的短文和论述,练习文体手法和不同类型的复杂语篇连接词。学员还将承担越来越大的责任,完全用阿拉伯语上课,并参与演讲和在教师指导下展开讨论。

开课时间:春季

先修课程:FA202或FA220/222或同等水平

13) 课程:FA321

标题:高级阿拉伯语Ⅰ

学分:3-0-3

描述:通过运用各种文本和媒体,学员将提高阿拉伯语口语和书面语的流利程度。该课程将全部以阿拉伯语进行,包括阅读短篇小说、新闻文章、电影和阿拉伯文学著作选编等。学员将进行全面的课堂讨论,撰写论文和故事,并在课堂上展示研究成果。

开课时间:秋季

先修课程:FA202或FA220/222或系主任批准

14) 课程:FA322

标题:高级阿拉伯语Ⅱ

学分:3-0-3

描述:通过在课堂上只使用阿拉伯语,学员们将努力提高阿拉伯语口语和书面语的流利程度。该课程将包括阅读和讨论一部短篇小说或阿拉伯戏剧,并讨论相关文化、历史和政治背景。该课程将着重强调提高语法和文体复杂性。

开课时间:春季

先修课程:FA301

15) 课程:FA325

标题:媒体中的阿拉伯语

学分:3-0-3

描述:该课程使阿拉伯语高级学员熟悉各种形式的流媒体,包括阿拉伯语报纸和杂志、电视新闻、互联网网站和广播等。学员使用课堂上练习的词汇和句法结构,撰写一系列关于热门社会问题的短文。

开课时间:秋季

先修课程:FA202 和系主任的批准

16) 课程:FA342

标题:阿拉伯语方言

学分:3-0-3

描述:该课程帮助阿拉伯语学员熟悉阿拉伯世界的主要方言。学员学习用方言说话的基础知识,以及声音、形式、习语词汇和语法结构。可以学习的方言有:叙利亚语(FA342S)、埃及语(FA342G)、巴勒斯坦语(FA342P)、摩洛哥语(FA342M)、阿曼语(FA342O)、黎巴嫩语(FA342L),或阿拉伯语教师开设的其他方言。

开课时间:春季

先修课程:FA202 和系主任的批准

17) 课程:FA350E

标题:阿拉伯文化之窗

学分:3-0-3

内容:该课程使用英语授课,探索从古兰经到当代小说和电影的阿拉伯文化,讨论阿拉伯身份、阿拉伯人的智慧贡献,以及阿拉伯人在当今关键问题上的声音。该课程属于高级人文社会科学课程。

开课时间:秋季

先修课程:HE112 或同等水平

18) 课程:FA425

标题:社会中的阿拉伯话语体系

学分:3-0-3

描述:该高级语言课程旨在让学员熟悉各种类型的复杂阿拉伯语话语,介绍阿拉伯文化史、现代阿拉伯社会和文化运动的各个方面。课程使用文选和补充音像材料,涉及现代和历史政治思想、宗教思想、文化批评、历史调查、哲学和文学等。学员阅读和讨论阿拉伯语选集,分析文本复杂的句法结构,并评估文体和修辞手段。写作作业的重点是,改善写作风格、内容和论点结构。

开课时间:秋季

先修课程:FA202 和系主任的批准

19) 课程:FA426

标题:现代阿拉伯文学

学分:3-0-3

描述:该课程完全以阿拉伯语进行,探索在整个阿拉伯世界广受赞誉的现代阿拉伯文学样本。学员阅读和分析从摩洛哥到阿拉伯湾这一广泛地理区域的著作,时间范围从 1900 年延伸至今。现代和当代文学中反复出现的主题,如文化和民族认同、殖民主义、宗教、性别关系和阶级冲突等,是阿拉伯语文本和相关写作任务讨论的基础。该课程包括阅读短、中篇小说或长篇小说的节选章节以及诗歌。

开课时间:春季

先修课程:FA301 和 FA302,或系主任批准

20) 课程:FC101

标题:初级中文Ⅰ

学分:3-0-3

描述:该课程是两门课程中的第一门,采用综合方法培养学员听、说、读、写标准普通话的能力。课程注重通过课堂内外各种活动来发展培养交际技巧,讲授罗马化拼写和方形字符,以及发音、句子结构和基本词汇。在培养沟通技巧的同时,课程还将强调文化接触。该课程可作为一、二年级的任选课。

开课时间:秋季

先修课程:无

21) 课程:FC102

标题:初级中文Ⅱ

学分:3-0-3

描述:FC101 的延续。如果通过,可以代替一、二年级的中级人文社会科学选修课。

开课时间:春季

先修课程:FC101

22) 课程:FC121

标题:初级强化汉语Ⅰ

学分:3-0-3

描述:该课程是 6 学分的核心必备课程,FC121 和 FC123 专为新手设计,以掌握普通话的一些基本生活技能为目标,为更高水平语言学习奠定基础。两门课程使用综合方法来培养学员听、说、读、写标准普通话的能力。课程注重通过课堂内外各种活动来发展培养交际技巧,教授罗马化拼写和方形字符,以及发

音、句子结构和基本词汇。在培养沟通技巧的同时,课程还将强调文化接触。该课程可作为一、二年级的任选课。FC121 和 FC123 相当于 FC101 和 FC102。

开课时间:秋季

先修课程:FC123 或系主任许可

23)课程:FC123

标题:初级强化汉语 Ⅱ

学分:3-0-3

描述:该课程是 6 学分的核心必备课程,FC121 和 FC123 专为新手设计,以掌握普通话的一些基本生活技能为目标,为更高水平语言学习奠定基础。两门课程使用综合方法来培养学员听、说、读、写标准普通话的能力。课程注重通过课堂内外各种活动来发展培养交际技巧,教授罗马化拼写和方形字符,以及发音、句子结构和基本词汇。在培养沟通技巧的同时,课程还将强调文化接触。该课程可作为一、二年级的任选课。FC121 和 FC123 相当于 FC101 和 FC102。

开课时间:春季

先修课程:FC121 或系主任许可

24)课程:FC201

标题:中级中文 Ⅰ

学分:3-0-3

描述:该课程从两门基础汉语课程延续而来,进一步培养学员对标准普通话的听、说、读、写能力。虽然重点仍放在交际技能上,但学员应该将他们的词汇和语法知识扩展到更全面的水平,以便他们能够随时和适当地将这些知识应用于表达自己的想法,以及理解更多本土风格的口头和书面文本。为了促进适当交流,该课程将涉及更多文化接触,并教授更多的汉字来巩固阅读和写作。

开课时间:秋季

先修课程:FC102

25)课程:FC202

标题:中级中文 Ⅱ

学分:3-0-3

描述:中级中文 Ⅰ(FC201)的延续。

开课时间:春季

先修课程:FC201

26)课程:FC220

标题:中级强化汉语 Ⅰ

学分:3-0-3

描述：FC220 和 FC222 共计 6 个学分，是 FC121 和 FC123 的强化延续。课程注重通过课堂内外各种活动来发展培养交际技巧，教授罗马化拼写和方形字符，以及发音、句子结构和基本词汇。在培养沟通技巧的同时，课程还将强调文化接触。该课程可作为一、二年级的任选课。这两门课程相当于 FC201 和 FC202。

开课时间：秋季

先修课程：FC222 或系主任许可

27）课程：FC222

标题：中级强化汉语Ⅱ

学分：3-0-3

描述：FC220 和 FC222 共计 6 个学分，是 FC121 和 FC123 的强化延续。课程注重通过课堂内外各种活动来发展培养交际技巧，教授罗马化拼写和方形字符，以及发音、句子结构和基本词汇。在培养沟通技巧的同时，课程还将强调文化接触。该课程可作为一、二年级的任选课。这两门课程相当于 FC201 和 FC202。

开课时间：春季

先修课程：FC220 或系主任许可

28）课程：FC301

标题：高级中文Ⅰ

学分：3-0-3

描述：该课程是两门课程中的第一门，从语言技能的指导训练过渡到更自由、更真实的普通话交流。课程将有目标地组织实施课堂活动，并加以严格指导，在解决各类课堂问题的任务中，将加载大量文化内容。课程还将教授如何使用字典和罗马化拼音系统在计算机上输入汉字，以提高学员阅读和写作的能力，并要求学员每天练习手写和记住更多汉字。

开课时间：秋季

先修课程：FC202

29）课程：FC302

标题：高级中文Ⅱ

学分：3-0-3

描述：高级中文Ⅰ的延续。

开课时间：春季

先修课程：FC301

30）课程：FC309

标题：国外语言沉浸——中文

学分：3-0-3

描述:这门沉浸式课程要求通过课堂和体验式学习,在特定东道国的学术项目背景下进行语言和文化的沉浸学习,并由美国海军学院语言和文化系教师进行审查。每个项目都旨在促进学员语言技能的发展,并促进他们对目标国家社会、文化和历史等方面的了解。每个项目除了在东道国进行15小时的文化学习和远足外,还设计了至少45个小时的接触语言教学。FC309为在国外成功完成为期四周课程并取得合格成绩的学员提供3个学分。为了获得学分和适当的入学安排,学员必须完成项目主任指定的C或以上级别的语言和文化系课程,才能获得3个学分,并被安排进入适当级别的语言项目,以便项目结束回国后在课堂上继续获得语言技能。当国外语言沉浸体验不能完全达到学院现开设的语言课程要求时,FC309才会以学员在课堂学习期间所获学分为准。

开课时间:春季

先修课程:FC202或同等水平

31)课程:FC350

标题:电影中的中国文化

学分:3-0-3

描述:该课程以英语授课,通过故事片、纪录片和阅读材料介绍中国社会和文化。每部电影都从各种理论和分析角度进行研究,主题包括中国历史事件、中国文化和社会的各个方面、传统与现代的关系、性别政治以及全球化时代的中国民族主义等。该课程是选修课之一,也是美国海军学院区域研究课程的一部分。不需要学员具备中文知识,所展映的电影配有英文字幕。

开课时间:秋季

先修课程:HE111或同等水平

32)课程:FC360

标题:20世纪的中国

学分:3-0-3

描述:该课程以英语授课,通过文学研究现代中国身份,课程材料包括中国作家的短篇小说、戏剧、诗歌和小说,以及西方学者的历史叙事、传记和文学批评等。该课程的目标是帮助学员了解20世纪中国的历史、社会和文化,学习不同的批判性方法和策略,以分析和发现文学文本的价值,了解中国传统和现代思想中的自我概念,以及个人自我与中国民族认同的关系。该课程是选修课之一。不需要学员具备中文知识。

开课时间:春季

先修课程:HE112或同等水平

33）课程：FC401

标题：中国语言与文化Ⅰ

学分：3-0-3

描述：该课程是 FC302 的延续，目标在于提高学员对汉语词汇、语法、话语结构、交际技巧、文字阅读和写作的能力，以及他们对中国文化的了解。通过研究汉字的起源和结构、同音异义词、繁体和简体字、国名的起源、妇女与婚姻、教育、节育、人权、宗教、神话和民间故事等丰富多样的话题，学员们将增加对中国历史和现代生活的了解，同时逐渐掌握更高水平的汉语口语和书面能力。

开课时间：秋季

先修课程：FC302 或同等水平

34）课程：FC402

标题：中国语言与文化Ⅱ

学分：3-0-3

描述：该课程是 FC401 的延续，目标在于进一步提高学员对汉语词汇、语法、话语结构、交际技巧、字符阅读和写作的能力，以及他们对中国文化的了解。通过研究汉字的起源和结构、同音异义词、繁体和简体字、国名的起源、妇女与婚姻、教育、节育、人权、宗教、神话和民间故事等丰富多样的话题，学员们将增加对中国历史和现代生活的了解，同时逐渐掌握更高水平的汉语口语和书面能力。

开课时间：春季

先修课程：FC401 或同等水平

35）课程：FC403

标题：中国语言与文化Ⅲ

学分：3-0-3

描述：FC403 是 FC402 的延续，旨在进一步加强学员对中文词汇、语法和话语结构的接触。该课程进一步提高学员的口语和汉字识别技能，帮助他们进一步了解中国文化的相关知识。通过研究汉字的起源和结构、语用学、语言政策、民族认同、妇女与婚姻等丰富多样的话题，学员们使用汉语的能力获得提升，处理各种跨语言、跨文化任务的水平也将得到加强。

开课时间：秋季

先修课程：FC402 或同等水平

36）课程：FC404

标题：中国语言与文化Ⅳ

学分：3-0-3

描述：FC404 是 FC403 的延续，进一步提高学员的听、说、读、写能力，以及他们对中国文化的理解。通过研究教育、人口政策、人权、宗教和流行文化等丰富多样的主题,学员使用汉语的能力,以及处理各种跨语言、跨文化交流任务的水平将得到进一步加强。

开课时间:春季

先修课程:FC403 或同等水平

37)课程:FC411

标题:高级中文阅读与写作Ⅰ

学分:3-0-3

描述:该课程专注于从日常口头交流,过渡到阅读和写作内容复杂、句式复杂的书面用语。学员将学习高级词汇和写作技巧,以应付更有挑战性的材料,并根据阅读作业进行定期的课堂讨论和中文写作,以提高阅读和写作技能。

开课时间:秋季

先修课程:FC404 或同等水平

38)课程:FC412

标题:高级中文阅读与写作Ⅱ

学分:3-0-3

描述:FC412 是 FC411 的延续,同样专注于正式中文的高级阅读和写作。该课程进一步提高学员处理具有复杂结构、复杂思路的正式书面材料的能力。通过阅读和写作作业,该课程还为学员在各种社会文化环境中的交际任务做好准备,重点是掌握正式汉语的语言和风格。

开课时间:春季

先修课程:FC411 或同等水平

39)课程:FC413

标题:高级中文阅读与写作Ⅲ

学分:3-0-3

描述:该课程是 FC412 的延续,同样注重阅读和写作正式汉语。该课程进一步提高学员处理结构更加复杂、思路更加细致的正式书面材料的能力。通过阅读和写作作业,该课程还为学员在使用汉语的各种社会文化背景下的交际任务做好准备。

开课时间:秋季

先修课程:FC412

40)课程:FC414

标题:高级中文阅读与写作Ⅳ

学分:3-0-3

描述:FC414 是 FC413 的延续,同样注重阅读和写作正式汉语。该课程进一步提高学员处理结构更复杂、思路更细致、用词更严谨的正式书面材料的能力。通过阅读和写作作业,该课程将为学员在使用汉语的各种社会文化背景下的交际任务做好准备,重点是掌握正式汉语的语言和风格。

开课时间:春季

先修课程:FC413

41)课程:FC450

标题:中文话语风格

学分:3-0-3

描述:该课程巩固学员通过此前中文课程获得的知识和技能。通过研究不同风格的话语,如故事、广告、公告、公开演讲、信件和采访等,提高学员的听、说、读、写能力。在单句层面的理解和表达基础上,学员将重点提高组织各种话语的能力,比如能够有顺序或按照因果逻辑进行叙述,能够描述物理环境和个人情感,能够理解不同语境中的立场和观点。

开课时间:秋季

先修课程:FC302 或同等水平

42)课程:FC460

标题:媒体中的汉语

学分:3-0-3

描述:该课程通过让学员接触各种形式的中文媒体,包括报纸报道、网络新闻、电视摘录和其他视听材料等,培养学员的汉语水平。学员将扩大词汇量,丰富语法结构和习语表达的知识,更多接触书面汉语,并增进对口语和写作中叙述、描写和论证的理解和学习。

开课时间:春季

先修课程:FC401 或 FC450 或同等水平

43)课程:FF101

标题:基础法语 I

学分:3-0-3

描述:培养基本的交际技巧,重点是口语和听力理解。

开课时间:秋季

先修课程:无

44)课程:FF102

标题:基础法语 II

学分:3-0-3

描述:培养基本的交际技巧,重点是口语和听力理解。

开课时间:春季

先修课程:FF101

45)课程:FF201

标题:中级法语Ⅰ

学分:3-0-3

描述:利用现实生活中的情境继续提升口语、阅读和写作技能。强调法语世界的实用与日常文化。

开课时间:秋季

先修课程:FF102

46)课程:FF202

标题:中级法语Ⅱ

学分:3-0-3

描述:利用现实生活中的情境继续提升口语,阅读和写作技能。强调法语世界的实用与日常文化。

开课时间:春季

先修课程:FF201

47)课程:FF301

标题:高级法语与文学阅读Ⅰ

学分:3-0-3

描述:培养流利的对话能力以及阅读和写作能力。强调法语文学和文化的主要方面。用法语授课。

开课时间:秋季

先修课程:FF202

48)课程:FF302

标题:高级法语与文学阅读Ⅱ

学分:3-0-3

描述:培养流利的对话能力以及阅读和写作能力。强调法语文学和文化的主要方面。用法语授课。

开课时间:春季

先修课程:FF202

49)课程:FF309

标题:国外语言沉浸——法语

学分:3-0-3

描述:这门沉浸式课程要求通过课堂和体验式学习,在特定东道国的学术项目背景下进行语言和文化的沉浸学习,并由美国海军学院语言和文化系教师进行审查。每个项目都旨在促进学员语言技能的发展,并促进他们对目标国家社会、文化和历史等方面的了解。每个项目除了在东道国进行15小时的文化学习和远足外,还设计了至少45个小时的接触语言教学。FF309为在国外成功完成为期四周课程并取得合格成绩的学员提供3个学分。为了获得学分和适当的入学安排,学员必须完成项目主任指定的C或以上级别的语言和文化系课程,才能获得3个学分,并被安排进入适当级别的语言项目,以便项目结束回国后在课堂上继续获得语言技能。当国外语言沉浸体验不能完全达到学院现开设的语言课程要求时,FF309才会以学员在课堂学习期间所获学分为准。

开课时间:春季

先修课程:FF202或同等水平

50)课程:FF411

标题:法国文明的发展

学分:3-0-3

描述:从法国文明的起源到第二次世界大战。

开课时间:秋季

先修课程:FF302或系主任的批准

51)课程:FF412

标题:现代法国

学分:3-0-3

内容:当代法国的各个方面:地理、经济、制度、社会、政治和文化。

开课时间:春季

先修课程:FF302或系主任的批准

52)课程:FF421

标题:法国文学代表性读物Ⅰ

学分:3-0-3

内容:不同时期主要作家作品的课堂讨论,以及若干电影赏析。用法语授课。

开课时间:秋季

先修课程:FF302或系主任的批准

53)课程:FF422

标题:法国文学代表性读物Ⅱ

学分:3-0-3

描述:不同时期主要作家作品的课堂讨论,以及若干电影赏析。用法语授课。

开课时间:秋季

先修课程:FF302 或系主任的批准。

54) 课程:FF432

标题:法国和阿拉伯世界

学分:3-0-3

描述:该课程让学员参与阅读、写作和讨论法国与阿拉伯世界的关系,包括殖民和后殖民时期,法国与北非和中东的政治文化联系。研究主题包括:法国移民政策,法国境内的北非社区,阿拉伯世界的法语文学,以及法语口语和书面语在北非和黎巴嫩起到的作用,等等。研究材料包括:法语媒体的文章、虚构叙事、第一人称回忆录、纪录片和故事片。还将邀请演讲嘉宾,为学员们提供额外的个人观点以及在法语阿拉伯国家的第一手经验。该课程完全以法语进行。

开课时间:春季

先修课程:FF302 或系主任的批准

55) 课程:FG101

标题:基础德语Ⅰ

学分:3-0-3

描述:该课程是一门初级课程,旨在通过让学员从上课的第一天开始,接触真实的德语口语和书面语来培养沟通技巧。该课程除了通过真实的材料激发对德国文化和传统的兴趣外,还着重强调学员能有效应对真实的语言情况。课程还强调培养学员丰富的语言技能以及沟通策略。课程材料包括:计算机软件、视频片段和电影剪辑。

开课时间:秋季

先修课程:无

56) 课程:FG102

标题:初级德语Ⅱ

学分:3-0-3

描述:该课程为初级课程,旨在帮助德语零基础或接近零基础学员提高德语口语、阅读、写作、听力,并提高他们的文化知识。在 102 级别,德国学员将扩大他们在个人话题上的交流能力。该课程包括具有教育性和吸引力的项目。课堂活动的重点是学员的互动和积极的口头参与。课程目标是发展必要的基础知识,以便在个人、家庭、社交和日常情况下,学员能自信而连贯地表达自己,并让学员熟悉德国社会和文化的方方面面。

开课时间:春季

先修课程:FG101

57) 课程:FG201

标题:中级德语Ⅰ

学分:3-0-3

描述:FG101的延续,旨在提高学员的口语和书面交际能力,同时培养语法能力,并通过多媒体、网络和印刷品,加强学员对当代德语世界的社会、文化和政治现实的理解。课堂活动强调以学员为中心的情境,鼓励个性化地、创造性地使用德语,包括角色扮演、辩论以及关于文化主题和时事的口头报告等。

开课时间:秋季

先修课程:FG102

58) 课程:FG202

标题:中级德语Ⅱ

学分:3-0-3

描述:该课程是中级课程,是FG201的延续,旨在扩展学员的口语、阅读、写作和听力能力,并发展他们的文化知识。授课和课堂活动全部以德语进行,课堂活动侧重于鼓励学员互动和积极参与口头表述。此外,该课程将在FG201的语法和词汇基础上进一步加强,以便学员在个人、家庭、社会和日常生活中能够自信而连贯地表达自己,并使学员熟悉德国社会和文化的各个方面。

开课时间:春季

先修课程:FG201

59) 课程:FG309

标题:国外语言沉浸——德语

学分:3-0-3

描述:这门沉浸式课程要求通过课堂和体验式学习,在特定东道国的学术项目背景下进行语言和文化的沉浸学习,并由美国海军学院语言和文化系教师进行审查。每个项目都旨在促进学员语言技能的发展,并促进他们对目标国家社会、文化和历史等方面的了解。每个项目除了在东道国进行15小时的文化学习和远足外,还设计了至少45个小时的接触语言教学。FG309为在国外成功完成为期四周课程并取得合格成绩的学员提供3个学分。为了获得学分和适当的入学安排,学员必须完成项目主任指定的C或以上级别的语言和文化系课程,才能获得3个学分,并被安排进入适当级别的语言项目,以便项目结束回国后在课堂上继续获得语言技能。当国外语言沉浸体验不能完全达到学院现开设的语言课程要求时,FG309才会以学员在课堂学习期间所获学分为准。

开课时间:春季

先修课程:FG202 或同等水平

60) 课程:FG310

标题:当代德国概论

学分:3-0-3

描述:该课程完全以德语进行。介绍德意志联邦共和国的地理和政治、经济和社会制度。强调高级德语技能的发展。

开课时间:秋季

先修课程:FG202

61) 课程:FG320

标题:当代德国——写作

学分:3-0-3

描述:该课程通过关注当代德国(1945 至今)的文化主题,提高学员的德语阅读、写作和会话技能,使他们能够提高用德语成功交流的能力,同时增加他们对当今德国文化的理解和赏析。该课程的一个特别重点是提高学员的阅读和写作能力。

开课时间:春季

先修课程:FG310

62) 课程:FG411

标题:德国文化——文学与艺术 I

学分:3-0-3

描述:该课程完全以德语进行,通过 18 世纪至 20 世纪的文学和艺术关注德国文化,提高学员的德语阅读、写作和会话技能。这是一个研讨会风格的课程,使用讨论、阅读和写作,将学员的德语技能扩展到中级以上,并引导他们研究赏析歌德和席勒等作家,巴赫、莫扎特和贝多芬等作曲家,以及卡斯帕·弗里德里希和威廉·布施等艺术家的作品。

开课时间:春季

先修课程:FG320 或系主任的许可

63) 课程:FG412

标题:德国文化——文学与艺术 II

学分:3-0-3

描述:该课程完全以德语进行,是 FG411 的延续,将介绍当代德国文学、艺术和媒体,继续提高学员使用德语沟通的技巧。学员通过文学和电影开始学习魏玛文化,并探索当代德国文学、艺术、音乐以及公共和社交媒体等。

开课时间:秋季

先修课程:FG411 或系主任的许可

64)课程:FG421

标题:电影中的德国文化:20 世纪

学分:3-0-3

描述:该课程完全以德语进行,通过 20 世纪 30 年代至 90 年代的德国电影探索德国文化和历史。通过追溯从战后重建到冷战再到德国统一的政治和历史轨迹,课程将研究一个分裂和统一的屏幕形象,以便批判性地反思德国国家、文化认同和政治表现等概念。

开课时间:秋季

先修课程:FG320 或系主任的许可

65)课程:FG422

标题:电影中的德国文化:21 世纪

学分:3-0-3

描述:该课程完全以德语进行,重点是统一以来的德国媒体和电影制作。课程将探讨德国媒体和电影如何捕捉到统一后时期的氛围,并广泛讨论自 20 世纪 90 年代以来的主要电影作品。课程将以德国电影制作和社交媒体形式为例,观察和评论德国媒体从 20 世纪 90 年代至今所走过的道路,以反思当代德国文化和社会。

开课时间:春季

先修课程:FG320 或系主任的许可

66)课程:FJ101

标题:初级日语Ⅰ

学分:3-0-3

描述:该课程介绍当代口语和书面日语。重点是培养听力、口语、阅读和写作等基本沟通技巧。还将介绍所有假名字母和一些汉字字符。

开课时间:秋季

先修课程:无

67)课程:FJ102

标题:初级日语Ⅱ

学分:3-0-3

描述:该课程介绍当代口语和书面日语。重点是培养听力、口语、阅读和写作等基本沟通技巧。还将介绍所有假名字母和一些汉字字符。

开课时间:春季

先修课程:FJ101

68）课程：FJ201

标题：中级日语Ⅰ

学分：3-0-3

描述：该课程旨在进一步提高学员的日语口语和书面语沟通技巧。将介绍更多的汉字字符，以使学员能够阅读真实的书面材料，如备忘录、广告和信件。

开课时间：秋季

先修课程：FJ102

69）课程：FJ202

标题：中级日语Ⅱ

学分：3-0-3

描述：该课程继续提高学员的口语和书面语沟通技巧。课程材料以日语提供。

开课时间：春季

先修课程：FJ201

70）课程：FJ301

标题：高级日语Ⅰ

学分：3-0-3

内容：该课程将介绍用于更有效人际沟通和书面文本解释所需的，更复杂词汇和更复杂句子结构。

开课时间：秋季

先修课程：FJ202

71）课程：FJ302

标题：高级日语Ⅱ

学分：3-0-3

内容：该课程旨在进一步提升沟通技巧。重点是向学员灌输对日语使用的文化和社会背景的了解和敏感性。

开课时间：春季

先修课程：FJ301

72）课程：FJ309

标题：国外语言沉浸——日语

学分：3-0-3

描述：这门沉浸式课程要求通过课堂和体验式学习，在特定东道国的学术项目背景下进行语言和文化的沉浸学习，并由美国海军学院语言和文化系教师进行审查。每个项目都旨在促进学员语言技能的发展，并促进他们对目标国家社会、文化和历史等方面的了解。每个项目除了在东道国进行15小时的文化学习和远足外,还设计了至少45个小时的接触语言教学。FJ309为在国外成功完成为期四周课程并取得合格成绩的学员提供3个学分。为了获得学分和适当的入学安排,学员必须完成项目主任指定的C或以上级别的语言和文化系课程,才能获得3个学分,并被安排进入适当级别的语言项目,以便项目结束回国后在课堂上继续获得语言技能。当国外语言沉浸体验不能完全达到学院现开设的语言课程要求时,FJ309才会以学员在课堂学习期间所获学分为准。

开课时间:春季

先修课程:FJ202或同等水平

73) 课程:FJ310

标题:通过电影看日本

学分:3-0-3

描述:该课程通过电影探索日本传统和当代文化,侧重于语言和非语言的跨文化交流,探讨日本电影中的文化差异。我们将欣赏各类电影,包括描绘武士时代、第二次世界大战和现代日本的电影。课堂讨论将突出日本与美国的文化模式,课程阅读侧重于与日本历史特定时期相关的语言、社会和文化信息。该课程以英语授课。

开课时间:秋季

先修课程:无

74) 课程:FJ350

标题:电影中的日本文化

学分:3-0-3

描述:该课程通过电影探索日本文化,主要目标是增加学员对日本文化的知识和理解。我们将探索各种文化主题,包括生活方式(住房、食物),社会结构(阶级、职业),文化习俗(习俗、沟通方式)和文化观点(价值观、规范)等。学员还将分享他们对日本文化的想法、感受和态度,以深入感知文化差异。该课程以日语授课。

开课时间:春季

先修课程:FJ202或教师批准

75) 课程:FJ411

标题:ADV日语翻译和口译

学分:3-0-3

描述:该课程专为在高级水平后继续攻读日语辅修课程的学员而设计,重点介绍日语原文的翻译和口译。课程的教学材料是从各种体裁中挑选出来的,包括写于8世纪至20世纪不同时期的诗歌、短篇小说和民间故事。课程内容包括:对日本文学传统的简要讨论,古日语和地区方言的介绍,以及讨论日本文化产物和现象的社会和心理意义。该课程以日语授课。

  开课时间:春季

  先修课程:FJ202 和由教师批准

  76)课程:FJ412

  标题:高级日语会话

  学分:3-0-3

  描述:该课程旨在进一步发展沟通技巧,特别是在听力和口语方面。课程内容包括综合阅读和写作技能,以重点加强听力和口语技能。目标包括:①让学员以连贯和流畅的方式表达自己对选定主题的想法;②能够倾听信息并做笔记;③提高使用日语阅读和提取、呈现信息的实践能力。该课程以日语授课。

  开课时间:秋季/春季

  先修课程:FJ202 或系主任的批准

  77)课程:FJ420

  标题:日语交际的文化实践

  学分:3-0-3

  描述:该课程深入探讨日语会话和文化。可能涵盖的主题包括:轮流用日语发言、适当的倾听策略、表达协议/分歧、转变对话风格、讲故事/叙事、身份构建等。对于每个主题,课程都要求学员将其与日语交流所需的适当文化和对话建立联系。该课程以日语授课。

  开课时间:秋季/春季

  先修课程:FJ202 或教师批准

  78)课程:FJ425

  标题:日语媒体研究

  学分:3-0-3

  描述:该课程通过分析报纸文章、期刊、电视新闻和纪录片,来教授高级阅读和写作技巧。还将介绍有用的翻译策略和技巧。

  开课时间:秋季/春季

  先修课程:FJ202

  79)课程:FL210

  标题:区域研究基础

  学分:3-0-3

  描述:该课程讲授如何通过跨学科的视角分析、理解和解释外国文化。这一视角对于加深整体理解至关重要。该课程的目标是让学员从"主位"的角度了解世界各地地区、区域、社会和文化,超越以美国和欧洲为中心的视角,并揭示反映在根深蒂固的文化价值观表达中的内在逻辑。在该课程结束时,学员将展示他们对区域研究领域的理解——掌握它的跨学科性质,并将其运用在海军军官职业生涯中,他们还将学会常见的定量、定性社会科学方法以及如何将其应用于区域研究,并掌握有关当前讨论语言知识价值的知识、国内外文化和多元观点等。

开课时间:秋季/春季

先修课程:无

80)课程:FL220

标题:语言与语言学

学分:3-0-3

描述:该课程探索语言的本质和结构,包括对声音系统(语音学和音韵学)、单词形成模式、句法、语义学和语用学(社会语境中的意义)的研究。其他主题包括:跨文化差异、语言和社会身份、文本性与写作性、语言处理,以及第一和第二语言习得。

开课时间:春季

先修课程:HE112

81)课程:FL301

标题:跨文化交际

学分:3-0-3

描述:该课程探讨不同的文化如何通过它们的独特观点实现经验交流。由于军事专业人员在与外国文化接触时遇到问题,与不同文化和种族背景的人进行有效沟通已成为一种专业资产。该课程的目标是,提高文化意识和能力,并教授有助于与外国文化进行有意义互动的沟通技巧。学员将提高有效参与当今不断增长的全球社区以及美国社会文化多样性所需的沟通技巧。

开课时间:春季

先修课程:HE111

82)课程:FL302

标题:文化人类学导论

学分:3-0-3

描述:军事应用文化人类学导论从人类学角度向学员们介绍文化概念,以便在军事行动环境中实际运用。该课程旨在通过培养学员们对文化动机、行为复杂性的认识和敏感性,来满足学员的需求。

开课时间:秋季

先修课程:HE111

83)课程:FL471A

标题:跨文化研讨会——海外学期前

学分:1-0-1

描述:该课程专为将在外国军事学院或文职机构度过一个学期的学员而设计,以研讨会形式开展,1学分,在学员出国前的学期内提供。该课程也是跨越3个学期的3学分课程的第一部分,它旨在为学员提供技能,使他们能够最大限度地用好他们的海外学习经验。学员将深入了解"文化"一词的方方面面,包括文化运作,并学习如何有效地处理文化冲击和他们在课程中可能面临的其他问题。

开课时间:秋季

先修课程:无

84)课程:FL471B

标题:跨文化研讨会——海外学期

学分:1-0-1

描述:该课程专为正在外国军事学院或文职机构度过一个学期的学员而设计,1学分,面向所有刚完成FL471A课程的海外学期课程参与者。该课程旨在为所有参与者提供机会,通过观察、互动、作品集和每周报告等,来进一步了解他们所在的国家。每位参与者都分配有一名导师,并将收到有关每周报告和作品集进度的反馈。该作品集将成为FL471C课程,即海外经历后跨文化研讨会的重点。

开课时间:秋季

先修课程:FL481A

85)课程:FL471C

标题:跨文化研讨会——海外学期后

学分:1-0-1

描述:该课程专为已在外国军事学院或文职机构度过一个学期的学员而设计,1学分,面向所有刚刚完成海外留学课程的学期出国计划参与者。该课程旨在为所有参与者提供机会,以进一步了解他们居住过的国家,鼓励他们反思在海外的个人、社会和文化经历。课程内容将涵盖反向文化冲击和重新回归美国海军学院生活等主题。课程作业包括:项目后调查、展示个人研究作品集,以及基于在国外创建的实地笔记和期刊的小组作业。

开课时间:秋季/春季

先修课程:FL471B

86)课程:FR101

标题:基础俄语Ⅰ

学分:3-0-3

描述:该课程是两门课程中的第一门,通过使用交际语言方法介绍俄罗斯文化和日常生活,重点是听力理解和口语。这些课程培养基本的阅读和写作技能,并提供对当代社会和行为规范的见解。该课程可作为一、二年级的任选课。

开课时间:秋季

先修课程:无

87)课程:FR102

标题:基础俄语Ⅱ

学分:3-0-3

描述:FR101 的延续。该课程可代替一、二年级的中级人文社会科学选修课。

开课时间:春季

先修课程:FR101

88)课程:FR201

标题:中级俄语Ⅰ

学分:3-0-3

描述:继续提升口语、阅读和写作技能,重点是口语。包括地区和文化主题。

开课时间:秋季

先修课程:FR102

89)课程:FR202

标题:中级俄语Ⅱ

学分:3-0-3

描述:继续提升口语、阅读和写作技能,重点是口语。包括地区和文化主题。

开课时间:春季

先修课程:FR201

90)课程:FR309

标题:国外语言沉浸——俄语

学分:3-0-3

描述:这门沉浸式课程要求通过课堂和体验式学习,在特定东道国的学术项目背景下进行语言和文化的沉浸学习,并由美国海军学院语言和文化系教师进行审查。每个项目都旨在促进学员语言技能的发展,并促进他们对目标国家社会、文化和历史等方面的了解。每个项目除了在东道国进行 15 小时的文化学习和远足外,还设计了至少 45 个小时的接触语言教学。FR309 为在国外成功完成为期四周课程并取得合格成绩的学员提供 3 个学分。为了获得学分和适当的入学安排,学员必须完成项目主任指定的 C 或以上级别的语言和文化系课程,才能获得 3 个学分,并被安排进入适当级别的语言项目,以便项目结束回国后在课堂上继续获得语言技能。当国外语言沉浸体验不能完全达到学院现开设的语言课程要求时,FR309 才会以学员在课堂学习期间所获学分为准。

  开课时间:春季
  先修课程:FR202 或同等水平
 91)课程:FR330
  标题:高级俄语Ⅰ
  学分:3-0-3

  描述:该课程目标是,让学员加强阅读、写作、口语和听力四个技能,提升用俄语交际的实效性和流畅性,同时,加深他们对俄罗斯文化的理解。该课程将介绍有效沟通所需的词汇和句子结构。课程材料包括多媒体材料,以及当代大众媒体和流行文化。

  开课时间:秋季
  先修课程:FR202
 92)课程:FR340
  标题:高级俄语Ⅱ
  学分:3-0-3

  描述:在该课程中,学员们将继续提高阅读、写作、口语和听力四个技能,利用他们的俄语技能来了解俄罗斯的过去和当代问题。该课程将介绍理解更为正式的书面俄语所需的高级词汇和语法,课程材料包括基于 Web 的视频和印刷媒体。

  开课时间:春季
  先修课程:FR202
 93)课程:FR350
  标题:翻译作品中的俄罗斯文学与文化
  学分:3-0-3

  描述:该课程将介绍经典俄语作品的英文翻译,这些作品深深影响了当代俄罗斯人的行为和思考方式。通过俄罗斯文学、音乐和电影,学员可深入了解俄罗斯文化。该课程是高级人文社会科学课程。

  开课时间:秋季
  先修课程:无
 94)课程:FR411
  标题:专业俄语
  学分:3-0-3

描述:该课程向学员介绍阅读和理解更高级文本所需的词汇和语法,主要使用媒体文本,也使用对话语言。该课程将介绍翻译和理解复杂文本的策略,学员在整个学期中将接触越来越复杂的文本。

开课时间:秋季

先修课程:FR340 或系主任的批准

95)课程:FR412

标题:当代俄罗斯

学分:3-0-3

描述:在该高级课程中,学员将提升主动、被动语言技能,利用它们来探索俄罗斯当代社会、文化、经济、政治和军事问题。该课程将介绍高级口语和书面表达所需的词汇和句子结构。课程材料包括各种来源的多媒体和印刷品。

开课时间:春季

先修课程:FR340 或系主任的批准

96)课程:FR460

标题:电影中的俄语

学分:3-0-3

描述:该课程使用电影作为培养专业俄语水平的媒介,同时提高学员对俄罗斯文化的认识和理解。课程将从苏联时期至今的著名俄罗斯经典电影中汲取灵感,探索俄罗斯文化和身份。课程中赏析的经典电影,将为学员提供对苏联和后苏联时期俄罗斯生活和社会演变的见解。该课程的目标是,帮助学员提高所在领域的口语、阅读、听力和写作技能,使学员成为有效的俄语沟通者。

开课时间:秋季

先修课程:FR340

97)课程:FS103

标题:基础西班牙语Ⅰ

学分:3-0-3

描述:该课程是两门课程序列中的第一门,强调在复习语法的背景下提高西班牙语听力和口语技能,重点介绍复杂的语言结构。这两门课程都将强调接触真实的文化材料(书籍、视频、互联网等)和对话交流。

开课时间:秋季

先修课程:高中一年的西班牙语或系主任的批准

98)课程:FS104

标题:基础西班牙语Ⅱ

学分:3-0-3

描述:FS103 的延续,强调在复习语法的背景下提高听力和口语技能,着重掌握复杂的口头结构。授课重点有:词汇构成、过去式、掌握习语结构、需要副词的复杂句式等。这两门课程都强调接触真实的文化材料(书籍、视频、互联网等)和对话交流。

开课时间:春季

先修课程:FS103

99) 课程:FS201

标题:中级西班牙语Ⅰ

学分:3-0-3

描述:中级西班牙语Ⅰ继续提升口语、听力、阅读、写作等语言技能。着重加强掌握主动和被动词汇、使用更复杂的语言结构以及提高文化素养。该课程以西班牙语授课。

开课时间:秋季

先修课程:FS104

100) 课程:FS202

标题:中级西班牙语Ⅱ

学分:3-0-3

描述:中级西班牙语Ⅱ继续提升口语、听力、阅读、写作等语言技能。着重加强掌握主动和被动词汇、使用更复杂的语言结构以及提高文化素养。该课程以西班牙语授课。

开课时间:春季

先修课程:FS201

101) 课程:FS301

标题:ADV 西班牙语和当代西班牙裔美国人读物

学分:3-0-3

描述:通过有关当代西班牙—美国文化的阅读和视频,培养口语和写作能力。将研究语法评论、互联网搜索、基于计算机的材料、报纸文章和文学选集等,以解决西语国家的当前问题。

开课时间:秋季

先修课程:FS202

102) 课程:FS304

标题:ADV 西班牙语与当代西班牙读物

学分:3-0-3

描述:通过当代西班牙读物和视频,培养口语和写作的语言能力。将研究语法评论、互联网搜索、基于计算机的材料、报纸文章和文学选集等,以解决西班牙自佛朗哥以来的最新问题。课程内容还包括海军术语。

开课时间:春季

先修课程:FS202

103)课程:FS309

标题:国外语言沉浸——西班牙语

学分:3-0-3

描述:这门沉浸式课程要求通过课堂和体验式学习,在特定东道国的学术项目背景下进行语言和文化的沉浸学习,并由美国海军学院语言和文化系教师进行审查。每个项目都旨在促进学员语言技能的发展,并促进他们对目标国家社会、文化和历史等方面的了解。每个项目除了在东道国进行 15 小时的文化学习和远足外,还设计了至少 45 个小时的接触语言教学。FS309 为在国外成功完成为期四周课程并取得合格成绩的学员提供 3 个学分。为了获得学分和适当的入学安排,学员必须完成项目主任指定的 C 或以上级别的语言和文化系课程,才能获得 3 个学分,并被安排进入适当级别的语言项目,以便项目结束回国后在课堂上继续获得语言技能。当国外语言沉浸体验不能完全达到学院现开设的语言课程要求时,FS309 才会以学员在课堂学习期间所获学分为准。

开课时间:春季

先修课程:FS202 或同等水平

104)课程:FS412

标题:当代拉丁美洲文明

学分:3-0-3

描述:讲述拉丁美洲过去和现在的社会、经济、文化和政治模式,以及存在的问题。

开课时间:春季

先修课程:FS301 和 FS304,或系主任的批准

105)课程:FS413

标题:西班牙文明

学分:3-0-3

描述:介绍从罗马时期到 20 世纪的西班牙文化和文明,辅以视频、阅读和课堂讨论。

开课时间:秋季

先修课程:FS301 和 FS304,或系主任的批准

106）课程:FS421

标题:西班牙文学

学分:3-0-3

内容:介绍《熙德之歌》和《堂吉诃德》等代表性作品,以反映西班牙主要文学时期的文化、伦理和价值观。

开课时间:秋季

先修课程:FS301 和 FS304,或系主任的批准

107）课程:FS422

标题:美国西班牙文学

学分:3-0-3

内容:介绍美国西班牙文学,包括小说、故事、散文、诗歌和戏剧等,反映从殖民时代至今的主要西语美洲国家的文化、伦理和价值观。

开课时间:春季

先修课程:FS301 和 FS304,或系主任的批准

108）课程:FT220

标题:西班牙语Ⅰ学员的强化葡萄牙语

学分:3-0-3

描述:专为已完成中级西班牙语的学员设计,因为能够使用西班牙语是快速获得葡萄牙语词汇和语法的基础。学员将学会口语、听力、阅读、写作等四项基本技能,以及翻译。课程将强调语音(发音)和动词形式,着重突出葡萄牙语与西班牙语的差异和相似之处。学员将在一个学期内完成大约一年的学习材料。课堂任务有:语法练习、口语练习、撰写短文、对话和正式演讲。该课程几乎完全用葡萄牙语授课。

开课时间:春季

先修课程:FS202 或讲师和系主任的许可

109）课程:FX101

标题:非母语人士英语Ⅰ

学分:3-0-3

描述:第一年课程 HE111 的替代方案。强调写作、美国文化和价值观。

开课时间:秋季

先修课程:系主任的批准

110）课程:FX102

标题:非母语人士英语Ⅱ

学分:3-0-3

描述:第一年课程 HE112 的替代方案。强调写作、美国文化和价值观。
开课时间:春季
先修课程:FX101

5.5.4 学习机会

语言留学项目由语言和文化系管理,为完成至少两年外语学习的学员提供机会,通过完全的语言沉浸,获得关于外国人民、文化和世界观的第一手知识。它包括为期 4 或 6 周的暑期海外课程、学期海外课程、与外国海军学院交流访问,并承担一定的翻译实习生职责。出国留学的东道国包括:中国、法国、塞内加尔、德国、日本、拉脱维亚、阿曼、智利、墨西哥和西班牙。

1. 学期海外课程

学员可以通过国际项目办公室进行为期一学期的海外学习。所有符合条件的阿拉伯语和汉语专业的学员都将参加这个学期的留学计划。

2. 其他机会

精通外语的学员还有机会参加外国交流巡航、军校国际会议,并在美国驻外大使馆实习。

3. 海军学院中的语言和文化系

语言和文化系积极参与海军学院区域研究论坛,比如中东论坛、非洲论坛、亚太论坛、欧亚论坛和拉丁美洲论坛,支持具有区域重点的讲座、演讲和文化活动,并邀请外部专家与海军学院社区接触。

4. 毕业后的研究生出国留学奖学金

奥姆斯特德奖学金允许美国军官在外国大学以外语进行为期两年的研究生学习。每年,三大军校(海军学院、空军学院、西点军校)各有一至两名军官毕业生,在服役满三至十年后被选为奥姆斯特德学者。

5. 任务分派和外语水平奖金

近年来,海军和海军陆战队大大增加了驻外国地区军官的需求。对于某些语言,毕业生可能会根据外语熟练程度获得奖金。

5.6 政治学系

5.6.1 基本情况

政治学系为学员提供了完整的政治学本科课程,让他们能沉浸在对政治现象和基础过程、行为的研究中。

该专业学员首先完成入门课程,以对政治学主要子领域有一个概括性的了解,包括:美国政治学、比较政治学和国际关系。在专业学习中,课程将介绍社会科学的定量方法。然后,学员可选选修课来深入研究某一方向,或专注于某一特定领域(如民主进程、暴力冲突、法律、美国政府、地区研究、国家安全、新出现的威胁等)。主修政治学的学员在第四年时需参加一次顶点研讨会,包括完成一项扎实的独立研究项目。

该专业要求学员修外语和人文选修课。学员需要完成必修的科学、工程、数学和专业课程。毕业后,学员将获得政治学学士学位,这将为他们在海军和海军陆战队担任每个战争社区的领军人物做好准备。

学员们还可以通过该专业提供的 50 多个暑期实习项目,寻求更多接受教育的机会。实习期间,他们将被安排在华盛顿特区和国外各种机构开展具体工作。该专业的许多教员也在国外有关专业和文化机构为学员提供指导。毕业后,本着自愿和无缝衔接的原则,该专业的许多学员通过英国研究生项目继续学业。

获政治学学位后,学员将更加了解他们在美国政治体系中扮演的角色,有针对性地提高相关能力,以便更全面地了解作为海军和海军陆战队军官,如何在复杂而动态的全球政治环境中发挥作用。

政治学专业有 30 个学分,其中包括 4 门必修课:美国政府和宪法发展(FP130)、国际关系(FP210)、比较政治学(FP230)、政治学方法(FP220)和顶点研讨会(FP471)。6 门选修课,由指导老师提供建议,以便学员研究其感兴趣的领域。符合条件的学员可以参与荣誉课程。

5.6.2 课程设置

1)课程:FP130
标题:美国政府和宪法发展
学分:3-0-3
描述:美国民主的基本概念、宪法、政治进程、国家政府的结构和职能以及影响其运作的因素;重点强调宪法和法规对文职和军事政府官员的法律和道德要求。
开课时间:秋季/春季
先修课程:无

2)课程:FP130X
标题:美国政府与宪政发展
学分:3-0-3
描述:在外国学员的比较背景下,研究美国民主和宪法的基本概念。

开课时间：秋季

先修课程：该课程适用于外国学员

3）课程：FP210

标题：国际关系导论

学分：3-0-3

描述：分析国际关系的方法；国际政治制度的性质和演变；外交政策决策；非国家行为者的作用；外交和战争；第三世界经济发展；国际机构。

开课时间：秋季/春季

先修课程：FP130

4）课程：FP220

标题：政治学方法

学分：3-0-3

内容：为政治学家讨论科学哲学；指导研究方法，重点是科学方法和定量技术。

开课时间：秋季/春季

先修课程：FP130

5）课程：FP230

标题：比较政治学导论

学分：3-0-3

描述：向学员介绍其他社会的政治研究，为学员提供分析其他政治制度的基本框架，介绍该领域的关键理论概念、分析工具和开创性研究，为更高阶段的区域研究奠定基础。

开课时间：秋季/春季

先修课程：FP130

6）课程：FP310

标题：全球战略研究导论

学分：3-0-3

描述：从战略角度审视全球国际体系，以增强学员对全球变化过程和动态的认知，及其对海军职业生涯影响的理解。

开课时间：春季

先修课程：FP130

7）课程：FP311

标题：伦理与国际关系

学分：3-0-3

描述：该课程重点是研究国际关系的主流理论，特别是俾斯麦现实主义和威尔逊唯心主义。该课程使用历史和虚构案例、文学段落和邀请嘉宾演讲等，深入开展案例研究，介绍国家间关系中出现的道德困境。与处理个人道德问题的课程相比，该课程涉及国家和其他团体的行为，如叛乱运动，非政府组织和国际联系。

开课时间：秋季

先修课程：FP130

8）课程：FP313

标题：信息技术与国际政治

学分：3-0-3

描述：信息技术对国家和国际政治制度的影响；强调武器装备的改变、网络空间的脆弱性以及信息革命对国家间关系其他方面的影响。

开课时间：秋季

先修课程：FP210

9）课程：FP314

标题：美国外交政策的制定

学分：3-0-3

描述：基于案例研究，回顾二战以来美国外交政策的内容、制定和执行，包括决策过程、政策管理和当前政策制定。

开课时间：春季

先修课程：FP130

10）课程：FP320

标题：ADV 政治科学方法

学分：3-0-3

描述：政治学中定量数据分析的高级方法。主题包括二进制、计数和序数结果的模型。使用来自政治学各个领域已发表例子来阐释这些方法，包括对冲突，选民行为和公众舆论的研究等。为学员在荣誉和顶点课程中使用适当方法进行实证研究做好准备。

开课时间：春季

先修课程：FP220 或系主任的批准

11）课程：FP322

标题：比较欧洲政治

学分：3-0-3

内容：研究欧洲主要政治体系的外交和国内政策问题与进程，以及北约、欧盟、美欧关系。

开课时间:春季

先修课程:FP130

12）课程:FP323

标题:比较拉丁美洲政治

学分:3-0-3

描述:社会、经济和政治环境;民主和问责制;美国—拉丁美洲关系;政权和政府机构;拉丁美洲政治发展理论与国家案例研究。

开课时间:春季

先修课程:FP130

13）课程:FP324

标题:拉丁美洲国际政治

学分:3-0-3

描述:拉丁美洲国际子系统;拉丁美洲国家、美国、欧洲、日本等国的外交政策制定;非国家行为者的角色;国际机构;外交和暴力;以及国际理论的应用。

开课时间:春季

先修课程:FP130

14）课程:FP325

标题:美国政治哲学

学分:3-0-3

描述:杰斐逊、麦迪逊、林肯、卡尔霍恩、马丁·路德·金和其他开创性的美国政治思想家的理论与实践;在自由和平等的旗帜下,特别强调社会进步和公共政策的模糊性。

开课时间:春季

先修课程:FP130

15）课程:FP326

标题:美国总统任期

学分:3-0-3

描述:审查总统的竞选过程以及国内和国际领域总统权力的性质,重点是政治制度中的其他行为者,包括国会、司法部门、官僚机构、媒体和公众,以及如何加强和限制这些权力。

开课时间:秋季/春季

先修课程:FP130

16）课程:FP328

标题:立法程序

学分:3-0-3

描述:美国国会的决策;选区和选举、政党和委员会的作用,以及与行政和司法部门、官僚机构、利益集团和其他行为者的互动。

开课时间:秋季

先修课程:FP130

17)课程:FP335

标题:非民主政治

学分:3-0-3

描述:考察现代极权主义和专制政权作为政治组织的不同形态。

开课时间:春季

先修课程:FP130

18)课程:FP340

标题:现代政治思想与意识形态

学分:3-0-3

描述:向学员介绍当代政治思想和原则的组成部分。课程区分了哲学争论和社会运动,强调了在20世纪这种区分是如何变得模糊的。主要关注的问题包括社会正义、平等、自由和权利。学员的阅读范围从极端的无政府主义到关于女权主义和环境保护主义的辩论等。

开课时间:春季

先修课程:FP130

19)课程:FP341

标题:政治心理学

学分:3-0-3

描述:介绍用于分析政治的心理学概念和方法。涵盖的主题包括:获得个人政治态度和信仰;公众舆论的动态;心理行动、骚乱、革命和战争的理论;以及在陪审团、军事指挥和政策环境等小组环境中,有效和有缺陷的决策的心理来源。

开课时间:秋季/春季

先修课程:FP130

20)课程:FP345

标题:环境政治与安全

学分:3-0-3

描述:研究当前影响美国国内和安全政策的主要环境问题。探索与全球变暖、污染、土地、空气、水退化和稀缺,以及生物多样性有关的主要理论和公共政策争议。还将讨论那些长期存在和最新出现的伦理问题。特别强调国防部的环境计划。

开课时间：秋季

先修课程：FP130

21) 课程：FP350

标题：政治经济学

学分：3-0-3

描述：该课程提供了对个人参与利己行为时国家和经济所采取的集体行动的理解。它涉及国家如何使用权力来决定谁得到什么、何时以及如何得到；如何通过市场过程调动和分配稀缺资源。主题包括：政治经济学的结构，国家市场的张力，经济民族主义，民主与资本主义，国际贸易与金融。

开课时间：秋季

先修课程：FP130 和 FP210

22) 课程：FP355

标题：军民关系

学分：3-0-3

描述：考察自由民主社会中平民与军队之间的相互作用。课程融合了理论、实践、政策、社会学、历史和政治哲学，以研究职业军队与其所服务的社会的关系。

开课时间：春季

先修课程：FP130

23) 课程：FP356

标题：国际体系中的战争与冲突

学分：3-0-3

描述：该课程深入探讨国际体系中冲突原因和后果的理论解释，特别是冷战结束以来，还将研究和平与合作的机会等。

开课时间：秋季

先修课程：FP130

24) 课程：FP357

标题：中国和日本的政治

学分：3-0-3

描述：考察中国/日本的政治制度，强调传统和马克思主义意识形态力量的动态互动。

开课时间：春季

先修课程：FP130

25）课程：FP358

标题：东南亚政治

学分：3-0-3

描述：深入考察东南亚政治，包括印度尼西亚、马来西亚、新加坡、泰国和菲律宾。将研究民主化、政治经济、伊斯兰教的作用、海盗和安全问题。

开课时间：秋季/春季

先修课程：FP130

26）课程：FP360

标题：美国在中东的外交政策

学分：3-0-3

描述：该课程探讨了美国中东政策的原因和后果。它解释了美国在该地区利益的演变，探讨了与美国在中东的力量投射相关的联盟转变。在整个课程中，将研究中东的战略价值，该地区政权之间的冲突与合作，以及自然资源、民主、经济发展、武器和恐怖主义等因素在塑造美国中东政策中的作用。

开课时间：秋季

先修课程：FP130 和 FP210，或系主任的许可。

27）课程：FP365

标题：非洲比较政治

学分：3-0-3

描述：分析非洲政治制度的政治趋势和宪法发展；它们彼此之间和外部世界的关系；关注美国在非洲的安全利益。

开课时间：春季

先修课程：FP130

28）课程：FP366

标题：非洲国际关系

学分：3-0-3

描述：研究当代政治、暴力冲突和非洲发展的政治经济学，重点是国际干预问题。

开课时间：春季

先修课程：无

29）课程：FP367

标题：俄罗斯政治

学分：3-0-3

描述：考察苏联解体后俄罗斯外交政策的背景。课程分为三个部分：俄罗斯外交和安全政策的历史根源,当代发展,以及俄罗斯在现代地缘政治格局中构成的独特挑战。在经历了1990年的相对衰落之后,克里姆林宫一直试图积极重申其外交政策议程。该课程将研究1990年至2000年的关键政治事件,如俄罗斯反对北约扩张、车臣战争、科索沃战争和颜色革命。课程将包括关于俄罗斯联邦成立以来的经济和政治发展的讨论,还将进一步研究俄罗斯在最近格鲁吉亚、叙利亚和乌克兰冲突中的角色,讨论对俄罗斯重新崛起为地区霸权的担忧。还将研究西方和俄罗斯之间的合作领域,如军备控制、核扩散、网络安全、北极和反恐。

开课时间:秋季

先修课程:FP130

30)课程:FP368

标题:亚洲比较政治

学分:3-0-3

描述:研究东亚和东南亚政治制度的系统比较方法(从朝鲜、"台湾"、马来西亚、缅甸、印度尼西亚、菲律宾、新加坡、泰国和越南中选择案例);理论研究上,强调种族冲突、经济发展和民主化。

开课时间:春季

先修课程:FP130

31)课程:FP369

标题:中东政治

学分:3-0-3

描述:对国内政治、政治经济学、宗教作用、外交政策和中东政治制度国际关系要素的比较分析;理论研究上,强调民族冲突、冲突解决和民主发展。

开课时间:秋季/春季

先修课程:FP130

32)课程:FP370

标题:俄罗斯外交政策

学分:3-0-3

描述:该课程考察了苏联解体后俄罗斯外交政策的背景。在经历一段相对衰落的时期之后,俄罗斯开始积极重申其外交政策议程。该课程将讨论俄罗斯外交和安全政策的历史根源,其当代发展,以及欧洲、亚洲、中东和北极的独特挑战。

开课时间:秋季/春季

先修课程:FP130

33)课程:FP371

标题:亚洲国际政治

学分:3-0-3

描述:分析选定的东亚和东南亚国家的洲际关系;侧重于区域组织,安全联盟和双边事务。

开课时间:秋季

先修课程:FP130

34) 课程:FP372

标题:政党、运动和利益集团

学分:3-0-3

描述:研究美国政治体系中群体政治的动态;强调政党、利益集团、公众舆论和选举在美国政治进程中发挥的作用。

开课时间:秋季

先修课程:FP130

35) 课程:FP375

标题:政治与媒体

学分:3-0-3

描述:全面分析印刷、电子和基于计算机的大众媒体如何选择、报道和传播有关美国政治和政府的信息。从新闻主体、传播者和消费者的角度分析当代媒体。

开课时间:秋季

先修课程:FP130

36) 课程:FP384

标题:非正规战争政治

学分:3-0-3

描述:考察低层次政治军事对抗的理论、历史和政策;从革命、决策、军事和民族国家等多个角度研究;重点关注美国对低强度冲突的反应。

开课时间:秋季/春季

先修课程:FP130,2/C

37) 课程:FP393

标题:内战与武装冲突

学分:3-0-3

描述:该课程将致力于严格评估内战和内部武装冲突的原因,动态和结果。近年来,已发生200多起国家内部冲突——暴力的强度、其看似的可预防性,以及大国对大量资源的投入,使得内战研究与未来军官的使命任务息息相关。

开课时间:秋季

先修课程:无

38）课程:FP397

标题:刑法与司法

学分:3-0-3

描述:研究刑事司法制度和宪法规定的正当程序要求(双重危险、强迫认罪、辩诉交易等)和刑法——犯罪意图的性质,犯罪行为,在普通法重罪如谋杀、强奸、抢劫和殴打中所阐述的辩护(自卫、精神错乱等)。

开课时间:春季

先修课程:FP130,2/C

39）课程:FP403

标题:华盛顿高级研讨会

学分:3-0-3

描述:深入实践介绍华盛顿特区独特的研究资源,如国会图书馆的计算机系统、联邦选举委员会数据库等;研究设计包括实地考察华盛顿的数据库使用和开展精英访谈。

开课时间:春季

先修课程:1/C 政治学专业

40）课程:FP407

标题:情报与国家安全

学分:3-0-3

描述:对情报的性质、意义和发展的研究,包括收集、反间谍、秘密和秘密行动、评估等;包括当前问题和案例研究。

开课时间:秋季

先修课程:FP130、FP210 和 1/C 或 2/C

41）课程:FP408

标题:国际法

学分:3-0-3

描述:国家公共法律调查,包括管辖权、公民、国籍、人权和条约法。课程特别强调海洋法、战争法以及涉及国家使用武力的法律问题。

开课时间:秋季

先修课程:FP210

42）课程:FP413

标题:宪法:联邦制度

学分:3-0-3

描述:分析最高法院根据宪法解释司法、行政和国会权力的关键裁决;民族国家关系;商业权力;经济自由。

开课时间:秋季

先修课程:FP130

43)课程:FP414

标题:宪法:公民自由

学分:3-0-3

描述:分析最高法院在言论、新闻和宗教领域的主要裁决;对少数民族和妇女的平等保护;隐私保护。

开课时间:秋季

先修课程:FP130

44)课程:FP420

标题:公共政策分析

学分:3-0-3

描述:分析美国对社会和经济问题的公共政策,包括社会选择的性质;对选定的政策领域进行调查,如医疗保健,教育,住房以及经济和社会福利。

开课时间:春季

先修课程:FP130

45)课程:FP421

标题:国家安全政策

学分:3-0-3

描述:审查国内外政治和军事考虑在制定和执行国家安全政策中的相互作用;使用案例研究,审查当前战略政策。

开课时间:秋季/春季

先修课程:FP130 和 FP210

46)课程:FP430

标题:政治哲学

学分:3-0-3

描述:研究西方政治哲学,强调民主的根源和正义的意义;探索个人与社会的关系,以及国家权力和权威的来源;考察从柏拉图至今主要思想家的作品。

开课时间:秋季/春季

先修课程:FP130 和 FP210

47)课程:FP437

标题:国际组织

学分:3-0-3

描述:世界政治中的国际组织;关注控制冲突和暴力、经济合作与管理全球资源;主要关注联合国;讨论选定区域问题和其他组织。

开课时间:春季

先修课程:FP130 和 FP210

48)课程:FP440

标题:中欧政治

学分:3-0-3

描述:从比较前景分析东欧政治;检视在后共产主义环境中,如何为民族认同和经济发展而斗争。

开课时间:秋季

先修课程:FP130

49)课程:FP450

标题:国际政治经济学

学分:3-0-3

描述:该课程考察当代国际政治经济学的历史和理论基础。探讨了政府与经济之间不断发展的联系,强调重商主义、自由主义与全球化的作用。探讨20世纪下半叶美国国家机构以及国际组织的政治和经济影响力。

开课时间:春季

先修课程:FP210 或教师权限

50)课程:FP468

标题:巴勒斯坦—以色列冲突

学分:3-0-3

描述:阿拉伯人和犹太人在巴勒斯坦问题上的冲突,是塑造中东政治的最重要因素之一。这场冲突影响到当地的阿拉伯人和犹太人、区域行为者以及全球伙伴。迄今为止,巴以冲突产生了一系列战争和一再发生的暴力冲突。该课程将寻求冲突中的关键角色,解释冲突的动机以及冲突的棘手性。还将讨论和平进程这一话题。

开课时间:春季 2021-2022

先修课程:FP369 或系主任的批准

51)课程:FP469

标题:伊斯兰与政治

学分:3-0-3

描述:该课程概述了伊斯兰教与政治之间的关系。内容涵盖穆斯林历史上重要的政治发展;从先知穆罕默德时代开始,到早期穆斯林社区的建立、哈里发的发展、伊斯兰教法的作用,伊斯兰社会的衰落,以及它们在现代的复兴。课程对一些专题给予进一步关注,如当代伊斯兰运动、少数群体在伊斯兰社会中的地位、妇女作用和暴力问题。

开课时间:秋季/春季

先修课程:FP360 或 FP369 或系主任的批准

52) 课程:FP471

标题:顶点研讨会

学分:3-0-3

描述:本顶点研讨会为学员提供直接研究经验,旨在汇集集中领域的关键要素。学员要准备一篇全面的研究论文,展示他们对应用写作和研究技能的实质性知识和能力的掌握。

开课时间:秋季/春季

先修课程:仅限 1/C 政治学专业

53) 课程:FP476

标题:大战略与大国政治

学分:3-0-3

描述:大战略是国家在全球范围内长期追求的最高政治目标的连贯陈述。它的恰当功用是,在不同的国内和外交政策选择中综合考虑,平衡国家手段,如外交、经济、军事等,以实现明确目标。该课程将回顾战略的历史基础,分析美国战略从开国元勋到今天的演变(包括当前的美国国家安全战略),并从区域角度探索全球战略的基础,重点是历史、宗教、文化和地理在塑造各个国家和地区的大战略方法中的作用。

开课时间:秋季/春季

先修课程:FP130 和 FP210

54) 课程:FP480

标题:研究研讨会(政治学)

学分:3-0-3

描述:指导学员如何完成论文。

开课时间:秋季/春季

先修课程:无

55) 课程:FP500

标题:荣誉高级研究设计

学分:2-0-2

描述:介绍高阶研究技术,教师将参照先进的统计技术和方法论,指导学员设计个人研究。学员的文献综述将向教师展示。

开课时间:春季

先修课程:政治学专业 2/C,仅适用于参与荣誉计划的学员。需要荣誉项目主任许可

56) 课程:FP505

标题:荣誉高级研讨会

学分:3-0-3

描述:高阶的研究研讨会,指导学员如何完成荣誉论文。

开课时间:秋季

先修课程:FP500,政治学专业 1/C,仅适用于参与荣誉计划的学员

57) 课程:FP510

标题:荣誉毕业论文

学分:3-2-4

描述:高阶的研究研讨会,鼓励学员完成研究,并将研究成果最终体现在他们的荣誉论文中。

开课时间:春季

先修课程:1/C,仅适用于参与荣誉计划的学员

5.6.3 荣誉学位

荣誉项目是在教职员工的直接监督下开展重大研究项目。作为一名候选人,学员向指导教师负责,由后者指导学员完成感兴趣主题的设计、研究和分析。荣誉计划为学员提供了一个作为个人工作并塑造自己教育经历的机会。

为了获得荣誉学位,学员必须达到海军学院所有学位所要求的荣誉、品行、军事表现、体育和暑期训练等方面的标准。此外,还必须完成政治学专业的荣誉课程,并达到以下学业表现标准:

(1) 在海军学院所有学分的学术课程中,平均分不低于3.0分。

(2) 在荣誉学位的所有专业课程中,平均分不低于3.5分,如果学员完成的课程超过荣誉计划中对该专业的要求,并且该课程可以与荣誉计划中的另一个课程互换,则以平均分更高的课程为准,政治学的核心课程不包括在此计算中。

(3) 在任何学术或专业课程的正式成绩单上不得取得"D"或"F"的分数,除非其后修同等或更高阶的课程,并取得高于"D"的分数。

1. 研究安排

1) 第二学年

第一学期(申请荣誉课程):经过六周的考试后,系里将通过电子邮件联系

成绩出色的学员,邀请他们与荣誉项目主任交流。有兴趣参加该项目的学员,将开始通过与他们的教授交谈并对他们课程中的主题进行一些初步研究,来发展他们对某个研究领域的想法。这些信息将被汇编并在学员申请进入荣誉课程时提交。

第二学期(FP500,荣誉高级研究设计,2学分):被录取到荣誉课程的学员将进入FP500课程。参加这一高级研究研讨会的学员将获得有关统计技术、方法论,以及社会科学文献检索方法等方面的指导。学期结束时,学员们选择主要和辅助研究顾问,撰写研究计划,并对计划进行答辩。在学期末,政治学教师委员会将评估哪些荣誉项目符合要求可以延续开展。

2) 第三学年

第一学期(FP505,荣誉高级研讨会,3学分):高阶的研究研讨会,指导学员如何完成荣誉论文。学期中,学员定期与他们的主要指导老师会面,在学期末,学员要提交初步的文献综述,建立他们的研究方法,并收集大量相关信息或数据。

第二学期(FP510,荣誉毕业论文,4学分):高阶的研究研讨会,鼓励学员完成研究,并将研究成果最终体现在他们的荣誉论文中。学期中,学员将继续定期与他们的主要指导老师会面,完成他们的分析,并撰写他们的荣誉论文。项目最终结果是,学员向研究顾问和荣誉项目主任提交书面论文,并在政治学系进行口头答辩。

2. 退出荣誉计划

一旦报名参加荣誉计划,学员只有在学期末才能申请退出。政治系主任对不符合规定条件的学员,可以取消其录取资格。成功完成所有荣誉学位要求的学员,如果有一个或多个与荣誉计划相关的表现不达标,将只能获得常规的政治学学位,没有荣誉称号。不能保持荣誉专业所要求高标准的学员,可以通过常规途径毕业,不设行政限制。

成功完成荣誉计划的学员,其毕业证书和成绩单上将注明"政治学荣誉学士"字样。

5.6.4 研究生学习

政治学研究生课程包括让被选中的学员有机会从美国海军学院VGEP项目最后一年的第二学期开始进入当地大学学习,从美国海军学院IGEP项目毕业后进入全美各地大学,并竞争罗兹奖学金、马歇尔奖学金和杜鲁门奖学金等国家级奖学金。

第6章
职业发展学部

6.1 学部概况

职业发展学部的任务是培养学员成为美国海军和海军陆战队的专业军官。职业发展学部由五部分组成：军官培训与人才优化中心、美国海军学院帆船中心、航海技术与导航系、训练中心、滨海保障中心。该学部教育学员了解未来海军和海军陆战队的职业选择，并为他们提供走出教室，与作战舰队一起体验海上生活的机会。

6.2 军官培训与人才优化中心

军官培训与人才优化中心是海军学院学员职业发展和分配中心，它负责职业信息和服务分配计划。

职业信息计划（CIP）为学员提供有关海军和海军陆战队未来职业选择的教育，这是一个综合的四年计划，包括简报、社会活动、与初级军官讨论海军和海军陆战队作战部队的当前趋势，以及学员与军事参谋和教职员工的日常互动。

职业信息计划以任务分配过程为最终目标。在这个过程中，学员被分配到他们各自的作战社区中。中心将确保学员的资质、能力和职业偏好与海军和海军陆战队军官的配备要求相匹配。中心作为与海军人力资源部门的联络单位，确保海军学院提供最合格的军官，能够随时准备领导水兵和海军陆战队。

6.3 美国海军学院帆船中心

6.3.1 基础帆船训练

基础帆船训练的基本任务是训练学员驾驶帆船,并向他们介绍海洋环境。

该项目从第一学年暑期(入学前)开始,在学员就读美国海军学院期间对所有人开放。在塞文河和安纳波利斯港的当地水域开展活动,使用 30 艘被称为海军 26 型的小型龙骨船。

在第一学年暑期,该项目在 1200 多名新生于 6 月下旬向美国海军学院报到时为他们提供培训。培训内容包括:安全培训环境下的帆船、打结和航海等基础知识。该项目能让未来海军军官对航海和航海环境有第一次了解,也是海军学院职业发展的最初基石。暑期训练将持续到 8 月中旬,每次训练有超过 10 小时的课堂和水上培训,学员与教师的比例为 3∶1。

在整个学年中,该项目继续为所有不同技能水平的学员提供帆船训练。驾驶海军 26 型能够帮助学员进入更高级的帆船项目,如离岸帆船训练中队、初级大学队,或大学离岸帆船队。学员也有机会使用海军 26 型船进一步掌握航行技能。此外,学年期间,该项目还可对航行海军 26 型的美国海军学院工作人员和航海志愿者进行培训和认证。

6.3.2 校际比赛

海军学院校际帆船队(IC)一直是美国顶尖的帆船团队之一。美国海军学院 IC 帆船队参加中大西洋校际帆船协会的比赛,每年参与 60 多项大学帆船赛事。安纳波利斯的位置足够靠南,可以让帆船队在春季早些时候就开始训练,一直练到秋季晚些时候,这使得海军帆船在每个赛季都具有竞争优势。IC 帆船队每周练习五天,每天练习 3 个小时,秋季和春季的大多数周末都会参加比赛。

IC 帆船项目赛艇队包括:42 艘赛艇、50 艘训练激光型、22 艘 420 型、22 艘飞行少年型、3 艘俱乐部间小艇型、4 艘理工学院小艇型和 3 艘先锋 15 型。这些赛艇能让训练团队在赛季到来前,在不同的船只上进行充分练习。拥有如此庞大的船队,海军每年都能举办多种活动,包括举办校际帆船协会(ICSA)最大的两场大学帆船赛艇比赛,即海军秋季交叉赛和春季特鲁克斯顿乌姆斯特德赛艇会。这两项赛事都有四个赛区 20 支队伍参赛,所有赛区同一时间比赛。

6.3.3 大学离岸帆船队

远洋帆船运动是团队建设、领导小型团队和发展航海技能的理想平台。与日间航行、长途运输和比赛相关的所有计划和决策,都是由学员团队成员做出的。离岸帆船队培养的技能包括导航、战略规划、资源管理、船只维护、天气战术和赛艇战略等。

男女同校的大学离岸帆船队(VOST)于秋季、春季和夏季,在海军26型、海军44型单桅帆船和各种捐赠的海上帆船上练习和比赛。比赛既包括校际团队,也包括地方团队。夏季,VOST将远洋至加拿大的新斯科舍省哈利法克斯。传统上,作为职业发展培训计划的一部分,学员们每年夏天都会去百慕大参加比赛。此外,VOST成员还代表海军学院参加国内和国际的国家级和/或世界级赛艇比赛。值得一提的是,海军学院拥有美国最大的大学帆船训练船队,并主办了许多大学间帆船比赛。

1. 初级大学队

初级大学队(JVOST)主要由第一学期帆船队的学员组成,他们在每年8月的选拔赛中被选入团队。团队成员头几个月的训练是在海军26型上进行的,由四人组成。参赛队学习帆船技术、海上安全、小艇操纵和比赛基础知识。JVOST每周都会与多达20只海军26型帆船在近距离的短程赛道上进行混战。此外,美国海军学院每年秋天都会举办一场校际活动,吸引来自大西洋中部、新英格兰、纽约和中西部地区的团队参赛。

秋季学期后期,JVOST团队成员在海军44型船上交叉训练,学习驾驶更大离岸船只的技术。这为他们在春季学期的训练提供基础,届时,大学离岸帆船队(VOST)将和初级大学队(JVOST)一起训练和航行,为他们在大型离岸帆船上的夏季巡航体验做准备。

2. 海军学院帆船基金会

美国海军学院帆船基金会(NASF)是马里兰州特许的501(c)(3)慈善免税组织。它的唯一任务是支持海军学院的帆船训练计划。基金会的委员们是从执行委员会的现任或前任委员中挑选出来的。基金会根据海军学院的帆船训练计划,寻求捐赠帆船和设备,并做好管理。捐赠的船只归该基金会所有,并租给海军学院。当这些船只不再用于帆船项目时,基金会就会销售这些船只,所得收益存入基金会专业管理的投资账户。投资账户的收益和出售船只的收入,支撑NASF日常运营,也为海军帆船训练计划的各种水上活动提供资金。

除了为大学离岸帆船队和离岸帆船训练中队提供稳定的离岸船只,并建立投资账户外，基金会还通过捐赠者以及自身资源，为帆船项目提供额外支持：

①为海军44型船舰的设计和部分质量控制提供资金，大大加快了交付进度；

②必要时，为新捐赠的船只支付交通费、保险费、勘测费和维护费；

③四次帆板飞行和一名帆板教练大约十年的工资；

④范德斯塔尔帆船主席奖由科尼利厄斯·范德斯塔尔先生通过基金会资助。

6.3.4 熟练航行计划

1. 海军26型

所有学员都有资格参加海军26型熟练航行计划。此外，支持海军学院帆船运动的现役志愿者，且拥有有效志愿服务协议（VSA）的，也可参加该计划。

该计划从个性化的水上培训课程开始，旨在教授帆船运动的基础知识，并让学员熟悉海军26型船只和有关操作程序。具有一定水平的高级水手，仍须完成一节训练课，才能获得练习资格。

一旦通过培训课程，达到合格水平，学员将进入资格认证阶段，包括一次笔试和一次海军26型航海测验，两项考试都通过则视为合格，学员可免费申请一艘船只进行熟练航行计划测试。

2. 海军44型

学员和志愿者可报名参与海军44型船只熟练航行计划。海军44型航行时，必须至少有一名D级人员在船，航行请求须得到有关部门批准。非现役船员需填写一份海上事故免责书。

6.4 航海技术与导航系

航海技术与导航系教育、培训和指导未来的军官，帮助他们准备好在海上环境中领导、工作和战斗。航海技术与导航系通过学术和实践，以严格的专业标准训练学员。该系有经验丰富的舰队教官，培养扎根于海军服务传统的水手和领导者。

6.5 训练中心

训练中心的任务是，让学员实际运用他们在学术环境和四年综合训练下学到的经验和教训，促进学员专业发展，以便为他们在美国海军或海军陆战队服役做好充分准备。

6.6 滨海保障中心

滨海保障中心负责培养射击训练、小型船只维修和水上巡逻。

（1）学员加入射击训练分中心，以获得使用小型武器的专业培训，特别强调安全和熟练程度。

（2）小型船只维修，任务是为水上巡逻队、帆船和辅助船只提供船体、机械与电气支持，用于支持美国海军学院的"卓越海上"计划。滨海保障中心的首要目标是为培训学员提供安全可靠的平台，其修理能力可与最好的民用船厂相媲美。

（3）水上巡逻，即操作船坞巡逻艇（YP）和多用途船（UB），并协调访问安纳波利斯地区水域的其他船只，以支持学员更好地开展培训。

6.6.1 射击训练分中心

射击训练分中心（MTU）为美国海军学院学员提供基础和高级枪法训练。基础枪法训练在每年7月份进行，届时全体学员都要接受M16A3步枪和M9毫米手枪的训练。射击训练分中心还为校际射击运动队提供高级训练。MTU支持的高级射击运动包括：陷阱和飞碟、大功率步枪、国际手枪、国际步枪、战斗手枪等。MTU还可以为其他人员提供小型武器培训，并提供礼炮服务。

6.6.2 水上巡逻分中心

水上巡逻分中心由21艘108英尺长的船坞巡逻艇（YP）和4艘15米长的多用途船（UB）及其船员组成。分中心致力于通过军官职业发展的各个阶段，为学员提供高质量培训。船坞巡逻艇用于让学员熟悉码头、基本损害控制、基础和先进航海技术，以及导航等。通过为许多赛事提供交通服务，船务部门支持学员培训，包括第一年暑期和海试比赛，同时还为来访海军学院的船只提供后勤服务。船员由一名艇长（一名高级水手大副或一名军需官）、一名轮机员和两名甲板海员组成。每名船员每年平均训练时间为150天。

6.6.3 小型船只维修分中心

小型船只维修分中心完全自主运行。首要目标是为培训学员提供安全可靠的平台。同时，分中心通过对船只进行翻新或重整，为有关船队提供有偿技术支持。分中心的修理能力可与最好的民用船厂相媲美。作为一家提供全方位服务的工厂,小型船只维修部提供从发动机大修/更换、全玻璃纤维/木材维修、电子故障排除和维修等服务,每年维修超200艘次。

6.7 课程设置

1) 课程:NN101

标题:导航简介

学分:1-2-2

描述:全面介绍基本导航概念、航程规划和操纵板上的信号跟踪。该课程的目标是培养导航图的实际使用技能,向学员介绍导航图表格式以及相关的绘图工具和技术,并学习图表坐标的概念,学会如何测量和计算距离、方向和速度。该课程还将加强学员在NS101中学到的导航规则和船舶装卸技能。包括在108英尺的船坞巡逻艇上的海上试验室,和岸基桥梁模拟器实验室,为学员提供进出港口的实践经验。

开课时间:春季

先修课程:无

2) 课程:NN200

标题:导航与航行

学分:1-2-2

描述:该课程建立在NS101和NN101的导航和航海技能基础上,在3/C夏训期间开展,在海上磨炼学员技术。通过在108英尺船坞巡逻艇上和岸基桥梁模拟器实验室里的练习,来加强航行技能,为学员提供进出港口的实践经验,并向他们介绍雷达和电子导航的原理,水手需认知的天气、潮汐和洋流,以及航行规划等。

开课时间:秋季/夏季

先修课程:NN101

3) 课程:NN210

标题:初级导航

学分:1-2-2

描述:全面介绍初级导航概念、航程规划和操纵板上的信号跟踪。该课程的目标是培养导航图的实际使用技能,向学员介绍导航图表格式以及相关的绘图工具和技术,并学习图表坐标的概念,学会如何测量和计算距离、方向和速度。该课程还将加强学员在NS101中学到的导航规则和船舶装卸技能。包括在108英尺船坞巡逻艇上的海上试验室,为学员提供进出港口实践经验。

开课时间:秋季/春季/夏季

先修课程:NS101 或 3/C 年级

4) 课程:NN210R

标题:初级导航

学分:1-0-1

描述:全面介绍初级导航概念、航程规划和操纵板上的信号跟踪。该课程的目标是培养导航图的实际使用技能,向学员介绍导航图表格式以及相关的绘图工具和技术,并学习图表坐标的概念,学会如何测量和计算距离、方向和速度。该课程还将加强学员在 NS101 中学到的导航规则和船舶装卸技能。包括在 108 英尺船坞巡逻艇上的海上试验室,为学员提供进出港口实践经验。这是 NN210 课程的复习部分,必须完成试验部分(NN210L)才能获得该课程全部学分。

开课时间:秋季/春季

先修课程:NS101 或 3/C 年级

5) 课程:NN310

标题:高级导航

学分:1-2-2

描述:该课程建立在 NS101 和 NN210 的导航和航海技能的基础上。它通过在 108 英尺船坞巡逻艇上的练习来加强道路规则、机动板和驾驶技能,提供进出港口的实践经验。向学员介绍雷达导航、电子制图和天体导航的原理。

开课时间:秋季/春季/夏季

先修课程:NN210 或 2/C 年级

6) 课程:NS101

标题:航海学基础

学分:1-2-2

描述:该课程提供一般船舶特征、船舶处理,以及国际和内陆航行规则(即道路规则)的基本海事背景。包括在 108 英尺船坞巡逻艇上的海上试验和岸基模拟器实验室里的训练,为学员提供进出港口、船舶处理和导航规则实际应用的实践经验。

开课时间:秋季/春季

先修课程:4/C 年级

7) 课程:NS421

标题:JO 实习(水面战)

学分:0-2-1

描述:该课程介绍水面战中初级军官的义务与职责。教学内容包括:为水面部队量身定制的领导管理原则的操作程序和实际应用,以及介绍担任海上部门长官的认定程序。试验包括:使用船坞巡逻艇和模拟软件进行船舶装卸和舰桥值班技能培训。计划毕业后执行水面战、核水面战和其他水面战任务的学员,应参加该课程。

开课时间:春季

先修课程:1/C 年级

8) 课程:NS422

标题:JO 实习(潜艇战)

学分:0-2-1

描述:该课程介绍潜艇战中初级军官的义务与职责。教学内容包括:为潜艇部队量身定制的领导和管理原则的操作程序和实际应用。主题包括:浮出水面和水下导航、任务规划和质量保障。计划毕业后执行潜艇有关任务的学员,应参加该课程。

开课时间:春季

先修课程:1/C 年级

9) 课程:NS423

标题:JO 实习(海军航空兵)

学分:0-2-1

描述:该课程介绍海军航空兵初级军官的义务与职责。教学内容包括:为航空兵量身定制的领导和管理原则的操作程序和实际应用,航空培训路径的介绍,航空飞行前的知识培训,各种海军航空社区、中队组织、师级军官职责,海军航空安全和操作程序(NATOPS),以及机组人员协调培训。计划毕业后成为海军飞行员和海军飞行军官的学员应参加该课程。

开课时间:春季

先修课程:1/C 年级

10) 课程:NS424

标题:JO 实习(海军陆战队)

学分:0-2-1

描述:该课程介绍海军陆战队初级军官的义务与职责。教学内容包括:为海军陆战队量身定制的领导和管理原则的操作程序和实际应用,如海军陆战队的战术、技术和程序,组织结构和操作程序等。课程特别强调战斗和战术决策,以发展和提高学员的批判性思维能力、分析能力和行动能力。此外,课程为学员制定严苛的身体健康程序,旨在不断加强他们的身体和精神状态。计划毕业后成为美国海军陆战队员、海军陆战队飞行员、海军陆战队海军飞行官、海军土木工程兵的学员,应参加该课程。

开课时间:春季

先修课程:1/C 年级

11) 课程:NS425

标题:JO 实习(特殊战争)

学分:0-2-1

描述:该课程介绍海军特种作战(NAVSPECWAR)初级军官的义务与职责。教学内容包括:为特种作战量身定制的领导和管理原则的操作程序和实际应用,向学员介绍现有的特种作战指挥结构、能力和未来趋势,小型部队任务规划的复杂性、陆地导航、海豹游泳技能、武器处理、行政职责,并研究回顾相关历史案例及决策分析。实验包括:小单位战术指导、小船操纵技能、各种户外培训活动,以及请客座讲师授课以提高初级军官领导力。计划毕业后成为海军特种作战队的学员,应参加该课程。

开课时间:春季

先修课程:1/C 年级

12) 课程:NS426

标题:JO 实习(爆炸物处理)

学分:0-2-1

说明:该课程介绍特别行动/爆炸物处理部门初级军官的义务与职责。教学内容包括:为特种作战量身定制的领导和管理原则的操作程序和实际应用。实践练习包括:潜水箱培训、水下训练、小船操纵技能等,为学员参加潜水学校做准备。计划从事特种作战/爆炸物处理的学员,应参加该课程。

开课时间:春季

先修课程:1/C 年级

13) 课程:NS427

标题:JO 实习(受限直线军官和参谋团军官)

学分:0-2-1

描述:该课程介绍受限直线军官(Line Officer)和参谋团军官(Staff Corps)的义务与职责。教学内容包括:针对特定社区的领导和管理原则的操作程序和实际应用。在课程材料选择上,注重让学员学会服务特定社区的基础知识。计划进入医疗、补给队和其他参谋团,或有志于成为受限直线军官的学员,应参加该课程。

开课时间:春季

先修课程：1/C 年级

14）课程：NS431

标题：JO 实习（水面）

学分：1-2-2

描述：该课程介绍水面作战中初级军官的义务与职责。教学内容包括：为水面部队量身定制的领导和管理原则的操作程序和实际应用。实验室包括：通过使用船坞巡逻艇和模拟器进行船舶装卸和舰桥值班技能培训。此外，该课程还研究海军基本政策，以及海军部队的作战和战术使用。计划毕业后进入水面作战或补给军团的学员，必须参加该课程。

开课时间：春季

先修课程：1/C 年级（水面作战应征入伍者）

15）课程：NS432

标题：JO 实习（潜艇）

学分：1-2-2

描述：该课程介绍潜艇战中初级军官的义务与职责。教学内容包括：为潜艇部队量身定制的领导和管理原则的操作程序和实际应用。主题包括：浮出水面和水下导航、任务规划和质量保障。此外，该课程还研究海军基本政策，以及海军部队的作战和战术使用。计划毕业后进入潜艇战的学员，必须参加该课程。

开课时间：春季

先修课程：1/C 年级（潜艇战应征入伍者）

16）课程：NS433

标题：JO 实习（航空）

学分：1-2-2

描述：该课程介绍初级航空军官的义务与职责。教学内容包括：为航空界军官量身定制的领导和管理原则的操作程序和实际应用。主题包括：航空培训路径、各种海军航空社区、中队组织、师级军官职责，以及海军航空安全和操作程序培训。此外，该课程还研究海军基本政策，以及海军部队的作战和战术使用。计划毕业后成为海军飞行员、海军飞行官或从事情报、密码学和信息战的学员，必须参加该课程。

开课时间：春季

先修课程：1/C 年级（航空战应征入伍者）

17）课程：NS434

标题：JO 实习（美国海军陆战队）

学分：1-2-2

描述:该课程介绍海军陆战队初级军官的义务与职责。教学内容包括:为海军陆战队量身定制的领导和管理原则的操作程序和实际应用。主题包括:战术、技术、程序、组织结构和领导力的实际应用。特别强调战斗和战术决策,以发展和提高分析技能和行动能力。此外,该课程还研究海军基本政策,以及海军部队的作战和战术使用。计划毕业后进入海军陆战队和土木工程兵团的学员,必须参加该课程。

开课时间:春季

先修课程:1/C 年级(美国海军陆战队选拔队员)

18)课程:NS435

标题:JO 实习(海军特种作战)

学分:1-2-2

描述:该课程介绍海军特种作战(NAVSPECWAR)初级军官的义务与职责。教学内容包括:为其量身定制的领导和管理原则的操作程序和实际应用。主题包括:指挥结构、能力和未来趋势、小型部队任务规划、陆地导航、武器处理和决策。实验包括:小单位战术和小船操作技能。此外,该课程还研究海军基本政策,以及海军部队的作战和战术使用。计划毕业后进入海军特种作战队的学员,必须参加该课程。

开课时间:春季

先修课程:1/C 年级(特种作战应征入伍者)

19)课程:NS436

标题:JO 实习(爆炸物处理)

学分:1-2-2

说明:该课程介绍特别行动/爆炸物处理部门初级军官的义务与职责。教学内容包括:为其量身定制的领导和管理原则的操作程序和实际应用。实践练习包括:潜水箱培训、水下训练、小船操纵技能等,为学员参加潜水学校做准备。此外,该课程还研究海军基本政策,以及海军部队的作战和战术使用。计划从事特种作战/爆炸物处理的学员,必须参加该课程。

开课时间:春季

先修课程:1/C 年级(特别行动/爆炸物处理选定人员)

20)课程:NS437E

标题:JO 实习(土木工程)

学分:1-2-2

描述:该课程介绍受限直线军官(Line Officer)和参谋团军官(Staff Corps)的义务与职责。教学内容包括:针对特定社区的领导和管理原则的操作程序和实际应用。在课程材料选择上,注重让学员学会服务特定社区的基础知识。计划进入土木工程队的学员,应参加该课程。

开课时间:春季 2021—2022

先修课程:1/C 年级(土木工程兵团应征入伍者)

21) 课程:NS437I

标题:JO 实习(信息战)

学分:1-2-2

描述:该课程介绍受限直线军官(Line Officer)和参谋团军官(Staff Corps)的义务与职责。教学内容包括:针对特定社区的领导和管理原则的操作程序和实际应用。在课程材料选择上,注重让学员学会服务特定社区的基础知识。计划从事情报、密码学和信息战的学员,应参加该课程。

开课时间:春季

先修课程:1/C 年级(情报、密码学或信息战应征入伍者)

22) 课程:NS437M

标题:JO 实习(医疗队)

学分:1-2-2

描述:该课程介绍受限直线军官(Line Officer)和参谋团军官(Staff Corps)的义务与职责。教学内容包括:针对特定社区的领导和管理原则的操作程序和实际应用。在课程材料选择上,注重让学员学会服务特定社区的基础知识。计划进入医疗队的学员,应参加该课程。

开课时间:春季

先修课程:1/C 年级(医疗队应征入伍者)

23) 课程:NS437S

标题:JO 实习(补给)

学分:1-2-2

描述:该课程介绍受限直线军官(Line Officer)和参谋团军官(Staff Corps)的义务与职责。教学内容包括:针对特定社区的领导和管理原则的操作程序和实际应用。在课程材料选择上,注重让学员学会服务特定社区的基础知识。计划进入补给队的学员,应参加该课程。

开课时间:春季

先修课程:1/C 年级(供应军团应征入伍者)

第7章
领导力教育与发展学部

7.1 学部概况

领导力教育与发展学部提供为期四年有关领导力和道德的沉浸式教育与培训,同时向学员提供提升领导能力的经验和机会,为初级军官在作战和行动中担任领导角色做准备。

领导力教育与发展学部(LEAD)位于卢斯大楼,设有体验式领导力发展中心(ELD),领导力、道德和法律系(LEL),并提供 LEAD 连级军官硕士课程。领导力教育与发展学部提供为期四年的全方位课程,包括课堂教学、实践经验和一对一指导,培养军官特征和个性,使其成为美国海军和海军陆战队中有效且值得信赖的领导人。

在完成四年的 LEAD 课程和项目后,毕业生将:①掌握人类行为的基本知识,以及军事领导的动态科学和艺术;②理解中尉/初级军官领导角色的责任和价值;③展示与军队领导力有关的分析和批判性思维;④掌握个人性格、道德和军官职责的运用能力;⑤锻炼基本的个人、人际和组织领导技能和能力;⑥展示出不断提高领导能力及保持军官身份的积极性。

7.1.1 领导力、道德和法律系

领导力、道德和法律系提供多达 35 门的核心课程和选修课程,帮助学员更好地理解军事领导力的概念,并为海军和海军陆战队军官培养关键技能。常设军事教师和文职教师为学员提供正式指导,有助于实现教学目标,同时还将配合海军和海军陆战队军官的实践知识和舰队经验。

该系的核心教育课程包括领导力、道德、品格和法律方面的必修课程,并帮助学员具备以下能力:①理解人类行为,因为这与军事组织中的领导角色有关;

②展示与人类行为、性格、道德和军事法律相关的日益复杂的领导技能的应用；
③整合、分析和评估所获得的知识和经验，并在决策过程中有效地使用。

四年的课程学习中，学员将在个人、团体和组织层面上研究领导力、人类行为、道德、法律和人格。此外，还将了解海军和海军陆战队官员所具有的价值观、文化和专业知识。

7.1.2 体验式领导力发展中心

体验式领导力发展中心 ELD 是领导力、道德和法律系的课程项目与美国海军学院体验式领导项目之间的桥梁。ELD 的章程将课堂上学习的行为科学理论与体验式领导实践联系起来。ELD 是一个以用户为中心的学术部门。此外，ELD 是美国海军学院领导力发展研究的核心，涉及体验式领导力项目中的海军士兵发展研究。ELD 致力于根据机构需要在全学员旅中扩大领导力发展的机会，以完善海军学院的使命。

在掌握领导经验之前帮助领导者适应和胜任其角色，引导领导者对现在和过去经验进行反思。其核心宗旨包括：①将课程整合到领导力发展经验中；②在整个学员旅中扩大领导力发展；③通过有指导的反思来评估领导力发展经验的有效性。

7.2 领导力、道德、法律、哲学和心理学课程设置

课程编号	课程名称	学分	课程简介	开课时间	课程要求
NE203	道德和道德理性	3-0-3	该课程旨在帮助学员培养评估军事领导力中所需的道德责任，这些责任需要具备清晰的道德认知、审慎的道德思考和道德品德发展。课程将最近及历史上的案例研究与道德理论讲解相结合，思考如何将悠久历史发展中的伦理思想更好地应用于现代化和专业化的军事领导人的现实生活。	秋季/春季	先修课程：NL110
NL110	领导力准备	2-0-2	第一学期，在个人和团体领导的理论和原则的背景下，学员将研究领导力的基本原理。课程主题包括自我认识、自我领导和团队领导，以及关于同龄人领导的旅长研讨会。学员们通过 Myers-Briggs 类型指标、StrengthsFinder 清单和行动中的价值观调查等来了解自己作为领导者的情况，最终创建一份个人人生使命目标。课程教师提供相关的个人案例和舰队案例，同时强调互动学习。	秋季/春季	先修课程：4/C 年级

续表

课程编号	课程名称	学分	课程简介	开课时间	课程要求
NL200	人类行为	3-0-3	该课程介绍心理学科学,涵盖个人和团体的人类行为的理论和原理。课程主题包括学习、个性、社会心理学、记忆、人类发展、大脑功能、健康心理学和精神病理学。该课程强调心理学领域中以研究为基础的发现。学员将学习批判性思维来评估行为科学研究,并将重点原理应用于培养领导力。可计入人文社会科学学分。	秋季/春季	先修课程:无
NL211	社会心理学	3-0-3	该课程重点关注社会背景下的人类行为。将研究个人如何影响群体并受到群体影响,以及群体动力学领域。课程重点是因果归因、社会认知、人际吸引、态度和态度改变、群体动力学、亲社会行为和攻击等领域的研究结果。课程特别强调在军事环境中的应用。可计入人文社会科学学分。	秋季/春季	先修课程:无
NL230	社会学入门	3-0-3	社会学是针对社会和人与人之间互动的科学研究。该课程旨在为学员提供对社会学领域的研究,并教育和激励学员研究社会互动的现状。学员将使用社会学的概念、理论和研究来解释正在发生的事情,根据不同情况确定社会线索和模式,并确定分析出的个人意义和社会意义。社会学要求学员超越想当然的、主观的世界观,通过揭示社会现实之间的联系和关系来发展社会学想象力,并将公共问题与自我意识联系起来。学员将参与到识别整个社会情况的共同线索中去,并确定事实的自我意义和社会意义。教学策略包括阅读、写作、讨论、演讲和其他主动学习的实践项目。课程特别将重点放在理解该领域的基础知识上,包括微观、宏观和中观的应用。可计入人文社会科学学分。	秋季/春季	先修课程:NL110
NL306	人格	3-0-3	该课程从理论和临床的角度探讨了影响人格发展的主要因素。涵盖的理论包括精神分析、行为学、认知学、人本主义和生物社会学。该课程涉及在当代研究和实践中对人格特征、模式和失调的评估和理解。学员将检查自身的个性特征、责任以及针对领导力产生的影响。可计入高层次的人文社会科学学分。	秋季/春季	先修课程:NL200

续表

课程编号	课程名称	学分	课程简介	开课时间	课程要求
NL310	领导力：理论与应用	3-0-3	学员将学习与领导力的偶然性和动态过程相关的理论和研究。学员在团队、小组和组织领导力的背景下，通过创建领导力愿景和职业发展计划，进一步完善和发展他们对个人优势、价值和成长机会的理解。该课程结合了社会心理学、组织行为学和团体动力学领域的文献，以帮助学员了解在军事背景下影响领导力的因素。	秋季/春季	先修课程：2/C年级
NL311	领导力心理学	3-0-3	这是一门以体验为重点的强化课程，强调领导者的自我分析和技能发展。课程涵盖的领域包括人事管理、团队发展、个人和团体层面的绩效提升。行业/组织咨询、学习、动机、社会行为、团体动力学、个性、咨询，同时社会感知和人际影响的研究结果将为发展知识、态度和技能提供基础，从而有助于形成有效的领导。可计入高层次的人文社会科学学分。	秋季/春季	先修课程：3/C年级及以上
NL312	变态心理学	3-0-3	探讨心理障碍的起源、症状、诊断和管理。学员了解包括人格障碍在内的心理障碍的根源。探讨这些障碍的认知、情绪、行为和文化表现。探讨在作战环境中有效预防和管理心理病理学的策略。学员同时学习快速评估和诊断精神危机的技巧。可计入高层次的人文社会科学学分。	秋季/春季	先修课程：无
NL335	武装力量与社会	3-0-3	该课程使用社会学的概念、理论和方法将美国军队作为一个社会机构进行研究。研究领域包括武装力量的内部组织和实践以及军队和其他社会机构之间的关系。为理解武装力量及其在社会中的地位，有必要考虑过去、现在和未来各种影响和塑造军队的力量。课程主题包括：军事文化和社会化；种族和性别；征兵和保留士兵；军组织的变化；婚姻和军人家庭；战争、技术和媒体。可计入高层次的人文社会科学学分。	秋季/春季	先修课程：NL230
NL340	变革管理	3-0-3	该课程将探讨在组织环境中管理变化的理论、实践和工具/技术。分析和比较解决组织问题的适用理论和战略方法，如人力绩效技术、组织发展。该课程的总体目标是提升知识水平、培养能力和技能，以帮助未来的海军和海军陆战队军官在舰队的各种军事组织环境中成功实施变革和转型。可计入高层次的人文社会科学学分。	秋季	先修课程：NL310或系主任许可

续表

课程编号	课程名称	学分	课程简介	开课时间	课程要求
NL360	文化与领导力	3-0-3	该课程将从多个角度探讨文化的理论和概念,以使未来的军官充分了解文化和人的行为能力在社区、社会和军队中发挥的作用。学员将学习知识,培养能力和技能,以协助未来的军官能够在全球复杂的军事环境中成功发挥作用。课程将采用课堂理论与案例分析方法相结合的教学方法,并在院内和院外进行实地考察。可计入高层次的人文社会科学学分。	秋季	先修课程:2/C年级或系主任许可
NL400	初级军官法律	2-0-2	该课程广泛介绍了适用于初级军官的军事法律。学员将研究包括武装冲突法和海洋法在内的作战法概念。该课程还探讨了包括宪法问题在内的各种军事司法主题,如搜查和扣押以及自证其罪,司法和非司法论坛,以及海军和海军陆战队士兵的行政离职。	秋季/春季	先修课程:1/C年级或经系主任许可
NL410	武装冲突法	3-0-3	该课程培养学员对国际武装冲突法的基本理解,强调初级军官在战术层面面临的当代问题。该课程帮助学员熟悉武装冲突法的历史背景,研究武装冲突法的来源,包括海牙法、日内瓦法和国际惯例法。该课程将研究当今战场上的复杂问题,包括冲突状态和独立状态、目标选择和武力使用,以及拘留行动。	春季	先修课程:1/C年级或2/C年级
NL420	领导者的沟通	3-0-3	该课程研究领导者如何使用语言、非语言、书面和视觉沟通的方式来传达他们的意愿并影响上级和下级。学员将学习人际沟通理论,分析历史上领导人的沟通技巧和风格,与演讲嘉宾互动,评估沟通的技术辅助手段,并通过指定的项目获得实践经验。	秋季/春季	先修课程:NL310
NL425	工程领导力	3-0-3	该课程旨在研究技术和工业环境中领导力的概念和背景。该课程包括讲座、技术领导力方面的读物和真实世界的案例研究。诸如阿波罗计划、联合攻击战斗机、太空探索的愿景,以及主要工程项目重大失误,都将从技术领导的角度进行分析。该课程将说明这些复杂的技术项目管理需要怎样的技术专长、组织理论和领导力的结合。该课程主题对军事领导人具有现实意义,因为他们越来越多地被要求在技术和工业环境中进行领导和管理。可计入高层次的人文社会科学学分。	秋季/春季	先修课程:工程专业1C或者2C年级或经系主任许可

续表

课程编号	课程名称	学分	课程简介	开课时间	课程要求
NL430	团体和组织中的领导力	3-0-3	该课程研究来自军事社会学和组织行为学的领导模式。课程介绍了大型组织、复合组织、正式组织(如海军)如何运作的重要学术概念,并研究了此类组织中的领导过程。课程主题包括团体的形成和表现,从初级领导的角度看组织文化和变化,以及在不断变化的组织环境中领导的挑战及必要性。可计入高层次的人文社会科学学分。	秋季/春季	先修课程:无
NL435	和平战争与社会冲突	3-0-3	这门高年级课程研究战争与和平的社会和军事方面。使用社会学理论、概念和方法,该课程在宏观分析层面上考虑战争和战斗作为社会冲突(起源和原因、事件和过程、影响和结果)。在分析的中观层面上,该课程讨论了社会结构在战争、战斗与和平过程中的动态影响。虽然现代西方的经验占据了课程的很大一部分,但也介绍了西方以外的战争与和平分析,以及其他形式的社会冲突和解决方案。	春季	先修课程:1/C年级
NL440	体验式领导力	0-6-3	体验式领导力为学员提供了监督下且可以自己选择的机会,以体验、反思、构思和加深对应用背景下领导力的理解。该课程旨在扩展和补充学员对领导力的理解,借助在美国海军学院完成的课程作业(例如,NL110,NE203,NL310),帮助学员在校外进行有重点和有专业指导的真实世界的体验活动。提供各种军队和社会实习活动;体验活动的实际性质将与指定的教师导师或赞助人一起制定和协调。参加该课程的学员承诺在体验活动开始前进行研究、确定范围并获得教师批准,指定一个有具体目标的学习计划;在体验期间定期与教师沟通,以便集中思考和理解;在体验活动中不断寻求挑战和参与的机会;记录(日志)他们与学习计划目标相关的经历,并在之后提交一份主要论文和报告,要求是符合已获得批准的学习计划目标。	夏季	先修课程:NL310或系主任许可

续表

课程编号	课程名称	学分	课程简介	开课时间	课程要求
NL450	社会不平等	3-0-3	该课程研究在美国社会不平等的背景下,种族、性别和民族的社会和实体结构。课程特别强调,无论是单独的结构还是组合的结构,都应了解它们是如何影响美国社会和文化的。该课程研究婚姻和家庭,工作和就业,教育、媒体和国家等社会机构是如何造成和维持不平等现象的。课程将深入介绍马克思主义和冲突理论,韦伯的多维模型,以及杜克海姆和塔尔科特-帕森斯的结构功能主义。将关键概念、原理和理论应用于美国军队和海军服务是该课程的基础,对文化多样性的理解也是基础之一。在完成该课程后,学员将更加深入和广泛地了解社会阶层如何影响美国社会,以及与其他社会的社会阶层系统的对比。	秋季	先修课程:2/C 年级
NP230	哲学概论	3-0-3	通过深入研究一部或多部经典哲学作品来介绍哲学,重点是研究哲学中涉及领导力的概念。在最近几个学期中,课程介绍的作品包括柏拉图的《共和国》(和柏拉图的其他对话)、笛卡尔的《第一哲学沉思录》、康德的《未来形而上学导论》和历史论文(包括《永久的和平》)、尼采的《超越善恶》,以及普鲁塔克、马基雅维利、洛克、黑格尔、克尔凯郭尔以及其他现代和当代哲学家关于政治和军事领导的论文选编。课程重点是仔细阅读和分析文本,课上学员参与讨论(柏拉图称之为"辩证法",并在《共和国》中认为这是健全的军事和政治领导的主要先修课程之一),还有大量的写作作业,期中和期末进行书面考试。可计入人文社会科学学分。	秋季	先修课程:NE203
NP232	军事道德:士兵的准则	3-0-3	士兵为什么要战斗?如何战斗?哪些可以给士兵带来荣誉感?哪些会让他们感到耻辱?哪些东西是真正值得为之牺牲的?在全球多样化的社会中,历史上的每个时代都有特殊的士兵文化。这些士兵只是杀手,还是有他们自己独特的行为准则?该课程探讨了几种传统的士兵:古希腊人、维京人、罗马人、凯尔特人、骑士和骑士精神、非洲部落成员、美国本土战士、中国武僧、日本武士和20世纪的士兵,并应用这些有关士兵哲学的经验和教训为新千年的士兵创造理想的准则。可计入人文社会科学学分。	秋季	先修课程:无

续表

课程编号	课程名称	学分	课程简介	开课时间	课程要求
NP240	电影中的哲学	3-0-3	该课程通过电影这一媒介形式来研究哲学史上长期存在的问题或主题。课程将探讨的主题有:怀疑论、个人身份、心灵哲学、相对主义、功利主义和去功利主义伦理学、生命的意义和关于恶的问题。	秋季	先修课程:NE203或2/C年级
NP250	逻辑和批判性思维	3-0-3	一流的官员需要成为一流的批判思维者。事实上,任何个人想要获得成功、独立、自我理解和人生成就,批判性思维都在所必备技能清单中名列前茅。该课程的主要目标是学习实用的推理功能——提高学员的分析技能和直觉(从而也提高学员的阅读和写作技能),并提高个人可信度,因为学员要能够向别人证明自己了解推理的运作方式,同时具备严谨、清晰、明白的思考能力及自我批评能力。该课程将培养学员的理解、分析和评估他人论点的能力,同时使自己的论点更为有力。	秋季/春季	先修课程:3/C年级或以上
NP336	宗教的哲学	3-0-3	该课程重点介绍关于宗教和追求宗教理想过程中出现的哲学问题。无论学员是宗教传统的坚定信仰者,还是不可知论者或无神论者,都会喜欢上调查和讨论以下问题和话题:上帝存在的论据是什么?奇迹会发生吗?邪恶的来源是什么?我们死后会发生什么?同时还有信仰与理性,信仰与科学知识,宗教多元化,以及宗教与伦理的关系。这些问题都或多或少影响着我们所有人。可计入人文社会科学学分。	秋季/春季	先修课程:1/C或2/C年级或经系主任许可
NP340	科学的哲学	3-0-3	从教科书和早已经过实践检验的实验室实验中学习科学,但科学家的真实工作是怎样的呢?他们把哪些事情算作"事实",又把哪些理论看作"知识"?他们是如何努力消除人类探索中存在的主观因素以发现客观真理的?在这门课程中,学员将阅读哲学家、历史学家和科学社会学家的经典著作来研究这些耐人寻味的问题;比较科学知识创造的过程与日常生活中其他领域的类似过程;研究当前具体的事例,在这些事例中,学员会发现公众可获得的科学信息似乎不足以做出明智的决策。抛开关于科学家的流言误解和刻板印象,了解他们的世界究竟是什么样子的(所有专业的学员必须参加)。可计入人文社会科学学分。	秋季	先修课程:1/C或2/C年级或系主任许可

续表

课程编号	课程名称	学分	课程简介	开课时间	课程要求
NP410	战争的哲学	3-0-3	该课程首先对战争的概念进行细致的哲学分析,并从道德允许度的角度对其进行批判性调查。在此过程中,学员将考虑以下问题:如何区分战争与其他形式的暴力和胁迫?进攻性或防御性战争是否合理?出于人道主义目标使用军事力量是否合法?在战争中可以使用哪些武器、战术和战略?以及这些武器、战术和战略可以针对谁使用?	秋季/春季	先修课程:NE203
NP420	自由的哲学基础	3-0-3	大多数人都相信自由是一种重要的价值。事实上,很多人相信它是最重要的道德价值。人们常常这样认为。同时人们也在一直思考到底什么是自由?为什么会认为它如此重要?例如,自由是缺失的事物(干扰)还是存在的事物(控制)?自由是一个人必然想得到更多的东西还是人们可能想要更少的东西?对一个人自由的限制是自由的还是总有限制?一个人应该被允许放弃自己的自由还是应该强制他们获得自由?对个人自由的承诺是否需要对自由市场的承诺?抑或对个人自由的承诺是否与其他类型的经济安排兼容?此外,自由与人们所珍视的其他事物,如正义、平等、安全、社区、幸福和责任之间是什么关系?通过阅读古典和当代著作,该课程将研究这些问题和其他相关问题,其目标不是为了得到最终答案,而是为了向学员提供框架,使他们能够审慎地考虑和评估相关的哲学和道德问题。课程重点是课堂参与活动及每周的写作作业。期中和期末将进行书面考试。	春季	先修课程:NE203
NP430	道德与非常规战争	3-0-3	在反恐战争中,美国对恐怖主义和叛乱采取了噩梦般的严厉措施:暗杀、酷刑、秘密拘留、军事法庭。该课程希望能为过去十年间战争引发的道德问题寻求答案。一个国家如何才能公正地打击采取恐怖主义和自杀式袭击的非国家行为体?是否存在公正的叛乱活动?如何以道德上公正的方式审讯恐怖主义嫌疑人?酷刑是否有效?像"基地"组织人员这样的非常规战斗人员应当被看作战俘还是被当作普通罪犯来对待?他们应该得到民事审判吗?他们是否拥有米兰达权利?课程将包括学习哲学、历史、法律和新闻文本。	秋季	先修课程:NE203

续表

课程编号	课程名称	学分	课程简介	开课时间	课程要求
NP440	斯多葛哲学及领导力	3-0-3	该课程首先针对斯多葛学派的主张进行哲学分析,即"美德就是善,恶习就是恶,其他都不值一提"。在此过程中,课程将从斯多葛学派的角度出发,从他们的哲学主要人物和对手的角度出发,探讨关于伤害、情感、知识和命运的本质问题。在整个课程中,将考虑这一古老的思想流派应该如何影响学员和军官的生活。	春季	先修课程:NE203

第8章
体能教育学部

体能教育学部的任务是为学员成为专业的海军和海军陆战队军官做好体能准备。为实现这一目标,体能教育学部提供严格的基础教学课程,包括游泳、个人防卫、健康、休闲运动等,并定期进行体能测试。学员必须在海军学院的四年中都达到基本的体能要求才能毕业。

第一学年

选修课	学员有机会在18门选修课中学习技能,包括高级拳击、攀岩入门、高级攀岩、体能测试和评估、健身、急救、高尔夫、皮划艇、体操、武术Ⅲ、武术Ⅳ、壁球、游泳训练、网球、铁人三项、水球、排球和举重
体能测试	在完成四年的体育课程之外,学员还必须通过每学期的体能测试。该测试要求男学员在10分30秒内跑完1.5英里,在2分钟内完成65个卷腹,在2分钟内完成45个俯卧撑。女学员必须在12分40秒内跑完1.5英里,在2分钟内完成65个卷腹,在2分钟内完成20个俯卧撑。

第二学年

游泳	课程为期8周,教授必要的游泳技能,海军陆战队员能穿着卡其裤通过30分钟的游泳测试。
个人体能训练	培养学员养成终身的运动习惯,制定适应任何环境的健身计划,并学习营养的关键要素。
武术Ⅱ	该课程是对海军陆战队和混合武术地面格斗技术的应用。

第三学年

游泳	学员需完成爬行、弃船演习、50英尺水下游泳、充气、侧泳、400米游泳的测试，以及海军三等游泳测试。
武术 I	该课程是一门格斗课程，旨在将摔跤和拳击的原理在竞争性的课堂环境中结合起来。

第四学年

拳击	根据合适的形式、进攻和防守技术、毅力以及在与相同体型、经验和性别的对手进行竞赛时表现出的擂台技艺来评定成绩。
摔跤	根据参赛者在摔跤比赛现场中执行技能的能力，如擒拿、骑乘、逃脱、逆转和夹击组合来评定成绩。比赛对手将按性别和体重分类。
游泳	学员需接受初级仰泳、蛙泳、5米跳塔、40英尺水下游泳和200米游泳的测试。

第 9 章
暑期研修班

9.1 本校学员暑期项目

每年的暑期培训项目共有 8 周,向海军军校学员介绍海军和海军陆战队的作战单位、海上生活以及初级军官的责任。

1. 第一学年暑期

从 7 月初的入伍日开始。项目重点包括军事教导、体育教育、船员和航海基本知识、小型武器训练、急救知识等介绍。

2. 第二学年暑期

学员将了解海军和海军陆战队的每一个主要部门,他们将在彭萨科拉驾驶海军飞机,在佛罗里达海岸的核动力潜艇中潜水,并与海军陆战队一起在弗吉尼亚的森林中巡逻,并潜入和攻击模拟敌方阵地。学员们还将到世界各地的海军舰艇和潜艇上报到,进行二级巡航。学员将成为其中的一名船员。这 4 周内学员们将参加演习、射击练习并体验水下日常生活。这些经历将帮助学员获得对海军海上生活的一手了解。同时作为未来的军官,学员将学会欣赏所领导的士兵的才能、责任和观点。

3. 第三学年暑期

学员将乘坐巡逻艇出海 3 周,前往新英格兰的各个港口。此外,学员们将在 44 英尺长的海军学院帆船上度过 3 周,或者参加海军战术训练,其中包括模拟海豹突击队和海军陆战队的行动,并接受有关联合军事的教导。

4. 第四学年暑期

在最后一个夏天,学员将有机会展示自己的领导技能,无论是在舰队还是在学院。在 4 到 8 周的时间里,学员将加入一个海军或海军陆战队的作战单位,这一次学员的职责是初级军官。根据职业兴趣和资质,学员可以选择水面战舰、潜水艇、航空母舰或航空中队。那些有兴趣在毕业后选择海军陆战队的学员可以在弗吉尼亚州的匡提科参加为期4周的军官候选人课程,随后在舰队海军部队中进行为期4周的挂职锻炼。被选中的学员还可以参加为期4周的针对不同学科的实习。

5. 其他暑期项目

1)暑期学校

学院还提供暑期学校。学员可以报名参加集中的常规课程,以弥补之前不理想的课程表现或提前完成课程要求。这些课程将代替暑假。

2)海外学习

马歇尔·H. 考克斯上尉/A. H. 高巴特上尉基金为海军学院的学员和刚毕业的学员提供暑期游学和语言学习的支持。提供的项目有:俄语、汉语、阿拉伯语、日语、西班牙语、法语和德语。

9.2 国际项目办公室

1. 学期内海外学习项目

美国海军学院的所有语言教学都适用海外学习项目,包括阿拉伯语、中文、法语、德语、日语、俄语和西班牙语。就读大三或大四第一学期的学员有资格竞争获得留学机会。每年大约有70~90名学员在18个国家进行海外学习。其目标是每年输送100名学员出国学习。

2. 语言沉浸项目

美国海军学院通过语言和文化系,赞助各种海外语言学习项目,以提高学员语言水平和熟练程度。这些项目在夏季进行,为期4~6周,可能包括大学暑期班、考察旅行和与外国海军的交流访问。其目标是每年输送175名学员出国学习。

3. 文化机会

这些项目旨在培养学员的全球意识和跨文化意识。具有国际经验的教员将带领他们游览体验不同的文化环境。每年,大约有150~170名学员在18个国家游学。其目标是每年输送175名学员出国学习。

4. 与外国海军的专业培训

除了每年的学习以外,每名学员都要参加职业发展实践培训。学员拥有众多机会参加外国海军的高级训练或登上舰艇编队。其目标是每年派出50名学员。

5. 四年项目

根据规定,可以允许最多 60 名外国学员进入海军学院接受四年的学习教育。国防部选择并通知可以提名候选人的国家,海军学院国际招生委员会在 4 月份选择被提名人进入海军学院学习。该项目始于 1863 年并一直延续至今,迄今为止,共有来自 72 个国家的 520 名学员完成毕业。近些年,每年大约有来自近 30 个国家的 50 多名外国学员,可以获得进入美国海军学院学习的机会。

9.3 中学生暑期项目

9.3.1 应届学员暑期项目

美国海军学院暑期研修班,适用于 12 年级学员。暑期研修班让拟申请学员体验美国海军学院的生活,开启其入学申请的旅程。在六月的一周时间中,拟申请学员将获得学术、体育和部分专业培训,同时与来自全国各地的学员建立友谊。中学生暑期研修班申请也将作为该中学生对海军学院的初步申请。

1) 申请概述

一旦开始暑期研修班申请,拟申请中学生将无法在以后提交新的申请。申请时,需要提供以下这些信息:

(1) 国会区;

(2) 班级排名和规模;

(3) 成绩摘要;拟申请中学生需要填写一份学院要求课程的清单,并附上这些课程的成绩。如果目前仍在学习这些课程,需提供估计的大概成绩。

(4) 个人陈述。1000 字以内,回答"为什么对参加海军学院暑期研修班感兴趣?是否获得过任何奖项?或参与过科学、技术、工程、数学这些领域的哪些活动、团体、会议?"

2) 资格和选择

暑期研修班竞争非常激烈,每期名额有限(约 850 人)。基于学员的综合素质开展遴选。暑期研修班有以下选择标准:

(1) 目前在读的高三学员;

(2) 高中学业成绩优异;

(3) 在体育和课外活动中表现优异;

(4) 身体健康,身体状况良好;

(5) 未婚,未孕,没有抚养子女或其他个人的法律义务。

暑期研修班不要求候选人具备美国公民身份,但候选人必须有社保号才能申请。打算进入海军学院学习的候选人需要在他们被纳入海军军官大队时成为美国公民。

3) 学习费用

海军学院暑期研修班的课程费用为 650 美元,包括食宿,餐饮和服装。

4) 交通

美国海军学院将为本地学员安排往返海军学院的交通,海军学院位于马里兰州安纳波利斯。

区外的学员将安排往返巴尔的摩华盛顿国际机场的交通。学员到达后,海军军官将在现场组织学员乘巴士从巴尔的摩华盛顿国际机场前往海军学院,并在课程结束后回到巴尔的摩华盛顿国际机场。

5) 项目活动

夏季研修班侧重学术学习。学员参加的研修班包含以下课程主题:

信息技术、海军建筑学、机械工程、海洋工程、航空航天飞行测试、系统工程、微机设计、海员和巡航、船坞巡逻艇(YP)巡航、道德与性格发展、海洋学、数学、历史学、气象学、文学、化学、政治学、语言研究、武术、经济学。

6) 每日活动安排

05:45~06:30 锻炼身体——体能教育项目介绍

07:00~07:20 早餐

07:30~12:15 上午学术研讨会

12:25~13:00 午餐

13:45~16:00 下午学术研讨会

16:00~18:00 校内活动,特别活动

18:30~19:00 晚间用餐

20:00~22:45 小队/团队时间,特别活动

23:00 鸣笛——休息

9.3.2 暑期 STEM 项目

美国海军学院的暑期 STEM 项目为期一周,为对科学、技术、工程和数学感兴趣的 9~11 年级新生,提供解决问题、探索性学习、批判性思维和团队建设的机会。

在夏季 STEM 项目中,学员将与来自全国各地的学员一起工作,测试解决问题的能力、创造力和协作能力。

1）参加夏季STEM班的五大理由

(1) 与美国海军陆战队队员互动；

(2) 设计和建造STEM项目；

(3) 向美国海军学院的教师学习；

(4) 认识新朋友；

(5) 在全美排名第一的公立学院和全国排名第五的"最佳本科工程项目"中体验STEM课程（2021年美国新闻与世界报道学院排名报告发布）。

2）美国军事工程师协会STEM训练营

过去30年间,早在STEM被推广之前,美国军事工程师协会（SAME）一直在推进各种相关活动,提供奖学金,旨在激发学员成为工程师的兴趣。

SAME与各军种合作,提供一系列为期一周的STEM工程和建筑训练营,专为那些在数学、科学和技术课程中表现出色,并有兴趣在大学中探索工程、建筑等相关领域的高中生设计。

每个训练营都设置独特的课程,课程共同点有:具有挑战性的环境、实践活动、年轻工程师作为导师、以及为校友提供的长期资源。

3）学员录取标准

学院拟寻找的学员要求是：

(1) 就读9~11年级的学员；

(2) 有材料证明在课堂内外取得了良好的成绩；

(3) 良好的学习成绩；

(4) 良好的PSAT、SAT或ACT成绩；

(5) 对科学、技术、工程和数学有强烈的兴趣。

4）学习费用与交通

海军学院夏季STEM项目班的费用为每名学员900美元,含为期一周的住宿、往返巴尔的摩华盛顿机场和美国海军学院之间的交通费、所有的餐饮和住宿费。该项目内容包括:海军军官候补生领导力学习、世界级实验室和教师主导的STEM学术模块、技术/专业展览会、美国海军学院服装和宣传品等。

5）暑期STEM班课程表

为期一周的夏季STEM班将为学员提供培养品格、学术和团队合作能力的成长机会。

周一:抵达和注册,破冰组队,校内活动,欢迎仪式。

周二:实地考察（史密森尼博物馆或麦克亨利堡,取决于课程安排）,电影之夜。

周三:STEM学术模块,校内活动,晚间野餐,Travis Manion基金会演讲。

周四:STEM学术模块,校内活动,美国海军学院学术和专业博览会,刨冰晚会。

周五:STEM学术模块和校内活动。

周六:闭幕式和离校。

STEM学术模块主要内容:①逆向工程,通过实践操作,参训学员将学习使用工具、理论和小电机发动机,在拆卸和重新组装割草机发动机的实践中应用工程概念;②举一反三,发现材料背后的故事,研究失败案例,并在美国海军学院实验室中练习材料表征方法;③追逐风暴,参训学员将完成一个能抵御150英里/小时风速的结构设计与建造,并在美国海军学院水力实验室的一个小型风洞中测试其设计。

第10章
师资力量

10.1 教务领导

美国海军学院的教师队伍由近600名军官与文职组成,二者人数大致参半。这种构成为军官学校所独有,可追溯到1845年海军学院早期,当时3名文职教员与4名海军军官共同组建起首支教师队伍。

军官们通常会轮岗到学院执行2~3年的任务,带来美国海军与海军陆战队作战单位的新理念和新经验,也会讲解学院的研究如何适用于舰队和战场。作为永久军事教育,拥有博士学位的军官教师是教师队伍的一个重要组成部分。

学院的文职教员保障了教育项目的连续性和学术深度,形成了专业学术与教学经验的核心力量。所有的职业平民教师都拥有博士学位,他们中的许多人是各自领域的学科带头人。

1. 教务长(2022年)

安德鲁·菲利普斯任美国海军学院教务长。他曾担任威斯康星大学欧克莱尔分校学术事务副校长兼研究生院院长,2009年起任该校首席学术官。

作为教务长,菲利普斯博士负责全面领导和监督海军学院学术部门与事务,包括工程与武器学院、数学与科学学院、人文与社会科学学院、图书馆、博物馆、注册处、研究与奖学金办公室、教学中心、国际项目办公室、区域研究中心、学术卓越中心、网络安全研究中心、校园评估项目,以及所有教师相关事宜。

菲利普斯博士1988年起任美国海军学院计算机科学系文职教员,自此开启学术职业生涯。他现为美国工程与技术认证委员会(ABET)计算领域董事和董事会成员,1997年起担任委员会项目评估员,2004—2009年曾担任该委员会下计算认证委员会(CAC)成员。他曾任计算机科学认证委员会(CSAB)主席,现任美国中部州高等教育委员会团队主席/项目评估员。

他于1984年毕业于宾夕法尼亚州立大学,获数学与计算机科学理学学士学位,后分别于1986年和1988年获明尼苏达大学计算机科学硕士和博士学位。其行政助理是美国海军陆战队阿曼达·安德森上尉。

2. 副教务长(2022年)

丹尼尔·W. 奥沙利文教授于1988年毕业于米勒斯维尔大学,获化学与地球科学学位。研究生就读于罗德岛大学,于1994年获化学海洋学博士学位。奥沙利文博士曾获迈阿密大学罗森斯蒂尔海洋与大气科学学院罗森斯蒂尔博士后研究奖学金。

奥沙利文博士于1997年加入美国海军学院化学系。曾任职于学院数学与科学学院课程委员会与评估委员会、多个教师与行政管理人员遴选委员会,曾担任教师评议会课程委员会主席、教师评议会副主席、化学系主任、数学与科学学院资深教授,自2017年8月起担任副教务长。

奥沙利文博士的研究计划有两项重点:一是侧重于过氧化物的表征与分析,了解自然系统中气相和液相中的光化学反应产生自由基的瞬态;二是侧重于确定海洋系统中高能材料光化学降解的动力学机制。

奥沙利文博士是《海洋化学》期刊的副主编,已发表大量和其研究工作有关的文章。他曾凭借研究成果获两项美国宇航局集体成就奖及美国海军学院平民教师研究卓越奖,还曾凭借服务贡献获美国海军杰出平民服务奖。

3. 学术事务副教务长(2022年)

萨马拉·菲尔鲍教授于1995年以优异成绩毕业于普林斯顿大学,获电气工程学士学位,后分别于1997年和2001年获麻省理工学院电气工程硕士和博士学位。菲尔鲍博士的研究领域是微电子机械系统,特别是集成传感器和微型机器人方向。

菲尔鲍博士于2001年加入美国海军学院电气与计算机工程系,在学院担任过多项职务,包括2012—2013年任教师评议会副主席,2015~2020年任电气与计算机工程系主任。她曾获2014年平民教师教学卓越奖及2012年拉乌夫工程教学卓越奖,还曾于2014年获杰出平民服务奖,于2017年成为美国电气与电子工程师协会高级会员。

4. 财务与军事事务副教务长(2022年)

彼得·纳迪上校,佛罗里达州北迈阿密海滩市人,1984年毕业于美国海军学院,获理学学士学位,主修数学。纳迪上校于1985—1987年任美国海军奥班农号驱逐舰(DD 987)电机员兼舰务官,1990年获美国海军研究生院计算机科学硕士学位后,被派往美国海军学院担任计算机科学系高级指导员。

在结束海军学院任职后,他于1992—1995年任职于密西西比州帕斯卡古拉船舶建造改装与修理监管机构。期间,他被派任为美国海军巴丹号航空母舰(LHD-5)设计工程师兼美国海军拳师号航空母舰船务监督员。在完成水面作战部门主管学校学习后,他于1996—1998年担任拳师号航空母舰战斗系统军官。在结束该任职后,经向LPD-17项目办公室报告,他被派任为LPD-17级舰战斗系统工程集成主管兼加利福尼亚州圣地亚哥雷神公司项目经理代表。他曾负责LPD-17设计中,美国海军和美国海军陆战队作战与C⁴ISR指挥自动化系统的集成,以及雷神公司电子系统开发工作的技术监督。在结束LPD-17项目任职后,他于2000年9月至2003年6月任职于美国海军海上系统司令部DD-21项目办公室(后更名为DD(X))。他曾在DD(X)设计中担任高级雷达套件采购经理两年、战斗系统工程集成经理一年。

在结束DD(X)任职后,他回到美国海军学院担任工程与武器学院副院长,兼热带风暴伊莎贝尔破坏后工程与武器实验室设施修复项目经理。2004年9月,他被派任综合作战系统项目执行办公室水面舰艇作战系统经理,负责所有海军水面作战系统的开发与集成,包括宙斯盾作战系统和舰艇自卫系统MK-2。2005年9月,纳迪上校被遴选为大项目经理,被派往综合作战系统项目执行办公室任海军指挥与控制项目经理,主要监督海军显示器和战术处理器、船舶电子导航系统、协同作战传感器网络的开发与部署。2009—2012年,他被派任为美国海军学院工程与武器学院院长,目前担任美国海军学院财务与军事事务副教务长。

纳迪上校曾被授予以下奖章与绶带:功绩勋章、功勋服役勋章(4枚)、海军表彰奖章(2枚)、海军成就奖章,以及其他各项单位表彰和战役绶带。

5. 规划与评估副教务长(2022年)

凯瑟琳·瑟马克于2012年夏天加入美国海军学院教务长办公室,担任规划与评估助理教务长,后于2015年晋升至副教务长级别。工作中,她与学习成效委员会和教师评议会评估委员会一道,推进战略规划工作,协调评估工作,商议学员学习问题评估事宜,面向学院教师开展教育活动。瑟马克博士还担任与外部认证机构(美国中部州高等教育委员会和美国工程与技术认证委员会)的联络人,负责评估和机构效力相关事宜。

在加入海军学院前,瑟马克博士于2002—2012年在伊利诺伊州芝加哥德保罗大学担任过多项职务,曾为德保罗大学学术项目审查、战略规划倡议及2007年高等教育委员会机构认证访问准备工作提供支持。2007年7月至2012年7月,她的工作主要是评估学员的学习情况,同时也包括:组织秋季全院教学研讨会,会议重点关注通识教育项目目标;联席主持年度教师会议,教师们在活动中会围绕一个主题和全国知名的演讲嘉宾一起分享他们的经验和教学实践;开发德保罗大学教学共享网站内容;在公共服务学院教授研究方法。

在加入德保罗大学前,凯瑟琳·瑟马克曾在伊利诺伊州最高法院资助的司法发展项目中担任协调员。瑟马克博士拥有芝加哥洛约拉大学社会学博士学位,她的研究重点是确定与高等教育中学员在学和毕业相关的因素。

10.2 院长与系主任

院系主任基本情况一览表(截至2022年)见表10.1。

表10.1 院系主任基本情况一览表(截至2022年)

职位	姓名	职级
信息服务主任兼尼米兹图书馆馆长	Clemens, Lawrence	博士
注册主任	Davis, Christopher	博士
学员学术发展主任兼学术咨询办公室主任	Schmitt, Pamela	教授
学术卓越中心主任	Bukowski, Bruce	博士
教师发展主任兼教学中心主任	Sproles, Karyn	教授
国际项目主任	Disher, Tim	美国海军中校(退役)
海军学院博物馆馆长	Freymann, John	上校
研究主任兼研究与奖学金办公室主任	Malek-Madani, Reza	教授
理工科教育与外联中心主任	McGettigan, Joseph	美国海军上校(退役)
美国海军学院研究生教育项目主任	Gish, Andy	美国海军上校
工程与武器学院院长	Wolf, Robert	美国海军上校
工程与武器学院军事副院长	Sanders, Mike	美国海军中校
工程与武器学院副院长	Bishop, Brad	教授
航空航天工程系主任	Pettit, Chris	教授
电气与计算机工程系主任	Stevens, John	美国海军上校
机械工程系主任	Graham, Stephen	教授
船舶与海洋工程系主任	Mouring, Sarah	教授
武器、机器人与控制工程系主任	Piepmeier, Jenelle	教授
数学与科学学院院长	Woelper, Eric	美国海军上校
数学与科学学院军事副院长	Spencer, Julie	美国海军上校

续表

职位	姓名	职级
数学与科学学院副院长	Urban,Joe	教授
化学系主任	Harrison,Judith	教授
计算机科学系主任	McDowell,Luke	教授
网络科学系主任	Caroland,James	美国海军上校
数学系主任	Zarikian,Vrej	教授
海洋学系主任	Steppe,Cecily	教授
物理系主任	Hartley,Daryl	教授
人文与社会科学学院院长	Styskal,Michael	美国海军陆战队上校
人文与社会科学学院军事副院长	Testerman,Matthew	美国海军上校
人文与社会科学学院副院长	Swope,Kurtis	教授
经济学系主任	Redmer,Chad	美国海军中校
英语系主任	Allen-Emerson,Michelle	教授
历史系主任	McCarthy,Thomas	教授
语言与文化系主任	Stone,Robert	副教授
政治系主任	Richardson,Dave	美国海军中校
政治系副主任	Stimpert,Sian	美国海军少校
海军学院航海教官	Kremer,Luke	美国海军中校
航海技术与导航系主任	Tobin,John	美国海军上校
军官准入与职业信息主管	Bradford,Brian	美国海军中校
滨海保障中心主任	Odgen,F. Byron	美国海军上校
滨海保障中心副主任	Wallace,David	美国海军中校
滨海保障中心资深教授	Skerker,Michael	教授
领导力、道德与法律系主任	Ledford,Andrew	美国海军中校

第二部分

美国海军研究生院

第 11 章
历史沿革与学员来源

11.1 历史沿革

美国海军研究生院始建于 1909 年,其机构设置与校址均随时代而变迁。

1909 年 6 月 9 日,即美国大白舰队完成大航海后不到四个月时间,美国海军部部长乔治梅耶签订了第 27 号文件,在安纳波利斯市建立了海洋工程学校。

这个小项目当时只有 10 位海军学员和 2 位海军官员,后来发展成为如今的美国海军研究生院。

1. 第一阶段——海军军官的研究生教育

建立海军军官研究生教育的想法始于 19 世纪后期。但起初这一想法几乎没有得到支持。随着后来 1901 年马可尼发明"无线电",1903 年莱特兄弟的飞行,以及 1907—1909 年蒸汽驱动的大白舰队全球长途旅行,这一概念才逐渐得到支持。

海军部长命令这所刚刚起步的学校接受海军学院院长的指导,院长负责"确保充分利用海军学院的教育设施,以供学校学员和教官使用,而不干扰对见习官的教学。"命令下达之后,学校仅有两个阁楼房间,为教室和实验室留出空间。

之后不到三年时间,海军部长同意了改建学校的提议。1912 年 10 月 31 日,海军部长签署了第 233 号海军总令,将学校更名为海军学院研究生部,并在海洋工程的原始课程基础上,开设了军械和火炮、电气工程无线电报、海军建设和土木工程的学习课程。通过增加课程,入学人数增加到 25 人。

2. 第二阶段——从安纳波利斯到蒙特雷

第二次世界大战期间,海军作战部长、大西洋和太平洋舰队总司令欧内斯特·金海军上将成立委员会,审查研究生教育在海军中的作用。到第二次世界大战结束时,位于安纳波利斯海军学院的海军研究生院设施显然不能满足当时美国海军建设的需求。

1945年,国会通过立法,海军研究生院成为完全公认的、可授予学位的研究生机构。两年后,国会授权购买德尔蒙特酒店和周围627英亩土地,用作海军研究生院的独立校园。

1951年12月,海军研究生院在加利福尼亚州蒙特雷建立了现在的校园。从东海岸到西海岸的搬迁涉及500名学员,大约100名教职员工,还有数千磅的书籍和研究设备。海军少将欧内斯特·爱德华·赫尔曼监督了这一过程,为海军推进海军科学和技术的努力注入了新活力。

3. 第三阶段——海军研究生院迁到德尔蒙特酒店

德尔蒙特酒店是二战前北美最好的豪华酒店之一,后成为现在的海军研究生院。铁路先驱查尔斯·克罗克1880年6月首次开设酒店,酒店就立即取得成功。1887年,大火将酒店完全摧毁,但第二家德尔蒙特酒店在同一地点迅速崛起,比其前身更加辉煌。1924年9月27日清晨,大火再次摧毁了酒店的中央木结构。重建工作再次重启,修葺后的德尔蒙特更为现代,更为富丽堂皇。

此时,德尔蒙特地产公司总裁塞缪尔·FB·莫尔斯收购了这家酒店,并开始将德尔蒙特发展为"体育帝国"。客人可以在这里享受打高尔夫球、马球、网球、游泳、玩游艇和深海钓鱼的乐趣。这个酒店被誉为"世界上最优雅的海滨度假胜地",曾接待过世界领导人、政要、美国总统、电影明星和著名艺术家等。直到1942年美国海军接管这家酒店,才成为飞行员的飞前训练学校。

前德尔蒙特酒店的主楼(现名为赫尔曼大厅)设有海军研究生院的主要行政办公室。学术大楼是在学校于1951年正式开校后逐步建造的。2000年后,学校陆续翻新扩建了图书馆、新学术大楼格拉斯哥大厅和新机械工程大楼。2006年,赫尔曼大厅两侧耗资3500万美元完成翻修,在国际军官永久居住设施建成之前,为他们及其家人提供了140个新学员宿舍房间供临时居住。2009年,海军研究生院庆祝成立一百周年,校园基础设施建设又有了新发展。

11.2 学员来源

海军研究生院有近1300名在读学员。学员来源包括美国五个军警部门的军官、来自约30个合作伙伴国家的官员,以及少数联邦和地方州的文职官员。

海军研究生院的学员主要是作战经验丰富的职业中期军官,其中许多人有近期作战经验。在海军研究生院,教学员如何进行批判性思考和战略性联系。他们能够熟练地驾驭不确定性,适应模糊性,并善于在他们意想不到的情景中思考采用新技术。

超过一半的学员是美国海军和海军陆战队军官,还有来自美国其他武装部队和国防部机构文职人员的重要代表,与来自 20~40 个国家的国际军官、以及全国各地的国土安全从业者并肩学习。

这些学员是美国海军未来的军事和文职领导人,他们经过选拔成为海军研究生院学员,未来会被授予学位和证书,为下一阶段职业生涯做好准备。他们毕业后将返回舰队和作战部队。

2020 年国际驻校学员	
欧洲	40 名
远东、近东	45 名
中/东亚、中亚	8 名
非洲	6 名
加勒比地区、中美和南美	16 名
北美	6 名
澳大利亚和新西兰	6 名

平均驻校学员录取率		
来源	数量	占比
美国海军及其后备队	655 名	44%
美国海军陆战队及其后备队	221 名	15%
美国陆军及其预备役	201 名	13%
文职	181 名	12%
国际学员	123 名	8%
美国空军以其后备队	106 名	7%
其他	10 名	1%

部队学位授予数量	
美国海军及其后备队	508 个
文职	309 个
美国陆军及其预备役	145 个
美国海军陆战队	146 个
美国空军	83 个
国际学员	80 个
美国海岸警卫队	4 个

1) 2020年授予学位情况

总授予学位：1275个

硕士学位：1259个

博士学位：16个

2) 2020年学员录取情况

平均总录取量：2771名

驻校学员：1480名

远程学习学员：866名

证书/非学位学员：425名

3) 2020年学员录取数量

总录取：16066名

驻校学员：1480名

远程学习学员：866名

证书/非学位学员：425名

行政教育/职业发展学员：13295名

第12章
组织管理架构

12.1 研究生院领导

海军研究生院的学术与研究工作均由院长领导,为每个组织提供战略指导,推动实现学术成就和高水平研究。海军研究生学院的领导层,主要职责就是将高水平、有远见的学术界与现实世界中的国防需求结合起来,为该学院的发展输入源源不断的动力。

1. 海军研究生院院长(2022年)

安·E. 朗多,女,退役中将,于2019年1月29日受命成为海军研究生院院长。在任期间,朗多院长在教育、培训、研究、行政发展、变革管理和战略规划方面做了大量工作。担任院长之前,朗多中将曾担任杜拜学院的第六任院长。她上一个军事职务是国防大学校长。国防大学位于华盛顿特区,是由五所学院和九个研究中心组成的联合大学。

朗多多次就任军事和教育领域重要岗位。1985年,她被选为里根政府白宫研究员,随后担任伊利诺伊州美国运输司令部副司令、五角大楼主任兼美国海军参谋、弗吉尼亚州海军人事发展司令部司令、伊利诺伊州大湖区海军训练司令部司令、太平洋舰队驻夏威夷参谋长,田纳西州海军支援活动指挥官,以及其他参谋和指挥官,负责政策、规划、舰队支援、联合后勤、培训和教育。2012年,朗多作为三星中将从美国海军退役,是海军中第二个获得此军衔的女性。之后她担任了IBM沃森集团合伙人,后来还任职独立顾问。

朗多还与众多机构有过合作,包括美国和平研究所董事会、德国马歇尔基金董事会、大西洋理事会董事会、美国国家水手博物馆董事会、高等教育认证委员会董事会、芝加哥区域增长公司董事会、楚斯杜佩奇(芝加哥西北郊区的区域发展组织)董事会、田纳西州/中南部经济发展委员会、国防部总统研究中心联络员、军事顾问委员会(研究能源和环境对国家安全的影响)、亚利桑那州立大学将官顾问委员会、全国海军军官协会高级顾问小组、艾森豪威尔纪念馆委员会和全国冷战老兵纪念馆设计指导委员会等。

朗多先后获得艾森豪威尔学院(纽约)学士学位,乔治敦大学(华盛顿)硕士学位和北伊利诺伊大学德卡布分校教育学院教育博士学位。此外,她还拥有迦太基学院公共服务荣誉博士学位和罗莎琳德-富兰克林医科学大学人文文学荣誉博士学位。

2. 教务长(2022年)

斯科特·西格蒙德·加特纳博士是美国海军研究生院的教务长和学术院长,还是国防分析系教授。他曾担任宾夕法尼亚州立大学国际事务学院院长,现在仍是该学院教师。加特纳侧重于跨学科、多方法研究,包括大国冲突、国际安全、战争与政治、反恐、冲突调解和政策评估,研究成果被广泛引用。

加特纳的出版物包括《昂贵的计算:战争、死亡人数与政治学》《战争战略评估》《国际冲突调停:新途径新发现》《美国历史战略》等。此外,他还在政治学、社会学、国际事务、国家安全、历史、军事情报、公共政策、国际谈判和通信等领域的顶级期刊上发表文章。他获得的荣誉包括杰斐逊最佳政府资源奖、参考与用户服务协会杰出文献奖、书单编辑推荐奖、图书馆杂志最佳参考奖、历史新闻网月度图书和美国政治科学协会最佳政策论文奖。他是国际研究协会(西部)前任主席,并曾担任美国情报机构非国家暴力行为者理论评估的高级顾问。

加特纳的研究得到了国家科学基金会、国家安全局、国家反恐中心、福克·伯纳多特学院、国防部、"台湾"民主基金会和斯隆基金会的资助。加特纳的专栏文章发表在《赫芬顿邮报》《今日美国》《基督教科学箴言报》《巴尔的摩太阳报》和其他许多刊物上。他拥有密歇根大学政治学博士学位和硕士学位,以及芝加哥大学历史学学士学位和国际关系硕士学位。

3. 办公室主任(2022年)

菲利普·E. 奥尔德上尉,2019年10月开始担任加利福尼亚州蒙特雷海军研究生院办公室主任。

就任现职之前,奥尔德上尉担任总部位于华盛顿特区的海军设施司令部指挥官评估总监,其职责包括认证美国海军安全部队的设施以及负责海军企业号航空母舰的作战演习和培训。

此前,他曾担任总部位于意大利那不勒斯的欧洲、非洲和西南亚海军地区指挥官运行总监,负责执行岸上行动和九个设施的直接任务支持,以及监督和指导港口运营、空中运营、安保、消防和应急服务、安全、演习和评估,以及应急管理项目等。

2012年10月至2014年10月,奥尔德上尉担任关岛联合计划办公室主任,计划和执行一项耗资86亿美元的耗时多年的计划,将美国海军陆战队部队从冲绳迁往关岛。此前,他曾担任美国第七舰队指挥官战区安全合作助理参谋长。再之前,2009年至2012年间部署到日本横须贺,期间他是第七舰队指挥官的主要政策顾问,负责规划和协调与西太平洋地区盟国和伙伴海军的所有对外交流活动,包括将官交流、舰队参谋会谈、每年超过120次联合演习和年度太平洋伙伴关系任务。

2009年8月,奥尔德上尉被召回到现役,之前曾在海军预备役部队担任四次指挥。他的最后一次海军预备役任务是海军预备队海运后勤司令部102队指挥官,为欧洲海运后勤司令部指挥官、以及意大利那不勒斯第63特遣部队指挥官提供作战支持,并为军事海运司令部指派给欧盟司令部和非洲司令部的三个远征港口部队提供培训。

奥尔德上尉的海军预备役指挥任务还包括麦克迪尔空军基地海军预备队美国中央司令部个人动员增强分队的指挥官。在分配到美国中央司令部期间,负责在责任范围内提供海军预备役作战支持。他还是怀特曼空军基地受委托部队第114机动近海水下作战部队的指挥官,以及海军预备队海军基地珍珠港316雷达的指挥官。

其他海军预备役任务包括海军预备队第八战斗群参谋执行官,巡洋舰驱逐舰第八大队、第213机动近海水下作战部队作战官,海军预备队指挥官第二舰队113参谋部执行官和训练官,以及第113号海军预备队武器执行官和训练官。

奥尔德上尉于1986年通过马凯特大学的海军预备役军官训练团计划受到任命。结束在水面作战军官学校和值班工程师学校的任职后,奥尔德向安克拉治登陆舰报到,并担任损管助理。在安克拉治登陆舰任职期间,奥尔德获得水面作战军官的资格,并两次部署到西太平洋。

奥尔德上尉于1993年获得芝加哥洛约拉大学法学博士学位,1986年获得马凯特大学工商管理理学学士学位。奥尔德个人勋章包括功勋勋章(2颗金星)、功绩勋章、海军表彰勋章(2颗金星)和海军成就奖章。奥尔德平民职业生涯中曾是一名律师,专注于复杂的民事诉讼。

12.2 下属学术学院领导

1. 工程与应用科学研究生院院长(2022年)

罗纳德·贾切蒂博士,也是海军研究生院系统工程系教授。在任职工程与应用科学研究生院院长之前,他曾在2015—2021年担任系统工程系主任。贾切蒂博士主要从事企业系统设计、系统建模和系统架构方面的研究。他出版发表了50多篇相关技术文章,其中包括一本教科书《企业系统设计:理论、方法和架构》。在2011年加入海军研究生院之前,贾切蒂博士是佛罗里达州迈阿密佛罗里达国际大学工业和系统工程系副教授。他还曾任职马里兰州盖瑟斯堡国家标准与技术研究所制造系统集成部门的博士后研究员。他先后获得北卡罗来纳州立大学工业工程博士学位、纽约大学理工学院制造工程硕士学位和伦斯勒理工学院机械工程学士学位。

2. 运筹与信息科学研究生院院长(2022年)

罗伯特·F·戴尔博士,也是海军研究生院运筹学系教授和数据科学与分析组的执行董事。戴尔博士1990年加入运筹学系担任助理教授,并在2009年至2015年担任运筹学系主任。在他担任系主任期间,该系获得了2013年美国运筹学管理学协会史密斯奖。2015年至2018年,戴尔博士担任《军事行动研究》期刊主编。戴尔教授研究的多个主题,包括美国海军资本规划、美国陆军基地重组关闭等,都得到了各个军队部门的研究支持。他在私营部门生产调度、供应链设计优化等领域具有丰富经验。此外,戴尔教授曾两次部署到战区。戴尔教授的军事行动研究获得巴奇奖、考普曼奖和里斯特奖。他还获得了巴西海军塔曼达雷功绩勋章、两次陆军佩恩部卓越分析纪念奖和两次海军高级文职服务部奖项。

3. 国际与国防研究生院院长(2022年)

詹姆斯·克莱·莫尔茨,也是国家安全事务系教授,并在海军研究生院空间系统学术组中担任联合职务。他的著作包括:《太空安全政治:战略克制与追求国家利益》《拥挤的轨道:太空中的冲突与合作》《亚洲的太空竞赛:国家动机、区域竞争和国际风险》,莫尔兹还合著了《核武器与不扩散》《防止核熔毁》《朝鲜核计划》,以及空间政策方面的书册《空间集体安全:从亚洲视角和欧洲视角看》。2018—2020年,莫尔茨教授担任海军研究生院国家安全事务部主席。2012—2016年,他担任国家安全事务部的研究副主任,同时还指导当代冲突中心和由减少防御威胁机构资助的先进系统和大规模杀伤性武器概念项目。

莫尔兹教授拥有加州大学伯克利分校政治学博士学位,斯坦福大学文学硕士和文学学士学位。莫尔茨教授之前曾在美国参议院、加州大学圣地亚哥分校和蒙特雷国际研究所的不扩散研究中心工作,期间担任《不扩散评论》杂志的创始编辑(1993—1997)。1997—2003年担任新独立国家防扩散项目主任,2003—2007年担任不扩散研究中心副主任。他还曾是美国航天局埃姆斯研究中心和美国能源部顾问,并在美国国会就空间和核问题提供专家证词。莫尔茨教授在《亚洲政策》《亚洲调查》《当代历史》《当代中国》《自然》《战略研究季刊》《世界政治》等期刊发表学术文章，在《波士顿环球报》《洛杉矶时报》《纽约时报》和《旧金山纪事报》等报纸刊发文章。在海军研究生院期间，莫尔兹获得了 2015 年卡尔·E 和杰西·W. 门内肯海军和国防部的重大研究和持续贡献奖，以及 2010 年理查德·W. 汉明跨学科成就奖。

4. 研究院院长（2022 年）

杰弗里·D. 帕杜安博士，2012 年 7 月接受任命成为研究院院长。此前，他担任海洋学系主任。帕杜安博士是蒙特雷湾新月海洋研究联盟主席、蒙特雷湾国家海洋保护区综合监测网络科学指导委员会成员，以及加州海洋保护委员会科学咨询组成员。他的研究背景涉及上洋流和海气相互作用。帕杜安是美国地球物理联盟、海洋学学会和美国气象学会成员。他曾在美国气象学会沿海地区气象学和海洋学委员会、Ocean.US 海洋观测系统社区研讨会指导委员会任职，并担任 Ocean.US 国家表面海流绘图倡议指导委员会主席。

帕杜安 1982 年获得密歇根大学工学学士学位，1987 年 12 月获得俄勒冈州立大学物理海洋学博士学位。1991 年，帕杜安加入海军研究生院海洋学系，研究重点是高频雷达系统在海洋学的应用。1997 年，帕杜安与他人共同编辑了《海洋学学会》期刊的一期专刊，专门讨论该主题，并于 1999 年 3 月作为电气与电子工程师协会第 6 届工作会议的主旨发言人，就电流测量技术发表研究概述。2001 年，帕杜安与他人共同创立了国际无线电波海洋学研讨会，该研讨会一直以来都是这个不断发展的海洋科学分支的重点。在加入海军研究生院之前，帕杜安博士是斯克里普斯海洋研究所的研究科学家，研究重点是由卫星跟踪的表面漂移器测量的大规模电流结构。近年来，帕杜安博士一直是蒙特雷湾附近一系列项目首席研究员，这些项目融合了循环和生态系统响应的观测、建模和数据同化。他还设计进行了一系列环境评估，以表征莫斯兰丁和莫罗贝发电厂产生的热羽流。帕杜安博士与他人合著了 49 篇表层海洋物理学相关的出版物和众多技术报告。

5. 副教务长（2022 年）

迈克尔·弗里曼博士，也是国防分析系副教授，主要研究领域是恐怖主义、国际安全和美国外交政策。弗里曼 2001 年获得芝加哥大学博士学位，著有《自由或安全：使用应急权力打击恐怖主义的民主后果》，合著有《帮派与游击队：反恐与反叛乱的思考》，编辑《资助恐怖主义：案例研究》，还著有多篇恐怖主义、应急权力和恐怖主义融资相关的期刊文章与书籍章节。他是《反恐交流》杂志的执行主编，也是 9 款恐怖主义和反恐的"严肃"在线游戏的创意设计师，这些游戏包括：恐怖平衡、黑色网络、网络打击、网络打击高级版、反叛、不对称战争、传染病、追随金钱和特种部队。2014年,他获得海军研究生院最高教学荣誉奖。在2005年加入海军研究生院之前,弗里曼是芝加哥大学讲师、达特茅斯大学博士后研究员和中央情报局分析师。

6. 大学图书馆馆长(2022年)

托马斯·汤姆·罗斯科,2019年3月被任命为海军研究生院图书馆馆长。任职海军研究生院之前,罗斯科于2003年至2019年担任麻省理工学院图书馆研究所档案和特别收藏负责人。就职麻省理工学院之前,他在肯塔基大学、纽约大学纽约历史学会和普林斯顿大学任职档案和图书馆相关职位。他获得了罗格斯大学图书馆学硕士学位和巴克内尔大学的历史学学士学位。在麻省理工学院期间,罗斯科改进了社区外延,利用档案和特殊收藏资源开设了几个体验课程,从而增加了学员和教师的参与度;建立了新专业流程和指导方针;建立了第一个自动化档案馆藏管理系统;扩大知识库并开放信息获取渠道;转移馆藏开发和处理重点,更加关注少数群体,包括女性麻省理工档案计划;增加数字档案保存资源,包括建立数字取证实验室和网络存档项目。罗斯科提出了各种信息主题,包括数字档案、机构知识库、数字保存和数字信息生命周期管理策略。他目前是LYRASIS非营利组织董事会秘书和美国档案工作者协会教育委员会成员。罗斯科一直是美国物理学会、物理学史中心顾问委员会成员,也是国家人文基金会、国家历史出版物和记录委员会资助项目评审员。他还是美国档案工作者协会数字档案专家小组委员会成员,开发和教授该协会数字档案和图书馆课程。

7. 研究生教育副教务长(2022年)

丹尼斯·莱斯特,2018年12月加入海军研究生院团队,并向教务长报告。他曾在政府、工业和学术界担任过许多领导、管理、技术和教学职位。他的职业生涯始于美国空军。他在军事生涯中是一名教官飞行员、飞行考官和指挥官。莱斯特先后领导开发了前沿技术支持研究、系统开发、培训、测试和实验等项目。

在完成空军职业生涯后,莱斯特先后受雇于约翰霍普金斯大学应用物理实验室、科学研究公司、现代技术解决方案公司和克莱姆森大学。在克莱姆森大学任职期间,他被任命为瓦特家族创新中心科学技术副主任、研究教授以及克莱姆森在线的临时主任。莱斯特负责管理研究项目、监督建筑建造与运作、发展工业伙伴关系、将新的学习技术融入该中心,并推进远程学习计划。此外,作为克莱姆森大学的一名教员,莱斯特为商学院的应届毕业生教授商业战略的毕业设计。到克莱姆森之前,莱斯特在新墨西哥大学教授团队建设、战略管理和计算机模拟教学使用方面的研究生和本科课程。

在美国海军研究生院期间,他担任研究生教育副教务长和研究生教育发展主任,并在国防管理研究生院教授战略管理和战略营销课程。

8. 教务处副处长（2022 年）

乔玛娜·阿马拉博士,职业工程师,现任教务处副处长、国防资源管理研究所经济学教授。阿马拉目前研究方向集中在国防工业政策和补偿、公共部门经济学、卫生经济学和国际经济学。阿马拉博士是《美国国防经济》的合著者和《军事医学:从部署前到分离后》的共同编辑。阿马拉博士在经济学、安全研究、军事健康和医学方面的期刊上发表了大量文章,目前在《国防与和平经济学》杂志的编辑委员会任职。阿马拉博士是美国经济学会的成员、富布赖特学者,被国防部授予平民荣誉和成就的国防部长勋章。

阿马拉博士获得了化学工程专业学士学位、工业工程硕士学位和经济学博士学位。加入海军研究生学院之前,阿马拉是壳牌石油公司的项目负责人。

9. 高级管理人员（2022 年）

该领导团队在不同职能支持领域提供关键管理,致力于为海军研究生院和海军提供高水平、负责任和高效的服务。海军研究生院的高级管理团队保证向该机构提供有效的授权服务,使海军研究生院社区能够完成其独特的学术任务和相关研究使命。

（1）首席运营官,克里斯汀·韦伯。

（2）信息技术总监,美国海军上尉 斯科特·比绍夫（退役）。

（3）人力资源代理总监,詹妮弗·阿莫林。

（4）财务管理和主计长,美国海军上尉迈克·沃德（退休）。

（5）设施管理总监,瑞安·斯图尔特。

（6）采购总监,杰夫·乔德洛夫斯基。

10. 首席运营官 克里斯汀·韦伯（2022 年）

克里斯汀·韦伯,女,2019 年 12 月 10 日成为海军研究生院首席运营官。此前,她在国防部教育活动机构担任了七年能力与倡议主管,负责评估该机构当前能力和规划举措,以确保国防部教育活动能够应对未来。克里斯汀的成就包括组织重组、制定组织战略计划以及开发综合系统。

克里斯汀还曾在国防部教育活动机构担任非国防部学校项目经理,该项目在 133 个没有国防部教育活动学校的地点,为大约 3000 名军人和国防部文职雇员家属的教育提供支持和 7300 万美元资金。

在国防部教育活动机构工作之前,韦伯女士曾在海军总部担任海军学校联络项目主任。韦伯女士因其开发和实施"连接"计划而受到海军设施司令部指挥官的认可,这是第一个以学校为基础的过渡促进计划,为受军事影响的学校提供军事和社区资源的服务计划。

2008 年,韦伯女士在海军预备队西南区指挥官的指导下建立了西南海军学校联络计划,涵盖 6 个州的 10 个设施,为第二大海军人口提供服务。主要贡献包括:制定学校联络政策和程序,促进设施指挥官和公立学校领导之间的伙伴关系,建立圣地亚哥军事教育委员会。韦伯曾担任加利福尼亚州际军事儿童教育契约的军事代表,是儿童成就委员会成员。

韦伯女士此前的民事职位包括在 4 个州和 6 个学区,共担任十多年的小学教学和行政领导职务。作为一名教育工作者,韦伯女士曾在学校和地区改进团队以及课程开发团队任职。国家数学教学委员会主席弗朗西斯·芬内尔博士选中她参与一项倡议,旨在确定以探究为基础的数学指导这一领先实践。韦伯女士在特拉华大学举行的全国数学会议上展示了研究结果,并在专业杂志上发表了专题报道。她教学生涯的亮点包括获得年度教师荣誉。

韦伯女士在美国海军服役六年,担任医院兵,大部分时间都在朴次茅斯海军医院和弗吉尼亚州小溪的海军特种作战中心服役。她毕业于佛罗里达大学,先后获得基础教育学士学位、教育课程和技术硕士学位、组织变革管理与组织领导力研究生证书,以及项目管理专业人员证书。她凭借出色的工作和服务而获得国防部长办公室杰出文职人员服务奖。

11. 高级职员(2022 年)

(1)监察长,凯文·尼卡宁。

(2)通讯总监,戴尔·M. 库斯卡。

(3)将官秘书,海军中尉,克里斯·米勒。

(4)法官助理,中校,斯蒂芬·默里。

(5)安全经理/特别安全官,马库斯·安迪·安徒生。

(6)法律顾问,乔迪·迪瓦恩。

(7)职业安全、健康和环境总监,安托利诺·克隆。

12.3 海权教育咨询委员会

1. 成立目标

海权教育咨询委员会(以下简称"委员会"),根据 1972 年联邦咨询委员会规定修订版,应通过海军部长向国防部长和国防部副部长提供海军研究生院和海军战争学院有关事项的独立建议。这些事项包括但不限于组织管理、课程和教学方法、设施、学历认证,以及海军研究生院和海军战争学院组织与管理的其他事项。海军部长或国防部长的指定代表可根据委员会的意见和建议做出决策。

2. 委员会成员

委员会成员不超过十名,这些成员是学术界、工商界、国防与安全、国防工业、研究与分析领域的知名人士。所有委员会成员均由国防部长任命,根据他们的最佳判断代表政府提供建议。他们不代表任何特定观点,以无利益冲突的方式提供建议。遵循有关规定,任命非全职或永久兼职联邦雇员的成员为专家和顾问,履行政府特殊雇员职责。

3. 会议

董事会每年至少召开一次会议,秋季在华盛顿特区都会区举行。委员会向海军部长提交建议和推荐书面报告,其中委员会主席可以亲自向海军部长提交报告。与董事会会议有关的会议记录、报告或其他文件留存联邦咨询委员会数据库。

4. 小组委员会

经国防部批准,授权委员会设立两个常设小组委员会(简称"小组委员会")。其中,海军研究生院小组委员会专注于海军研究生院的相关事宜,成员不超过15人。小组委员会每年至少召开两次会议。海军战争学院小组委员会专注于与海军战争学院有关的事项,成员不超过10人。小组委员会每年至少召开两次会议。

5. 公众查询与反馈

如果公众想向董事会或小组委员会提供意见,应根据《联邦法规》41卷第102条第3小条140c内容和《联邦咨询委员会法》第10部分(a)(3)节,以及本段所述程序提交书面声明。给委员会的书面声明可以随时提交给指定的联邦官员。针对联邦公报通知中提到的会议议程而提交的声明,必须至少在会议日期前五天联系指定的联邦官员。指定的联邦官员将与董事会主席一起审查所有提交的文件,并确保在会议日期之前将其提供给董事会成员。此外,希望参加会议的公众成员应在会议召开前至少五天,联系指定的联邦官员,以获取有关基地准入通行证的信息。

第13章
学科专业设置

13.1 工程与应用科学研究生院

工程与应用科学研究生院是一所独特的学院。与典型的工程研究生院相比,工程与应用科学研究生院的不同在于其双重使命,保持高质量工程和应用科学研究生教育的同时,最大限度满足国家安全需求。更重要的是,为现今的军官和国防部文职人员提供独特、动态和创新的项目。其目标是教育出下一代美国和国际领导人,让他们为快速变化的技术世界中的不确定性和挑战做好准备。

过去90多年来,海军以及其他军种一直依靠海军研究生院为其军官提供先进的科学和技术知识。该院教学和研究都与国防领域和国家安全直接相关。毕业学员中很多人获得了海军将官、工程师、宇航员、项目经理职位,以及国防部和私企的最高级别职位。

该院的学术课程能够加快学员的知识积累和职业发展,并提供硕士和博士学位课程。

13.1.1 应用数学系

数学是所有科学的基础,是科学的语言和解决所有工程问题的工具。该跨学科课程将为学员培养解决运筹、建模和模拟方面问题的能力。学员将与其他部门合作,利用其所学的批判性分析和开发模型或公式,参与协助各类国防研究项目。

获得的技能/知识包括:学员将培养分析、推理、数学创造力及其在国防中的应用——例如地雷战、卫星、作战建模、纳米技术、加密代码等。

应用数学系旨在提供卓越的数学教育,专注于海军研究生院学员的独特需求,开展相关研究,为更广泛的社区提供服务。强大而充满活力的应用数学系对于海军研究生院成为一流研究型大学至关重要。由于数学研究经常以意想不到的途径影响科学和工程学,因此数学系鼓励在应用数学的广泛领域进行数学探索,具有特定重点领域以支持学校的使命。

数学是科学的语言,是校园内每门定量科学和技术课程的基础。应用数学系尽力为所有学员过渡到研究生课程提供坚实的数学基础。该院在所有课程中提供高质量的教学,在高级课程中强调相关现代数学技术。该院鼓励学员获得数学及其应用知识,同时发展和利用分析、推理、创造和阐述方面的技能。

13.1.2 电气与计算机工程系

为学员提供电子系统研究、设计、开发、采购、维护和管理所需的技术技能。学员将获得影响防御各个方面的尖端操作技术的实践经验——包括电子战、机器人技术和计算机通信网络防御。

专注领域包括:通信系统,计算机系统,电子战系统,制导、导航和控制系统,电磁系统,电力系统,信号情报系统。

电气和计算机工程领域涵盖了广泛的前沿技术,这些技术影响了国防部多个方面的作战能力。该系提供旨在提高美国海军军官战斗力的研究生教育课程。其学员包括海军部队、其他美国和盟国武装部队的委任军官、国防部和国际防务机构的文职雇员。国防部承包商的部分文职雇员也有资格参加海军研究生院课程。

主要硕士研究生项目包括:

项目1:电气工程理学硕士

电气与计算机工程系提供电气工程理学硕士学位的课程。该课程旨在提供学术背景和教育,让学员具备分析和判断电子系统特性以及设计此类系统组件的能力。该课程被工程技术认证委员会的工程认证委员会认可为高级电气工程课程。

项目2:工程科学硕士

电气与计算机工程系提供工程科学硕士学位课程,专业方向是电子工程。工程科学硕士项目旨在提供学术背景和培训,让学员能够分析应用于军事应用的电子系统特性。

项目3:贝蒂斯反应堆工程学院毕业生特别计划

电气与计算机工程系为目前驻扎在海军海上系统司令部海军反应堆的贝蒂斯反应堆工程学院毕业生提供特殊课程,学员可以获得工程科学理学硕士学位,专业方向是电气工程。该项目旨在提供学术背景和培训,让学员能够分析应用于军事用途的电子系统特性。

项目4:电气工程工程硕士

该计划仅对远程学习学员开放。电气与计算机工程系提供工程硕士学位课程,专业是电气工程。该学位是基于课程的学位。其目标是提供学术背景和教育,以帮助实习工程师学员分析和详细说明电子系统的特性,以及设计此类系统的组成部分。

项目5:电气工程师学位

具有强大学术背景的学员可以进入电气工程师学位课程。授予工程师学位至少需要96个研究生学分,其中至少24个论文研究学分,并且获得至少54个电气和计算机工程课程学分。所有课程项目必须获得电气与计算机工程系主席的批准。

13.1.3 工程声学系

工程声学是一门交叉学科。课程和实验室工作主要来自物理和电气工程领域。这些项目尽管有广泛的学科基础,但课程重点适用于海底战的声学和信号处理。这些课程专为战斗系统科学与技术、海底战和工程声学课程的学员、声学相关实验室和系统指挥部的政府雇员以及国际学员而设计。

获得的技能/知识包括:海洋中声音的产生、传播和接收,水下声音的军事应用,以及声学信号处理和通信。

13.1.4 物理系

物理学探索物质、能量及其相互作用,也是开发作战系统等相关新技术的基石。美国海军研究生院是海军为其军官提供作战系统广泛技术和科学背景的首选。

获得的技能/知识:对物理学技术领域(如声学、应用电磁/光学和武器)的理解,为毕业生下一个任务做好准备——测试官和评估官、项目经理、开发总监和系统集成协调员。

物理系的使命是提供应用物理学先进的教育和研究计划,以满足当前和未来国防和情报需求。物理学是探索物质、能量及其相互作用的基础科学,是新技术发展的关键。

许多系统提供了技术优势,这些系统包括GPS、红外制导导弹、激光制导炸弹、尾流自导鱼雷、移动卫星通信、水下声学通信和无人机图像等,使得当今的作战人员能够以前所未有的速度、准确度和效果进行作战打击。此类系统的开发需要对物理学这一基础学科有深刻而具有创造性的理解,例如力学、电动力学、流体动力学、声音和振动、热力学、量子物理学、固态物理学等。

其项目培养的军官能够将广泛的技术、科学和工程原理应用于作战系统操作、评估、设计和开发。物理学基本原理方面的教育能够让他们做好准备，迎接机会，降低成本、提高质量、促进开发海军和国防部重要项目，并且不限于他们的职业生涯。其毕业生在未来作战系统开发中承担了一系列任务，在构思、开发和获取先进作战系统方面进行兼具创造性和实践性的工作。

课程设置：

1) 作战系统应用物理学

作战系统应用物理学课程是学员攻读应用物理学学位的主要课程。这一旗舰级别课程的发起人是海军海上系统司令部综合作战系统项目执行办公室的指挥官。因此，该系提供三个方向的应用物理学学位，均与综合作战系统项目执行办公室核心子专业领域相关，即声学方向学位、传感器方向学位和武器方向学位。完成应用物理学硕士学位的海军军官根据他们选择的专业将获得子专业代码。

作战系统应用物理课程旨在提高学员对技术层面、局限性和最先进武器、传感器、声学和能源系统的理解。这包括对武器效果的理解、理解传感器系统输出内容的能力、理解传播现象对声呐、雷达和定向能系统的影响，以及支持作战系统的实践知识。

作战系统应用物理课程的非海军或国际学员也可以选择攻读工程声学学位。这是应用物理系和电气与计算机工程系的联合学位。

2) 声学方向

与电磁信号不同，声音在水下长距离传播的能力是独一无二的。因此，与水下接触相比，获得海上优势取决于不断提高的利用声学特征的能力。声学方向从结构振动课程开始，之后进入涵盖声音基础知识、水下声音的军事应用、声呐硬件设计和性能以及声音传播高级概念的课程。课程作业中包括实验室测量和实践演示。完成该课程的学员将了解船舶振动如何导致辐射噪声、声呐权衡和限制、海洋中的声音传播以及声呐信号处理技术。

3) 传感器方向

传感器方向重点提供对高级光电传感器、成像系统、激光器和雷达操作原理的广泛理解。课程内容涵盖光学、固态传感器、激光器和成像系统。课程作业中包含实验室演示以及设计与制造技术的实践。完成该课程的学员将了解最先进的传感器和成像系统，使用海军舰艇上各种仪器，从而做出适当的战略和采购决策。

4) 武器方向

武器方向课程包括现代武器系统的设计、交付和效能，涵盖了传统爆炸物和弹道以及核武器，包括可替代的现代系统，如激光武器和轨道炮。常规武器具体课程包括爆炸和冲击波物理学、末端弹道学、爆炸物和爆炸现象。模拟课程是分析现代激光武器及其在电动船舶武器系统中应用的一种方法。课程还包括当前海军轨道炮技术和核武器效应,该课程是与海军战争中心和美国能源部核武器实验室联合设计的。完成该课程的学员将了解常规武器、核武器和激光武器的优势和局限性,确定最佳战略和采购投资。

5) 海底战课程

海军研究生院海底战课程为学员提供学习基本原理的机会,这些原理适用于海底环境下传感器、无人驾驶车辆、和战术的设计、性能表现和应用。该项目将电气和机械工程、数学、海洋学、物理学和运筹学结合为一个多学科研究项目。这门独特课程允许学员根据个人兴趣和本科教育选择学位课程,提供特定领域更深入的学习。这些学位包括:工程声学、应用数学、应用物理学、物理海洋学、运筹学、机械工程和电气工程。此外,美国海军学员可获得子专业代码和联合职业军事教育第一阶段认证。

13.1.5 系统工程系

系统工程专注于开发大型复杂系统,即所有部件如何在特定结构和行为条件下,在集成系统中协同工作。

获得的技能/知识:了解工程方法及其在解决问题中的应用——例如雷达如何在驱逐舰中有效工作;了解系统工程的范围——生命周期、系统的分析和集成、平衡资源以确保及时完成实践研究项目(与海军赞助商一起)。

系统工程系旨在提供系统工程相关、定制和独特的高级教育和研究项目,以提高美国和盟军武装部队的战斗力并增强美国的国家安全。该系提供系统工程硕士学位和博士学位。该系在《美国新闻》全国排名中名列前茅,并因学位项目质量而受到认可。

13.1.6 机械与航空航天工程系

机械与航空航天工程系提供的学术项目,囊括综合热流体科学、结构力学、动态系统、制导与控制、自主车辆、材料科学与工程、动力与推进以及系统工程等多个工程学科,还包括整体船舶系统工程和航天器设计。这些学科相互交叉,以水面舰艇、潜水艇和航天器的海军工程应用为重点。此外,该系还提供航空航天工程细分课题的高级教育。

该系提供机械和航空航天工程专业的驻校硕士和博士学位课程,并且提供远程学习课程。该系在广泛的学科领域进行基础和应用研究,包括动力和推进、空间系统、自动驾驶车辆和控制、材料和计算力学等。

机械与航空航天工程系1909年成为海军学院研究生部的创始部门,并于1952年迁至蒙特雷。在过去的100年中,许多技术发生了变化,但海军和国防部对其军官团队卓越技术的需求一直不变。其使命是为毕业生打下坚实的工程知识基础,并赋予他们创造性思考的能力,让他们成为技术领导者。

13.1.7　气象学系

气象学是军事大气科学的首要课程项目。该项目拥有六个最先进的研究设施。最近的研究强化了世界范围内许多两栖和打击作战行动。最新研究包括大气层如何影响雷达和激光的使用等。

气象学系成立于1946年,历史上一直是美国领先的气象学项目之一,并提供理学硕士和哲学博士学位。该项目向所有军事部门的美国军官、政府文职人员和盟国的国际军官开放。该课程的目标是让学员对气象科学有充分了解,并发展技术专长,提供和利用气象数据和模型来多方面支持依赖于天气的作战。

13.1.8　海洋学系

海洋学系为学员提供的教学内容包括:了解物理海洋学,即海洋在决定地球当前气候中的重要作用;发展学员在使用海洋学和声学数据和模型方面的技术专长,以支持海军的海上行动和海底战争。

海洋学系最重要的活动是培养气象与军事海洋学、物理海洋学的硕士和博士生。其教育使命是提供对物理海洋学科学的深刻理解,发展技术专长,目标是提供并使用海洋学和声学数据与模型,从多个方面支持海上作战和海底战争。核心重点是让其学员毕业后成为技术领导者。

自1968年成立以来,海洋学系的教职员工制定了国际公认的研究和教育计划,重点推进物理海洋学前沿发展,同时满足海军未来需求。这些协同目标将使科学界和作战界获益。其公认的研究项目资金主要来自是海军和国家科学基金会,具有很强的海军相关性,这为论文研究提供了最前沿的环境。该项目还强调垂直整合,涵盖基础研究、观测分析、建模,过渡到海军作战应用。

海洋学系研究生有很多机会参与研究交流,在会议上发表科学论文,合著期刊文章和报告。其研究任务是将物理海洋学应用于海军作战,专业领域包括全球和沿海/区域数值预测,涵盖日益紧要的极地地区、近岸海洋学及其对反地雷措施和两栖战争的影响、沿海/海岸海洋学,包括沿海过程、涡流和边界流对海洋监视系统的影响,以及以反潜战为重点的声学海洋学。

13.1.9　学术小组

1) 数值预测小组

数值预测小组帮助开发全球和区域模型,可在任何地方使用。小组成员为海军预测挑战进行评估和提高物理现实性,特别是在区域海洋学、全球环流和海洋结构领域。

通过参与北极和南极的众多实地项目,包括冰营和破冰船有关项目,以及开发数值模型以在高空间分辨率下模拟海冰和洋流运动的项目,日益重要的极地地区问题正在得到解决。最近的建模结果表明北极地区海冰覆盖有减少趋势,并且预计未来将继续减少,对全球热盐环流和美国海军有直接影响。

2) 沿海/海岸海洋学小组

沿海/海岸海洋学小组掌握海岸海洋环流领域特定专业知识,这些专业知识源自独特仪器和建模能力。直接测量沿海洋流,为模拟和预测沿海海洋 4D 环境提供所需信息。

近岸海洋学研究重点是波浪现场测量、冲浪带洋流、底部形态和沉积物特性。该小组拥有独特的现场研究能力以及严格的近岸过程分析和建模程序。该研究与特种部队作战、两栖登陆和反水雷措施等海军问题高度相关。

声学海洋学包括重点沿海地区(如中国南海和菲律宾海)声音传播的物理学、相干性、可变性和可预测性量化,声学遥感技术的发展与应用,以监测海洋物理特性和海洋哺乳动物活动。

3) 能源学术小组

能源学术小组在海军研究生院提供以能源为重点的研究生教育、研究和拓展活动。能源学术小组是跨学科小组,由高度多样化的教师组成,使得海军研究生院一直是海军研究生能源教育和研究的卓越中心。其工作重点是通过研究生教育和研究,解决海军、海军陆战队和国防部最关键的能源问题。为此,能源学术小组采用了多学科协作方法,运用了基础科学、工程、运营分析以及商业方法。

4) 空间系统学术小组

加利福尼亚州蒙特雷海军研究生院的空间系统学术小组是一个跨学科学术协会,为空间系统工程和空间系统操作课程提供指导。空间系统学术小组还是海军研究生院空间相关研究的焦点。该小组的主要目标是将海军研究生院空间研究工作与军官研究生教育结合起来。通常通过论文研究主题完成,但也包括专为军官学员参与而创建的小型卫星项目。

空间系统课程中的军官学员需要满足自选专业所属系或空间系统操作理学硕士学位要求。加入空间系统学术小组的要求是提交太空导向的论文以及学习额外的课程。军官毕业生能做好准备,处理空间系统生命周期相关技术,包括航天器、空间有效载荷、地球支持站、终端和 C3 连接的设计、开发、安装和维护。

5) 气象与军事海洋学术小组

气象与军事海洋学项目为期10个季度(两年半),可提供气象学和物理海洋学硕士学位以及子专业代码。学员需要修读系列课程,完成一篇论文。

13.2　国际与国防研究生院

国际与国防研究生院(IDS)开展研究并提供国际安全研究的各种教育机会。这些项目旨在识别和解决当前以及新兴的安全挑战,并加强美国与其他国家之间的双边与多边国防合作。

国际与国防研究生院(IDS)为来自美国海军、其他美国军事部门以及美国盟友的学员提供有关国际、地区和国内安全挑战的高级教育。国际与国防研究生院拥有世界一流的教师,其中许多教师具有外语能力和丰富的国际经验。国际与国防研究生院提供及时、相关、灵活的研究生教育。学校的一项核心活动是给服务海军的外国地区军官提供教育。

除了在校硕士和博士学位课程外,该研究生院还提供许多远程学习、混合证书和学位课程,涵盖了战略、大国竞争、国土防御和安全等内容。该学院的教职员工还积极开展新兴国际和地区安全挑战的研究计划,支持海军研究生院在网络、空间和能源等领域的跨学科研究。国际与国防研究生院提供:

(1)加利福尼亚州蒙特雷海军研究生院安全研究和区域研究硕士和博士学位,学制为12至24个月。

(2)当前国防主题的短期课程,如打击恐怖主义、国防转型、资源管理和采购管理等,持续时间为1到11周。

(3)为期1到4个星期的课程,由海外移动教育团队(MET)进行,旨在满足东道国的需求和要求。海外移动教育团队还在美国举办研讨会以满足国土安全需求。

学员和参与者是来自所有军种的美国和国际军官(中高级)、来自所有联邦机构的美国文职人员以及国际政府官员。

13.2.1　国家安全事务系

国家安全事务系是国际与国防研究研究生院的学位授予部门,专门从事国际关系、地区政治与安全、国际军事史、国际政治经济和美国安全政策的研究和教学。学院教师组成包括史学家、政治学家和经济学家。学员来自美国各武装部队、各国防机构,还有世界各地60多个国家的国际军官和文职官员。

1）安全研究文学硕士

国家安全事务系提供安全研究领域内各种区域和时事专业的文学硕士学位。硕士课程需要完成 12~18 个月的在校学习。

2）安全研究哲学博士

安全研究博士课程旨在为学员提供在这些领域从事最高专业质量工作所需的技能和知识，重点是了解现代安全和国防政策的挑战和特点。博士培训本质上是开放式的，取决于是否完成重要领域独创性博士学位论文。完成该项目需要一年以上的博士学位课程，并完成具有足够适用范围和质量的博士论文，对知识有原创和独立贡献。

13.2.2 国土防卫与安全中心

国土防卫与安全中心的所有项目都专注于领导力发展，以改变公共安全官员对日益复杂的世界和国土安全任务的看法。通过研究生和行政级别的课程作业、研讨会和研究，国土安全领导者获得他们所需的分析技能和批判性思维技能，以及实质性专业知识，从而创新解决方案，解决国家和当地社区面临的威胁。这些项目将各种参与者聚集在一起，分享观点并为长期的国土安全合作奠定基础，从而让领导人做好准备，弥合政府间、机构间和军民间合作的差距。

13.3 运筹与信息科学研究生院

运筹与信息科学研究生院通过研究和教育项目为未来高级军事领导人做好准备，使得他们在不确定、快速变化和信息密集的环境中取得成功。

该院具有以下特点：一是聚焦运筹需求驱动的项目，高度响应海军教育要求；二是将运筹和战术战斗经验与研究生水平的研究和学术严谨性相结合，提供多样化、多学科的应用；三是独特而多样化的跨学科教师，专注于联合军事应用和创新解决方案。

13.3.1 计算机科学系

计算机科学系的使命是提供与国防相关的先进教育和研究计划，以满足海军的独特需求，并提高美国海军、国防部和盟军武装部队的作战效能。

主要学位项目包括：计算机科学（硕士、博士），软件工程（硕士、博士），建模虚拟环境和模拟（硕士、博士），计算技术硕士，身份管理和网络安全硕士，信息系统安全研究中心与网络证书课程。

13.3.2　国防分析系

国防分析系拥有两个独特且备受推崇的研究生课程：①美国特种作战司令部赞助的特种作战和非常规战争课程；②负责政策的国防部副部长（USDP）赞助的信息战略和政治战课程。

1）应用创新设计理学硕士（697）

项目官员：利奥·布兰肯

学术助理：贾斯汀·戴维斯

该课程的目标是教育美国及其盟国的军事人员和文职官员，通过有意探索、理解和解决未来作战环境带来的问题，更好地保卫国家并预防、准备和战胜冲突。该课程旨在快速变化的技术和大国竞争背景下，满足作战者不断变化的需求。

该学位共有三套必修课。第一套是国防分析课程"共同核心"（国防分析699和698共享）；第二套要求针对697课程的学员。除了这些课程，该课程还包括为每个学员定制的选修课。这些安排借鉴了整个海军研究生院的课程。每个定制课程安排都必须得到697课程学术助理的批准。

国防分析系主任和创新应用设计课程的学术助理将批准单独的课程计划。

2）信息战略与政治战（698）

项目官员：詹妮弗·邓肯

学术助理：坎伯·华伦

信息战与政治战略课程侧重于信息与武力相关的战略和操作，将信息视为治国之道的工具。毕业生将能够制定信息战略以支持军事行动，而这一战略是利用信息技术优势、全球对自动化信息系统日益依赖，以及几乎实时的全球信息传播，来影响对手的决策周期。所有这些都是为了实现信息优势的目标。这种能力取决于学员对战争持久性的透彻了解。

该课程是为将被分配到信息操作职位的专家和将被分配到操作岗位的一般军人设计的。该课程包括一组核心课程，涉及军事艺术和作战、战争人文学（心理社会）、分析方法以及为每个学员定制的技术课程设置。此外，每个学员都有选修列表，目标是深入了解联合信息作战。毕业生将获得信息操作理学硕士学位。该项目为期18个月，需要完成论文。

3）特种运筹和非常规战争（699）

项目官员：詹妮弗·邓肯

学术助理：罗伯特·伯克斯

特种运筹/非常规战争课程提供以非常规战争为重点的教学课程。课程涉及反叛乱、恐怖主义和反恐、非常规战争、信息作战以及美国国防和外交政策中的其他"高杠杆"操作。核心项目还提供了战略分析、决策建模、组织理论和正式分析方法方面的强大背景。

学员教学项目包括一组通用的核心课程和一个选定的专业方向。每个学员根据自身兴趣和学术背景选择专业课程。在选定的情况下,学员能够发展量身定制的专业领域,以满足特定的兴趣或要求。毕业生将被授予国防分析理学硕士学位,他们的专业方向十分具体。

该课程是国防部唯一一个全部教学都直接或间接致力于非常规战争研究的教育项目。

虽然该课程由美国特种作战司令部赞助,但该课程积极征集来自各个军种的学员,无论是分支机构、陆军还是空军。此外,国际学员是该课程项目重要资产。鼓励学员从冬季或夏季学期开始申请入学,因而他们能够最大限度地利用该项目教学课程设置。该课程为期18个月,需要在毕业前完成硕士论文。

特种运筹/非常规战争课程对军官、选定的士官、美国政府和其他国家的文职雇员开放。美国官员和选定士官必须有资格获得访问敏感隔离信息的绝密许可,这一信息基于过去五年内完成的特殊背景调查。申请该项目需要学士学位期间高于平均水平的学习成绩,并且获得最低学术档案代码(APC)265。

13.3.3 信息科学系

信息科学系的使命是提供信息科学、系统和运营方面的研究生教育和研究。主要提供的学位项目包括:①信息战系统工程,理科硕士;②系统技术,联合指挥、控制、通信、计算机和情报(C^4I),理科硕士;③网络运营和技术,理科硕士;④信息技术管理,理科硕士;⑤遥感情报,理科硕士;⑥信息科学,哲学博士;⑦网络系统和操作,理科硕士;⑧应用网络操作,理科硕士。

信息科学系提供在校研究生教育,以及持续职业生涯的学习机会,以支持信息科学、系统和运筹领域的国防要求。该系在信息科学、系统和运筹等特定领域持续保持国际知名的研究项目,并有能力在研究生教育所需的其他信息科学领域开发研究计划。

该系专注于美国国防部信息环境,课程主要包括:
(1) 综合火力背景下网络空间的作战使用和开发。
(2) 综合火力中信息作战、电子战的规划和执行。
(3) 综合火力的命令和控制。
(4) 企业架构。
(5) 网络管理。
(6) 云计算和大数据分析。

教学设施包括:

(1) 现场试验：

①罗伯茨营；②旧金山湾/阿拉米达的海上拦截行动；③克里特岛北约中心的国际海上拦截行动。

(2) 网络实验与创新实验室中心。

(3) 大数据和云计算实验室。

(4) 联合作战空间情报、监视和侦察集成能力实验室。

(5) STBL 敏感分区信息设施。

13.3.4　网络学术中心

网络学术中心课程包括：

(1) 学位授予课程：网络系统与操作，理科硕士。

(2) 研究生证书课程包括：

在校和远程学习：①网络安全基础；②网络安全防御；③网络安全对抗技术；④网络战。

在校学习：①网络运营基础设施；②应用网络操作；③网络系统；④安全通信数学。

13.3.5　数据科学与分析中心

经培训及考核通过后颁发数据科学证书。

13.3.6　运筹学系

提供的学位项目包括：①运筹分析（理科硕士、哲学博士）；②运筹物流；③人机系统集成（理科硕士、远程学习）；④系统工程分析；⑤系统分析（远程学习）；⑥成本估算与分析（远程学习）。

大多数课程主题与文职运筹项目类似，例如计算方法、统计和数据分析、随机模型、线性和非线性优化、网络流、模拟和决策分析等。但在该课程中，所有这些内容都通过学员经历和教师研究相关实例得到丰富。该课程还研究和讲授其他项目中不常见的军事相关主题，包括战斗建模、战役分析、兵棋推演、成本分析和搜索理论等。这些主题对其赞助商至关重要，并且与运筹学的根基保持一致。这些课程帮助其毕业生直接准备成为军事运筹从业者。

大多数在校学员完成的课程包括一个季度的"补习进修"课程和七个季度的教学课程。完成联合职业军事教育的海军学员将学习八个季度。除了课程作业外，每位驻校学员都必须在至少一名运筹教员的指导下完成硕士论文，并由第二人审阅。

13.3.7 国防管理系

该系提供以国防能力为中心的教育和研究,重点关注美国国防部采购决策支持系统,这是转变重要能力和服务、以满足海军作战需求所必需的。

1) 项目一:采购管理

采购管理项目:为驻校和非驻校学员提供学位课程和证书选择。

(1) 驻校学位课程:
- 工商管理硕士/采购与合同管理(815)
- 工商管理硕士/系统采购管理(816)

(2) 非驻校/远程学习学位课程:
- 合同管理硕士(835)
- 项目管理硕士(836)

(3) 驻校证书课程:
- 基本合同管理(237)
- 高级合同管理(243)
- 首席信息官(CIO)管理(197)
- 高级采购研究(217)

(4) 非驻校/远程学习证书课程:
- 基本合同管理(238)
- 高级合同管理(244)
- 首席信息官(CIO)管理(198)
- 高级采购研究(218)
- 高级采购计划(211)
- 采购管理远程学习计划(212)

2) 项目二:财务管理

财务管理课程:为驻校和非驻校学员提供学位课程和证书选择。

(1) 驻校学位课程:
- 工商管理硕士/财务管理(837)

(2) 非驻校/远程学习学位课程:
- 行政工商管理硕士(805)

(3) 驻校证书课程:
- 国防部财务管理研究生证书(195)

(4) 非驻校/远程学习证书课程:
- 国防部财务管理研究生证书(196)

3) 项目三:管理与组织

管理与组织课程:为驻校和非驻校学员提供学位课程和证书选择。

(1) 驻校学位课程:
- 专业工商管理硕士/在职工商管理硕士(860)

(2) 非驻校/远程学习学位课程:
- 专业工商管理硕士/领导力教育与发展(855)
- 专业工商管理硕士/在职工商管理硕士(远程学习)(865)

(3) 驻校证书课程:
- 国防管理基金会(191)
- 战略领导(205)
- 公共管理人员的领导力(207)

(4) 非驻校/远程学习证书课程:
- 国防管理基金会(192)
- 战略领导(206)
- 公共管理人员的领导力(208)

4) 项目四:人力与经济

人力与经济课程:为驻校和非驻校学员提供学位课程和证书选择。

(1) 驻校学位课程:
- 管理/防御系统分析硕士(817)
- 管理/人力系统分析硕士(847)

(2) 驻校证书课程:
- 成本效益分析和计划评估(229)

(3) 非居民/远程学习证书课程:
- 成本效益分析和计划评估(230)

5) 项目五:运营与物流管理

运营和物流管理课程:为驻校和非驻校学员提供学位课程和证书选择。

(1) 驻校学位课程:
- 工商管理硕士/供应链管理(819)
- 工商管理硕士/物资物流管理(827)

(2) 非驻校学位课程:

暂时没有

(3) 驻校证书课程:
- 分析管理原理(201)

- 采购物流(203)
- 管理物流(219)

(4) 非驻校/远程学习证书课程：
- 分析管理原理(202)
- 采购物流(204)
- 管理物流(220)
- 国防管理数据分析(194)

13.3.8 实习

"体验之旅"实习是其教育方法的一个重要部分。实习为期三周,为每个学员提供将课堂理论应用于现实世界问题的机会。完成前五个季度的核心课程后,每个学员都有机会参加国防部相关机构的体验之旅。之后,学员将利用在海军研究生院剩余时间,在教职员工的直接监督下,学习高级课程和进行论文研究。体验之旅与论文的结合有助于学员了解如何对军事问题进行独立分析研究,为各种有兴趣的分析组织提供低成本支持,还要求学员制作一份完整、连贯的文件来描述已完成的工作,并与军事分析界联系起来。

最后,因为其毕业生通常会在毕业后立即任职分析职位,可能与他们的前任职员没有任何接触。该毕业生第一天就有望成为一名有能力的成熟分析师,还可能会承担监督承包商和初级分析师的工作。这意味着毕业生不仅要准备好任职个人分析师,还必须能够监管运筹分析师团队。

学员可以参加丰富的体验之旅。这些体验之旅一般分为三大类:第一类体验之旅是基于该部门与各种分析机构之间的长期关系;第二类是基于学员过去的经历。许多学员来到海军研究生院时希望改进过去作业的某些方面,或者早期课堂主题与他们舰队/工作经验的结合;第三类基于教师的研究工作。教职员工为许多组织开展国防部资助的研究,并经常将他们指导的学员派往这些组织,以形成论文主题来支持他们更广泛的研究。

13.3.9 研究机构

(1) 塞布罗夫斯基创新与信息优势研究所;
(2) 智能系统教育与研究联盟;
(3) 建模、虚拟环境和仿真研究所;
(4) 韦恩·E.迈耶系统工程研究所;
(5) 国防资源管理研究所。

13.3.10 特色研究设施

海军研究生院有几个独特的研究设施。开发这些设施旨在为教师和学员提供动态研究环境,以研究海军、国防部特别感兴趣的问题。海军研究生院的机密设施允许机密隔离信息级别的研究。主要实验设施包括:

(1) 密码学研究实验室;
(2) 定向能模拟实验室;
(3) 交互式数字环境分析(IDEA)实验室;
(4) 海洋声学天文台;
(5) 雷达/电子战实验室;
(6) 火箭与燃烧实验室;
(7) 安全计算机网络研究实验室;
(8) 小卫星研制实验室;
(9) 安全空间系统研究;
(10) 航天器研究设计中心;
(11) 系统技术作战实验室;
(12) 涡轮推进实验室;
(13) 海战研究所。海战研究所成立于2020年,是舰队和美国海军陆战队与海军研究生院合作的前沿,旨在协调海军研究生院跨学科研究和教育以响应海军作战需求。通过与海军研究生院生态系统的团队合作,海战研究所组织开展通知、协调、整合、倡导和沟通,以满足美国海军N7战队和美国海军陆战队作战发展与整合的要求。

13.3.11 研究中心

研究中心在研究生院院长的主持下建立,聚集了一批在特定领域拥有大量专业知识的教职员工,通常侧重应用。研究中心不从海军任务预算中获得资金,其作用是围绕一个常见主题组织跨学科开展研究。每个研究中心都支持海军研究生院教育任务,并使得海军研究生院、海军和国防部能够受益。主要包括:

(1) 空气动力减速器系统中心;
(2) 增材制造中心;
(3) 自动驾驶汽车研究中心;
(4) 网络战中心;
(5) 网络安全和网络运营中心;
(6) 信息系统安全研究中心;

(7) 基础设施防御中心；

(8) 联合服务电子战中心；

(9) 材料研究中心；

(10) 多元智能研究中心；

(11) 网络创新与实验中心；

(12) 当代冲突中心；

(13) 通用运筹学环境实验室；

(14) 国防部信息战略研究中心；

(15) 沿海运营中心；

(16) 遥感中心；

(17) 模拟实验和高效设计数据中心；

(18) 航天器研究与设计中心；

(19) 涡轮推进实验室。

13.3.12 补充共设项目

海军研究生院补充研究项目主要是一些团队、团体项目，其中包括海军研究生院利益相关者、赞助商和感兴趣的社区。这些共建实体对于海军研究生院的价值主张至关重要，因为它们有助于学习、研究、解决问题和应用研究，而无须额外成本。主要包括：

(1) 收购研究项目；

(2) 国家安全自适应光学卓越中心；

(3) 船员耐力计划；

(4) 行政教育中心；

(5) 国土防卫与安全中心；

(6) 信息战与创新中心；

(7) 智能系统教育与研究中心；

(8) 气候安全网络；

(9) 机器人与无人系统教育与研究联盟；

(10) 数据科学与分析组；

(11) 国防资源管理研究所；

(12) 联合机构间实地试验；

(13) 海军海岸科技桥；

(14) 海陆空军事研究实验室。

第14章
师资力量

海军研究生院教职员工由约580名学者和专业人士组成,其中230名为终身教授。文职教师来自全美久负盛名的教育机构。现役教员通过了永久军事教授计划,来自广泛的教育机构,其中有一批著名学者。在每节教师亲自授课的课程中,老师和学员的互动性很高。

全校中,各个作战社区的高级军官担任海军研究生院作战训练负责人,为海军研究生院教育和研究计划提供详细的相关经验。此外,美国宇航局、国家侦察局、国土安全部和国家安全局等机构也与海军研究生院开展安全合作。为了加强项目相关性,加速海军研究生院研究的成功,终身教职员工、讲师和专业访学人员组成的强大队伍将教学与研究相结合,实现国防相关理论应用于具体国防解决方案。

14.1 工程与应用科学研究生院

14.1.1 应用数学系

(1) 安东尼·奥斯汀,助理教授,牛津大学博士。研究方向:数值线性代数、逼近理论与算法、高阶方法、高性能计算、计算复杂分析。

(2) 托尔·马丁森,永久军事教授、工程与应用科学研究生院副院长、学员项目副主席,海军研究生院博士。研究方向:密码学、编码理论、网络安全、电子战。

(3) 卡洛斯·博尔赫斯,教授,加州大学戴维斯分校博士。研究方向:数值分析、数值线性代数、应用逼近理论、正交多项式、浮点计算。

(4) 吉列尔莫·欧文,特聘教授,普林斯顿大学博士。研究方向:博弈论、恐怖主义与低强度冲突、投票、经济均衡。

（5）克里斯·弗伦岑,教授,华盛顿大学博士。研究方向:渐近分析、动力系统、应用数学。

（6）克莱德·斯坎德雷特,教授,西北大学博士。研究方向:活性材料,弹性、流体和压电介质之间的耦合,波传播现象,电磁波传播,多孔介质中波传播的毕奥理论。

（7）拉卢卡·格拉,教授,网络科学证书项目经理,学术委员会候补代表,西密歇根大学博士。研究方向:个性化和个性化适应性教育、网络科学、数据科学、复杂网络、社交网络、图论、人工智能和网络安全。

（8）加布里埃拉·斯坦尼卡,讲师,纽约州立大学布法罗(水牛城)分校。研究方向:离散数学、逻辑学、组合学、数学教育。

（9）弗兰克·吉拉尔多,特聘教授,弗吉尼亚大学博士。研究方向:谱元和间断伽辽金法、域分解算法和并行计算、时间积分器、自适应方法。

（10）潘泰利蒙·斯坦尼卡,教授,纽约州立大学布法罗分校博士。研究方向:密码与编码理论、布尔函数、逻辑与离散数学、数论、图论、组合数学、代数。

（11）魏康,教授兼系主任,加州大学戴维斯分校博士。研究方向:非线性控制理论——计算最优控制和估计、范式和分岔。应用领域:空间系统、汽车、半导体和其他行业。

（12）卢卡斯·威尔科克斯,教授和研究副主任,布朗大学博士。研究方向:计算数学。

（13）杰里米·科兹登,副教授,斯坦福大学博士。研究方向:偏微分方程的数值方法、高阶方法、边界条件、科学算法、算法地球科学、耦合物理、弹性动力学、地震动力学、多孔介质中的流动和运输。

（14）阿瑟·J.克雷纳,研究教授,加州大学伯克利分校博士。研究方向:控制与估计。

（15）周洪,教授,学术委员会代表,加州大学伯克利分校博士。研究方向:科学算法、非线性现象的数学建模、复杂聚合物和纳米复合流体的结构和流动特性。

（16）大卫·坎莱特,名誉教授,加州大学伯克利分校博士。研究方向:流体动力学、材料加工、密码学、轨道力学、声学、分形几何。

（17）唐·丹尼尔森,名誉教授,哈佛大学博士。研究方向:利用理论和软件模拟流体和结构动力学,改进卫星轨道的分析和数值技术。

（18）法里巴·法鲁,名誉教授,美国空军基础科学研究中心项目官员,布朗大学博士。研究方向:计算最优控制理论,数据驱动建模,分布参数系统控制,不确定性量化。

(19) 理查德·弗兰克,名誉教授,犹他大学博士。

(20) 哈尔·弗雷德里克森,教授,南加州大学博士。研究方向:组合技术在数字通信、密码学和计算机安全、编码和信息理论问题中的应用。

(21) 托克·贾亚钱德兰,名誉教授,凯斯理工学院博士(凯斯西储大学前身)。

(22) 贝尼·内塔,名誉教授,卡内基梅隆大学博士。研究方向:有限元、轨道预测、并行计算。

(23) 克雷格·拉斯穆森,教授,科罗拉多大学博士。研究方向:图论、网络设计与优化、组合优化中的启发式算法。

(24) 阿特·施恩施塔特,名誉教授,伦斯勒理工学院博士。

14.1.2 电气与计算机工程系

系主任:道格拉斯·J. 福茨,电气与计算机工程系教授兼系主任,1990年博士毕业于加州大学圣巴巴拉分校。研究方向:可重构计算、超大规模集成电路设计、模拟和数字电路。

(1) 查德·博尔曼,助理教授,2018年博士毕业于海军研究生院。研究方向:网络、网络安全、信号处理。

(2) 罗伯托·克里斯蒂,教授,1983年博士毕业于马萨诸塞大学。研究方向:通信、控制、信号处理。

(3) 乔治·迪诺特,实践教授,1971年博士毕业于威斯康星大学麦迪逊分校。研究方向:形式化方法、计算机安全。

(4) 莫妮克·P. 法格斯,教授,1988年博士毕业于弗吉尼亚理工学院暨州立大学。研究方向:信号处理、模式识别、传感器融合、通信。

(5) 大卫·A. 加伦,教授,1991年博士毕业于威廉与玛丽学院。研究方向:合成孔径雷达、雷达成像和运动目标聚焦。

(6) 格伦·亨利,实践教授,1967年理科硕士数学系毕业于加利福尼亚州立大学东湾分校。研究方向:计算机工程、计算机体系结构、微体系结构、硬件设计与仿真。

(7) 大卫·C. 詹,教授,1989年博士毕业于南加州大学。研究方向:电磁学、雷达。

(8) 弗兰克·克拉格,副教授,1997年博士毕业于海军研究生院。研究方向:通信、软件无线电。

(9) 约翰·麦克伊肯,特聘教授,1995年耶鲁大学博士毕业。研究方向:网络、图像/信号处理、信号情报、通信。

（10）詹姆斯·布雷特·迈克尔，教授，1993博士毕业于乔治梅森大学。研究方向：弹道导弹防御、可靠性、安全性、软件工程。

（11）谢里夫迈克尔，教授，1983年博士毕业于西弗吉尼亚大学。研究方向：模拟超大规模集成电路、电子、辐射效应、空间光伏。

（12）吉哈尼·米米，研究助理教授，2006年博士毕业于纽约城市大学。研究方向：量子信息与计量学、反潜战、海洋领域意识。

（13）乔瓦娜·奥里蒂，副教授，1997年博士毕业于意大利卡塔尼亚大学。研究方向：电力船舶系统、电力电子、电磁兼容。

（14）R. 克拉克·罗伯逊，教授，1983年博士毕业于德克萨斯大学奥斯汀分校。研究方向：通信、扩频通信、无线局域网。

（15）里克·罗梅罗，副教授，2010年博士毕业于亚利桑那大学。研究方向：雷达、通信、检测、估计、数字信号处理器。

（16）约翰·罗斯，助理教授，2016年海军研究生院博士。研究方向：网络。

（17）吉姆·斯克罗法尼，副教授，2005年博士毕业于海军研究生院。研究方向：信号处理、传感器融合/多元智能、决策理论和估计理论。

（18）特里·E. 史密斯，讲师，1984年理科硕士，空军理工学院。研究方向：电子战。

（19）苏伟连，副教授，2004博士毕业于乔治亚理工学院。研究方向：特定网络、传感器网络、信号处理。

（20）普瑞莎·图拉斯拉曼，副教授，2010年博士毕业于加拿大安大略省滑铁卢大学。研究方向：无线/有线网络生存能力和可靠性、异构网络和容错/QoS（服务质量）配置。

（21）穆拉里·图马拉，教授，1984年博士毕业于印度理工学院。研究方向：网络、信号处理、通信。

（22）埃德·华尔兹，实践教授，1971理科硕士毕业于密歇根大学，计算机、信息和控制工程专业。研究方向：情报收集与分析、靶向研究、空间侦察、信息作战。

（23）托德·韦瑟福德，教授，1993博士毕业于北卡罗来纳州立大学。研究方向：半导体器件、可靠性、辐射效应。

（24）威廉·威廉姆森，研究助理教授，1996年博士毕业于托莱多大学物理系。研究方向：传感器物理、多元智能融合、数据科学。

（25）云小平，特聘教授，1987年理学博士毕业于华盛顿大学。研究方向：控制机器人、微机电系统/纳米传感器。

（26）张迪，副教授，2010年博士毕业于弗吉尼亚理工学院暨州立大学。研究方向：电力系统和电力电子。

（27）乔恩·巴特勒，特聘名誉教授。研究方向：计算机与计算、可重构计算机、高速数字函数发生器和密码学。

（28）特哈，名誉教授，1977年博士毕业于马里兰大学。研究方向：无线通信、网络。

（29）杰弗里·B. 克诺尔，名誉教授。研究方向：电磁学、微波工程、雷达、电子战、信号情报。

（30）赫歇尔·H. 卢米斯，特聘名誉教授。研究方向：高速计算机、数字信号处理器架构、星载计算机、低截获概率通信、信号情报。

（31）迈克尔·A. 摩根，特聘名誉教授。研究方向：电磁学、脉冲天线、雷达、信号处理。

（32）菲利普·E. 佩斯，特聘名誉教授。研究方向：电子战、雷达/光信号处理。

（33）约翰·P. 鲍尔斯，特聘名誉教授。研究方向：电光、电子、光纤。

（34）弗雷德里克·W. 特曼，名誉高级讲师。研究方向：计算机、数字系统。

（35）查尔斯·W. 瑟里恩，名誉教授。研究方向：信号处理、检测/估计。

（36）朗尼·威尔逊，名誉研究助理教授。研究方向：信号情报、信号处理。

（37）劳伦斯·J. 齐奥梅克，名誉教授。研究方向：水下声学、声呐信号处理。

14.1.3 机械与航空航天工程系

（1）加思·V. 霍布森，教授、系主任。研究方向：气体动力学、流体动力学计算、流体力学测量。

（2）克里斯托弗·A. 亚当斯，高级讲师、设备副主任。研究方向：潜艇、舰船、地面车辆、飞机和航空器平台，基础设施和人员的战斗生存能力。

（3）波雷吉·N. 阿格瓦尔，特聘教授、航天器研究设计中心主任、国家安全自适应光学卓越中心主任。研究方向：光学有效载荷的灵活航天器获取、跟踪和定向；主动振动控制、隔离和降低；卫星服务；空间系统设计。

（4）埃里克·艾利，研究助理教授。

（5）特洛伊·安塞尔，研究助理教授。研究方向：铁电材料、压电材料及应用、超声波、高温执行器、材料的等离子体合成、X射线衍射。

（6）布赖恩·宾厄姆，副教授、副主任。

（7）克里斯托弗·M. 布罗菲副教授。研究方向：推进和动力流体力学热力学、燃烧光学诊断。

（8）约书亚·科多尼，研究助理。研究方向：热流体、实验流体动力学、推进力和动力、增压燃烧、气体爆炸物理学、高超音速空气动力学、高速吸气推进、光谱学(平面激光诱导荧光,基于吸收的技术)、光学诊断(纹影、红外和紫外化学发光)、空气动力学和燃烧仪表和诊断。

（9）加拉玛·M. 迪多斯扎克，研究助理教授。研究方向：冲击和振动、海军舰艇设计、机器设计、建模与仿真、有限元分析、流固耦合、船舶生存能力。

（10）弗拉基米尔·N. 多布罗霍多夫，副教授。研究方向：飞行力学、飞行动力学和控制、经典与现代控制、建模与仿真、数值方法和数字计算、运筹学和应用优化、飞行力学和轨迹优化、实时嵌入式飞行控制系统，无人机、制导弹药和降落伞的制导、导航和控制。

（11）安东尼·J. 甘农，副教授。研究方向：高速发电机、试验台设计、轴承和润滑；可再生能源、太阳能热循环、蓄热、风能冷却；涡轮机械、设计、测试、跨音速压缩机、风扇、风力涡轮机。

（12）约书亚·H. 戈迪斯，副教授、学术助理。研究方向：机械振动、固体力学、系统动力学、机器设计、结构动力学中的有限元方法、设计优化、数值分析、先进动力学。

（13）艾马尔·古多斯，副教授。研究方向：添加剂制造、纳米结构材料、高速成像、X射线诊断、推进剂、超声波。

（14）杰西卡·赫尔曼，实践教授。研究方向：自治系统、人工智能、人机交互、界面设计、群体智能、机器人概率方法、飞行器测试和评估。

（15）约瑟夫·胡珀，教授(与物理系合聘)。研究方向：高能材料、高应变率固体载荷、新型纳米复合材料、第一性原理模拟。

（16）道格拉斯·P. 霍纳，研究助理教授。研究方向：避障、同时定位和映射、机器人技术自主性、无人系统的计算机视觉、无人系统的路径规划、多车协调联网、自主水下航行器(AUV)的避障、自主水下航行器特征导航、水下、空中和水面车辆自主协作,水下航行器与潜艇自主对接交会策略、水下航行器自主操作持续性。

（17）詹妮弗·哈德森，研究助理。研究方向：航天器动力学和控制、轨迹优化、天体动力学、空间任务设计、小型卫星、轨道机器人、卫星服务、在轨空间系统诊断。

（18）凯文·D. 琼斯，研究助理。研究方向：不稳定空气动力学、实验空气动力学、图形用户界面开发、乘波构型设计/分析、逆向设计。

（19）伊萨克·卡米纳，教授。研究方向：无人驾驶飞行器、建模与仿真、飞行控制、常规武器。

(20) 马克·卡彭科,研究助理教授。

(21) 金宰俊,研究助理教授。研究方向:动力学与控制、光束控制、自适应光学。

(22) 肖恩·克拉格隆德,研究助理教授。研究方向:自主海上交通工具、最佳动向规划、制导、导航和控制、多域车队。

(23) 杨·W. 库恩,特聘教授。研究方向:有限元方法、计算力学、固体力学、结构力学、复合材料、断裂与破坏、流固耦合、水下爆炸、静力学与动力学、计算建模与仿真、材料力学(金属和复合材料)和结构、纳米技术、多物理场问题、生物力学。

(24) 克劳迪娅·C. 卢尔斯,教授。研究方向:功能材料的定制合成途径、表征其结构特性。应用项目:传感器、电池、超级电容器和结构部件的材料生产。

(25) 安迪·涅托,助理教授。研究方向:腐蚀、硅酸钙镁铝侵蚀、超高温陶瓷、热/环境屏障涂层、MAX 图像、纳米复合材料、纳米压痕、火花等离子体烧结、冷喷涂、添加剂加工。

(26) 马塞洛·罗马诺,教授,航天器机器人实验室主任。研究方向:太空飞行力学、轨道机器人、航天器姿态、接近机动制导和控制、优化控制、空间碎片修复、在轨组装、服务和制造。

(27) 艾萨克·迈克·罗斯,特聘教授、学术助理。研究方向:最佳控制、计算最优控制、天体动力学、非线性控制理论、近地天体拦截、航天器姿态动力学与控制、惯性导航。

(28) 蒂莫西·桑兹,宇航实践教授。研究方向:确定性人工智能、非线性动力学。

(29) 沃尔特·史密斯,研究助理教授。研究方向:实验/计算流体动力学、传热、涡轮机械设计、离心泵、可再生能源、多相流、仪器开发、粒子图像测速(二维粒子图像测速仪、立体、层析粒子图像测速技术)、激光多普勒测速/风速测量、光学诊断、稳定性、声学、添加剂制造和设计、图像处理、信号处理。

(30) 奥列格·A. 亚基缅科,特聘教授(与系统工程系联合聘任)。研究方向:轨道和飞行力学,无人机、水面和水下航行器、卫星、制导武器和降落伞的制导、导航和控制、轨迹优化、作战系统建模与仿真、数值方法和编程。

(30) 罗伯特·E. 鲍尔,特聘名誉教授。研究方向:飞机战斗生存能力、结构和结构动力学。

(31) 奥斯卡·比布拉兹,名誉教授。研究方向:航天器推进、高速空气动力学、激光、航空航天推进和动力、流体力学。

(32) 穆古鲁·钱德拉塞卡拉,研究教授。研究方向:不稳定空气动力学、流体动力学、空气动力学、仪表、测量技术、传感器。

(33) 莫里斯·R. 德里尔斯,名誉教授。研究方向:自动控制和系统建模、武器设计和瞄准。

(34) 安东尼·J. 希利,特聘名誉教授。研究方向:车辆动力学、自动控制、机器人和自治系统、自动故障检测、控制系统架构、嵌入式系统和实时计算。

(35) 马修·D. 凯莱赫,名誉教授。美国宇航局/美国工程教育协会研究实验室暑期研究员,美国宇航局艾姆斯研究中心和斯坦福大学海洋热能转换电力系统设计技术代表,国家科学基金会审查小组美国-苏联传热传质合作研究计划电力系统顾问。

(36) 特里·R. 麦克尼利,特聘名誉教授。研究方向:材料科学、微观结构-加工-金属和复合材料机械性能关系、金属和合金的严重塑性变形加工、搅拌摩擦加工和焊接、超塑性微观结构控制、焊接和连接、故障分析。

(37) 诺克斯·T. 米尔萨普斯,名誉教授。研究方向:动力和推进力、流体力学、热力学、能量转换、热传递、涡轮机械、转子动力学、流体结构相互作用、旋转和往复式机械的状态维护。

(38) 马克西米利安·F. 普拉策,特聘名誉教授。研究方向:空气动力学、气动弹性、飞行力学、流体力学、气体动力学、推进力。

(39) 杨·S. 施恩,特聘名誉教授。研究方向:水下冲击响应分析与测试、冲击建模与仿真、冲击振动隔离与抑制、舰载机械状态监测与诊断、模态测试与声阻尼测量、声结构相互作用、疲劳可靠度、联合阻尼特性,通过黏弹性阻尼层和波导吸收器进行被动振动控制。

14.1.4 气象学系

(1) 温德尔·A. 努斯,教授、系主任,华盛顿大学博士。研究方向:温带海洋气旋发生、中尺度数值天气预报、中尺度可预报性、沿海气象学和预报。

(2) 迈克尔·T. 蒙哥马利,特聘教授,哈佛大学博士。研究方向:热带气象、飓风/台风/气旋、中纬度气旋、极地低气压、中尺度涡、中尺度对流涡、龙卷风、平流层环极涡旋和其他大气涡。

(3) 约翰·M. 彼得斯,助理教授,科罗拉多州立大学博士。研究方向:中尺度动力学、深厚湿对流、中尺度对流系统、超级单体、中尺度和天气气象学。

(4) 斯科特·W. 鲍威尔,助理教授,华盛顿大学博士。研究方向:热带气象学、遥感(雷达和卫星气象学)和云动力学。

(5) 王清,教授,宾夕法尼亚州立大学博士。研究方向:电磁波传播的环境影响、海气相互作用、边界层过程及其参数化、边界层的云与雾。

（6）米凯尔·维特，助理教授，加州大学圣克鲁兹分校博士。研究方向：云物理学、微物理-湍流相互作用、暖云降水形成、对流参数化、机载观测。

（7）安东尼·布科尔茨，研究教授，密歇根大学博士。研究方向：气溶胶粒子和云对地球大气辐射平衡的影响，大气对光电/红外传感器性能的影响，开发下一代光电战术辅助决策，开发新地面和飞机载仪器。

（8）陈华仁，研究助理教授。研究方向：季风、热带气象、数值天气预报（NWP）模型、积云参数化、中尺度气象、无线通信、移动和无线安全。

（9）保罗·A. 弗雷德里克森，研究助理教授。研究方向：大气对电磁和光电传播的影响，海洋大气边界层气象学，海气通量测量和参数化，海气相互作用。

（10）玛丽·S. 乔丹，研究助理教授。研究方向：大气遥感、热带气象、中尺度气象、数值天气预报、气象数据分析。

（11）杰克·穆赫兰，研究助理教授，伊利诺伊大学厄巴纳-香槟分校博士。研究方向：中尺度动力学、深厚湿对流、中尺度对流系统、超级单体、中尺度和天气气象学。

（12）汤姆·墨菲，研究助理教授，加州大学戴维斯分校博士。研究方向：全球和区域气候、大气-海洋动力学、大气和海洋长期预报、基于气象学和海洋学的作战影响。

（13）库尔特·E. 尼尔森，研究助理教授。研究方向：中尺度气象学、气象遥感。

（14）大卫·G. 奥尔蒂斯-苏斯洛，研究助理教授。研究方向：海气相互作用实验、湍流、大气对近地表电磁传播的影响、风波耦合、观测方法。

（15）约翰·佩辛，研究助理教授，科罗拉多州立大学博士。研究方向：热带气旋、地球物理漩涡、龙卷风。

（16）罗伊伍兹，研究助理教授。研究方向：海气相互作用气象学，云气溶胶微物理相关测量技术。

（17）瑞安山口，研究助理教授。研究方向：海气相互作用、湍流与电磁/光电传播相关的气象测量、数据采集系统、传感器技术和平台。

14.1.5　海洋学系

（1）皮特·C. 褚，特聘教授、主席，海洋学，芝加哥大学博士。研究方向：海军海洋分析与预测。

（2）杰基·克莱门特-金尼，研究助理教授，海洋学，海军研究生院博士。研究方向：北冰洋海洋学。

(3) 约翰·A. 科洛西,教授,海洋学,加州大学圣克鲁兹分校博士。研究方向:随机介质波传播,声学海洋学。

(4) 约翰约瑟夫,相关研究职工,海军研究生院硕士。研究方向:海洋哺乳动物研究中的声学应用、声学建模和测量。

(5) 杰米·麦克马汉,教授、学术副主席和教学副主席,海洋学,佛罗里达大学博士。研究方向:近岸、河口、河流过程的实地观察与统计技术。

(6) 泰提亚娜·玛格丽娜,相关研究教员,海洋水文研究所博士。研究方向:物理海洋学、海洋生物声学、海洋学数据分析。

(7) 维斯瓦夫·马斯洛夫斯基,研究教授,阿拉斯加大学费尔班克斯分校博士。研究方向:北极气候变化和预测,使用观测和模型来了解物理过程与大尺度状态和可变性之间的关系。

(8) 克里斯托弗·W. 米勒,相关研究教员,海军研究生院电子工程硕士。研究方向:声学海洋学、水下声学、自动识别交通系统、电子控制器和数据采集的处理、通信和网络。

(9) 德里克奥尔森,助理教授,海洋学,宾夕法尼亚州立大学博士。研究方向:高频海底声学、声散射、沉积物地声学、合成孔径声呐、声学遥感。

(10) 玛拉·奥利斯卡宁,助理教授,海洋学,麻省理工博士。研究方向:沿海过程的数值模拟和观测,包括潮汐通道、海滩侵蚀和沼泽流体动力学。

(11) 杰弗里·帕杜安,教授兼研究主任。俄勒冈州立大学博士。研究方向:海岸流和海气相互作用。

(12) D. 本杰明·里德,研究助理教授,麻省理工学院-伍兹霍尔海洋研究所博士。研究方向:浅水声学、声散射、环境噪声、声学海洋学。

(13) 蒂莫·拉德科,教授和研究副主席,佛罗里达州立大学博士。研究方向:海洋动力学和建模。

(14) 罗伯特·伯克,名誉教授,俄勒冈州立大学博士。研究方向:极地海洋学。

(15) 罗兰·W. 加伍德,名誉教授,华盛顿大学博士。研究方向:海气相互作用,混合层动力学。

(16) 爱德华·B. 桑顿,特聘名誉教授,佛罗里达大学博士。研究方向:近岸过程流体动力学。

(17) 邱正生,特聘名誉教授,海洋学,麻省理工学院-伍兹霍尔海洋研究所理学博士。研究方向:浅水声学和声学海洋学。

(18) 托马斯·C. 赫伯斯,名誉教授,加州大学圣地亚哥分校博士。研究方向:海洋表面波、近岸和大陆架过程。

(19) 柯蒂斯·A. 柯林斯,名誉教授,俄勒冈州立大学博士。研究方向:描述性物理海洋学。

(20) 蒂莫西·斯坦顿,名誉研究教授,新西兰奥克兰大学硕士。研究方向:海洋湍流、极地海洋/冰相互作用和海洋仪器。

14.1.6　物理系

(1) 物理系主席:约瑟夫·P. 胡珀,教授,工程与应用科学研究生院。研究方向:炸药、材料、武器、凝聚态物理。教学兴趣:物理学,武器。

(2) 副主席:克里斯托弗·格兰特·史密斯特罗,高级讲师。

(3) 雷蒙德·M. 伽马什,副教授。

(4) 弗兰克·纳尔杜奇,物理学教授。1989 年毕业于宾夕法尼亚州费城的德雷塞尔大学,获得物理和数学双学位;1991 年获得罗彻斯特大学文学硕士学位;1996 年获得博士学位。已故的伦纳德·曼德尔教授指导了他的博士学位论文,论文题为单原子和多原子系统中的光子相关性。

(5) 理查德·C. 奥尔森,名誉教授、遥感中心前任主任,1980 年获得加州大学圣地亚哥分校物理学博士学位。1987 年加入海军研究生学院。他的研究方向涵盖整个遥感领域,与国家技术手段有过广泛的合作。包括光谱图像,从紫外线至长波长红外线以及高空间分辨率商业系统。过去几年,他主要专注于开发雷达数据,这项工作主要涉及地形分类和目标检测(包括潜艇)。奥尔森教授发表了 36 篇得到引用的科学文章。他曾指导过 2 位博士学员、150 多位硕士学员。奥尔森教授是国际光学工程学会、电气与电子工程师协会和美国地球物理学会的成员。

(6) 德拉戈斯拉夫·格博维奇,物理学副教授。德拉戈斯拉夫·格博维奇教授在微机电系统双材料红外传感器的微加工,和微机电系统设备有限元建模方面拥有丰富经验。他的研究还包括太赫兹和微波领域的超材料,为了在多种应用中增强吸收,以及使用碳和其他纳米管构建新型材料和传感器。

(7) 埃米尔·卡尔塔洛夫,物理学教授。其实验室专注于提高作战人员作战能力和生存能力的技术,以及发展水下无人系统技术。

(8) 奥列格·A. 戈丁教授,理学博士,物理学教授兼工程声学学术委员会主席。研究方向包括:波在非均匀和非平稳介质中的传播和衍射理论;水下声学;海洋遥感;噪声干涉测量法。他有 5 本著作,包括一部两卷的专著《分层介质声学》(Springer 出版社,纽约,1990~1992、1998~1999)和 150 篇同行评审期刊论文。他是美国声学学会会员,美国地球物理联盟和欧洲地球物理联盟的成员。

(9) 法比奥·阿尔维斯,副教授、物理学博士。

(10) 乔布劳,研究助理教授,2002年博士毕业于海军研究生院物理系。

(11) 雷蒙德·伽马什,副教授,研究副主席,1999年博士毕业于伦斯勒理工学院物理学专业。

(12) 盖·吉姆巴,副教授。

14.1.7 系统工程系

(1) 奥列格·亚基缅科,工程与应用科学研究生院系统工程系主任。

(2) 罗纳德·爱德华·贾切蒂,教授,工程与应用科学研究生院院长。

(3) 雷蒙德·约瑟夫·马达奇,工程与应用科学研究生院系统工程系教授。

(4) 克利福德·艾伦·惠特科姆,工程与应用科学研究生院系统工程系特聘教授。

(5) 克里斯汀·M. 贾马科,工程与应用科学研究生院系统工程系副教授。研究方向:形式化方法在架构模式评估中的应用、用于决策支持的架构模式的定量分析。教学兴趣:系统架构与设计、系统集成与开发、系统架构形式化方法、产品开发中的领导力。

(6) 亚历杭德罗·S. 埃尔南德斯,工程与应用科学研究生院系统工程系副教授。研究方向:

- 决策支持系统的设计和开发——改进系统设计、开发、运筹和管理的决策过程。
- 改进基于模拟的事件——工程计算机辅助兵棋推演、演习、实验和测试,以便更有效地分析和实现事件目标。
- 兵棋推演和计算机实验的结合与应用——支持决策者采用创新方法解决复杂问题。

教学兴趣:

- 系统工程、运筹学/系统分析。
- 用于复杂系统分析和业务的兵棋推演。
- 概率与统计。
- 测试与评估(运筹)。

(7) 福蒂斯·帕普利亚斯,副教授。研究方向:船舶先进船型设计的非线性动力学与控制分岔理论动力学。教学兴趣:静力学、固体力学、动力学、工程系统动力学、线性自动控制、现代控制系统、流体动力控制。

(8) 尤金·帕切利·保罗,副教授。研究方向:通过基于模型的系统工程设计、建造和分析大型复杂国防部系统;系统模拟设计和分析;将系统工程应用于战略评估和跨国活动。教学兴趣:系统工程基础、基于模型的系统工程、系统工程和构建、系统采购模型与模拟、作战模型与模拟、概率与统计。

14.2 国际与国防研究生院

(1) 唐纳德·阿本海姆博士,副教授。研究方向:欧洲安全。

(2) 安妮·玛丽·贝卢尼博士,教授。研究方向:中东、难民、人群、社会福利。

(3) 托马斯·布鲁诺,博士,特聘名誉教授。研究方向:军民关系、拉丁美洲政治与安全、安全外包、新民主国家的情报改革。

(4) 安舒·查特吉博士,高级讲师。研究方向:南亚、叛乱、政治军事和媒体。

(5) 安妮·克鲁南博士,副教授。研究方向:国际安全、巴西和俄罗斯民族认同。

(6) 埃里克·达尔,博士,副教授,教学副主任。研究方向:情报、恐怖主义、国土安全、国际关系理论。

(7) 克里斯托弗·达恩顿,博士,副教授。研究方向:拉丁美洲、国际关系、研究方法。

(8) 瑞恩·金格拉斯博士,教授。研究方向:土耳其、中东、巴尔干、有组织犯罪。

(9) 玛丽安娜·朱斯蒂·罗德里格斯博士,助理教授。研究方向:比较政治,拉丁美洲。

(10) 迈克尔·格洛斯尼博士,高级讲师。研究方向:中国外交政策、东亚安全、大国崛起、国际关系理论。

(11) 穆罕默德·哈菲兹博士,教授。研究方向:伊斯兰政治暴力、激进化进程和中东政治。

(12) 卡罗琳·哈拉戴博士,高级讲师,课程685、686、691、692和693学术助理。研究方向:德国和中欧历史与政治、文化史、法律与国家安全、国际法、民族主义、政治极端主义。

(13) 乌维·哈特曼上校、博士,客座讲师、军事教授。研究方向:北约、欧盟、战略思维、领导力。

(14) 上尉F. 罗伯特海特,高级情报官,美国海军高级信息战社区官。研究方向:国家安全事务。

(15) 韦德·亨特利博士,高级讲师。研究方向:网络安全、核武器扩散、东亚地区安全。

(16) 斯科特·贾斯伯博士,高级讲师。研究方向:防御战略、混合战、网络政策。

(17) 托马斯·H. 约翰逊,研究助理教授。研究方向:阿富汗、中亚、叛乱、反叛乱。

(18) 圣保罗·卡波尔博士,教授。研究方向:国际关系、核扩散、南亚政治与安全。

(19) 费罗兹·汗准将(退役),研究教授。研究方向:南亚、巴基斯坦、阿富汗、核战略和核扩散。

(20) 杰弗里·拉森博士,研究教授。研究方向:美国国家安全、北约、核政策、军备控制、欧洲。

(21) 莱蒂西亚·劳森博士,高级讲师。研究方向:非洲新世袭制国家发展的政治经济学。

(22) 罗伯特·鲁尼博士,特聘教授。研究方向:中东、非洲和拉丁美洲经济体,能源安全和经济情报。

(23) 特里斯坦·马布里博士,高级讲师,课程681学术助理。研究方向:比较政治、民族主义、媒体和传播。

(24) 迈克尔·马利博士,高级讲师,反大规模杀伤性武器先进系统与概念项目、当代冲突中心执行主任。研究方向:东南亚、印度尼西亚、国际关系、比较政治。

(25) 克里斯蒂娜·梅迪博士,国土防卫与安全中心(CHDS)讲师。研究方向:军民关系、拉丁美洲安全、跨国安全问题/威胁、情报和国家安全。

(26) 亚历山大·马托夫斯基博士,助理教授。研究方向:欧洲政治和安全机构、威权政治和民主化、有争议的政治、民族主义和民族冲突、研究方法、俄罗斯、东欧、巴尔干。

(27) 中尉迈克尔·凯利·麦考伊,战略主席,学术助理。研究方向:国防规划、军民关系、战略研究、美国外交政策、决策、技术。

(28) 艾米丽·迈尔丁博士,助理教授,教学副主任。研究方向:能源、环境安全、国际冲突、合作。

(29) 科维尔·梅斯肯斯博士,助理教授,学术助理。研究方向:中国、东亚、世界近代史。

(30) 克莱·莫尔茨博士,国际与国防研究生院院长,教授。研究方向:太空、核战略、东亚、俄罗斯。

14.3 运筹与信息科学研究生院

14.3.1 计算机科学系

(1) 计算机科学系主任古明德·辛格博士。

古明德·辛格是海军研究生院计算机科学系的教授兼系主任。除了在研究和教学方面的卓越表现,他还支持技术转型和多学科研究。此前,他已成功将多个研究项目转化为产业,并领导创建全球初创企业。1995年,辛格博士创立了国际计算机学会虚拟现实软件和技术会议,该会议现在每年在世界各地举行。他还是国际计算机学会用户界面软件和技术的联合创始人,该会议现在是该领域的首要会议。他在众多会议和期刊上发表文章,编辑著名的计算机期刊特刊,为学术研究做出了持久的贡献。这些期刊包括:《美国计算机学会会刊》《国际计算机学会人机交互学报》(Transactions on CHI)《多媒体学报》(IEEE Multimedia)《可视化和计算机图形学报》(IEEE Transactions on Visualization and Computer Graphics)和《计算动画和虚拟世界》(Computer Animation and Virtual Worlds)。辛格博士目前积极从事高保真虚拟化研究,以支持网络计算系统和进攻性网络操作的数字孪生。

(2) 米哈伊尔·奥古斯顿,名誉教授,1983年格鲁什科夫控制论研究所博士。研究方向:软件工程、编程语言、编译器构建、测试和调试自动化、可视化编程、计算机安全。

(3) 伊姆雷·巴洛格,研究助理教授,虚拟环境建模和仿真研究所所长,1993年新墨西哥州立大学计算机科学博士。研究方向:人工智能、建模基础、战斗建模、人类行为建模、基于代理的系统。

(4) 阿蒙·巴顿,助理教授,2018年博士毕业于德克萨斯大学阿灵顿分校。研究方向:安全机器学习、计算机视觉、匿名通信、安全和隐私。

(5) 瓦尔迪斯·贝尔津斯,教授,1979年博士毕业于麻省理工学院。研究方向:软件工程、计算机辅助设计、软件进化与合并、规范语言、计算机语言、程序综合与验证、知识表示、工程数据库。

(6) 罗伯特·贝弗利,副教授,2008年博士毕业麻省理工学院。研究方向:网络架构、系统工程、互联网测量和复杂系统、网络和机器学习的交叉。

(7) 柯蒂斯·布莱斯,教师助理,2018年博士毕业于海军研究生院。研究方向:互操作性、战斗模拟、语义网标准。

(8) 保罗·克拉克,研究助理教授,1999年硕士毕业于海军研究生院。研究方向:计算机安全教育,开源操作系统的修正。

(9)克里斯·达肯,副教授,计算机科学系 & 虚拟环境建模和仿真学院项目教员,1993 博士毕业于耶鲁大学。研究方向:人工智能、机器学习、模拟用的人类认知和行为模型。

(10)鲁迪·达肯,教授,计算机科学系 & 虚拟环境建模和仿真学院项目教师,1995 年理学博士毕业于乔治·华盛顿大学。研究方向:虚拟环境、人机交互、人因工程、培训系统、无线移动计算。

(11)阿里吉特·达斯,副教授,1989 年内华达大学硕士。研究方向:移动设备、掌上电脑、PALM 嵌入式操作系统、嵌入式 C 语言、J2ME、Java。

14.3.2 国防分析系

(1)国防分析系主任道格拉斯·A. 伯尔博士。

道格拉斯·A. 伯尔是海军研究生院国防分析系的副教授。伯尔博士是蒙大拿州人,1985 年获得里彭学院心理学学士学位,1988 年获得蒙大拿大学政治学硕士学位,1993 年获得波士顿大学政治学博士学位。他曾在多个地方任职多种学术职位,包括苏瓦斐济的南太平洋大学、珀斯的西澳大利亚大学、布莱克斯堡的弗吉尼亚理工大学、马来西亚吉隆坡的马来西亚国立大学和宾夕法尼亚州卡莱尔军营的美国陆军战争学院。他的学术成就集中在战争时期政治合法性,以及亚太地区。他著有《败北的超级大国:越南和阿富汗的比较》(弗兰克卡斯出版社,1999 年)。他与约翰·阿奎拉共同编辑了《信息策略与战争:理论与实践指导》(劳特利奇出版社,2007 年);他与马克·伯杰共同编辑了两本书:《长期战争叛乱、反叛乱与坍塌的国家》(劳特利奇出版社,2008 年)和《东亚的崛起:太平洋世纪的批判性远景》(劳特利奇,1997 年)。伯尔还撰写或合著了 70 多本书中的章节、专业文章、书评和社论。2007 年,他帮助海军研究生院建立了通用运筹学环境(CORE)实验室,并于 2020 年被任命为代理系主任。

(2)约翰·阿奎拉,特聘教授。

(3)里奥布兰肯,副教授。

(4)道格拉斯 A. 伯尔,副教授(2004),1993 年博士毕业于波士顿大学。研究方向:战略、政治合法性、非常规战争。

(5)罗伯特·伯克斯,副教授(2017),2006 年空军理工学院毕业。

(6)丹尼尔·坎宁安,讲师(2010),2009 年硕士毕业于米德尔伯里国际问题研究所。研究方向:信息科学、可视化分析、社交网络分析。

(7)扎卡里·S. 戴维斯博士,研究教授,1989 年国际关系博士毕业于弗吉尼亚大学。研究方向:监督新兴技术和大规模杀伤性武器的安全影响。

(8) 多罗西·丹宁,名誉特聘教授(2002),普渡大学博士。研究方向:网络空间的冲突、网络安全、信任、影响和网络。

(9) 詹妮弗·J. 邓肯,项目和研究经理(1992),1985年硕士毕业于纽约城市大学。

(10) 肖恩·埃弗顿,教授(2018),斯坦福大学博士。研究方向:社交网络分析、政治社会学、社会运动、宗教社会学。

(11) 迈克尔·弗里曼,教授(2005),芝加哥大学博士。研究方向:恐怖主义、反恐、对外政策、政治理论。

(12) 斯科特·加特纳,教务长(2015)。

(13) 弗兰克·佐丹奴,荣休。

(14) 布莱恩·格林希尔兹,高级讲师(2009),海军研究生院硕士。研究方向:空中力量、战略、非常规战争。

(15) 瑞安·马尼斯,助理教授(2017),博士毕业于伊利诺伊大学芝加哥分校。研究方向:网络冲突与战略、国际关系、定量方法。

(16) 戈登·H. 麦考密克,教授(1992),1986年博士毕业于约翰霍普金斯大学。研究方向:恐怖主义、国家内冲突、不规则战争、形式化建模。

(17) 暹罗·纳菲西,高级讲师(2013),2010年加州大学洛杉矶分校博士毕业。研究方向:冲突人类学、战争与社会、道德/神圣价值观、媒体与战争、认知科学。

(18) 罗伯特·奥康奈尔,客座教授(2004),1976年弗吉尼亚大学博士。

(19) 韦恩·波特,高级讲师(2015),2014年博士毕业于海军研究生院。

(20) 南希·C. 罗伯茨,名誉教授(1986),1983年博士毕业于斯坦福大学。研究方向:复杂网络、问题解决、社交网络分析、战略管理、组织理论、"邪恶的问题"、冲突后重建。

(21) 格伦罗宾逊,副教授(1991),1992年博士毕业于加州大学伯克利分校。研究方向:政治暴力、宗教激进主义、政治经济、中东。

(22) 安娜·西蒙斯,荣休。

(23) 巴里·施特劳斯,客座教授。

(24) 布拉德利·J. 斯特劳瑟,副教授(2012),2012年美国康涅狄格大学博士毕业。研究方向:哲学与军事伦理。

(25) 克里斯汀·特索斯利斯,讲师(1999),蒙特雷国际问题研究所1999年硕士。研究方向:地理空间分析、计算机安全。

(26) 特里斯坦·沃尔佩,助理教授(2017),乔治·华盛顿大学博士。研究方向:核扩散与反扩散、新兴技术政治、区域安全战略。

(27) 华伦,副教授。

(28) 马特·泽弗曼,助理教授(2019),2013 博士毕业于加州大学戴维斯分校。研究方向:合作与冲突、文化演变、战争制度。

14.3.3 信息科学系

(1) 信息科学系主任亚历克斯·博德茨基博士。

亚历克斯·博德茨基博士是海军研究生院信息科学系终身教授。他担任双重职务,还在海军研究生院空间系统学术小组任职。博德茨基教授是海军研究生院网络创新与实验中心的主任。他因协作技术和自适应网络的开创性研究而获得罗伯特·W. 汉明跨学科研究奖,并因非常规海上网络的实验研究获得富布赖特高级奖学金。博德茨基博士是著名的战术网络试验台海上拦截行动军事-学术实验活动的首席研究员,该活动现在转变为沿海和海陆化学性杀伤武器操作研究。博德茨基的研究成果发表在武装部队通讯与电子协会《信号》杂志、美国卫讯公司、《美国特种部队矛尖》期刊、五角大楼频道和福布莱特新闻简讯中。

(2) 塔雷克·阿卜杜勒、哈米德,教授(1986),1986 年麻省理工学院博士。

(3) 阿尔伯特·巴雷托,讲师(2006),2011 年硕士毕业于海军研究生院。研究方向:服务器操作系统、无线网络、虚拟化技术和远程学习、虚拟化实验室、决策支持系统集成和技术、支持网络的应用程序。

(4) 简·巴雷托,研究助理教授。

(5) 理查德·伯金,客座助理教授(2002),1998 年硕士毕业于南加州大学。

(6) 丹·C. 博格,教授(1979),1979 年博士毕业于加州大学伯克利分校。

(7) 亚历山大·博德茨基,主席兼教授,俄罗斯车里雅宾斯克国立技术大学 1982 年博士。

(8) 特里斯坦·博恩,信息战与创新中心主任,2012 年硕士毕业于海军研究生院。研究方向:IT、人工智能/机器学习、网络、卫星通信。

(9) 尤金·布拉科夫,研究助理教授(2002),1974 年获得俄罗斯车里雅宾斯克国立技术大学电机工程学硕士学位。

(10) 唐纳德·布鲁兹曼,副教授,1994 年获得海军研究生院博士学位。研究方向:

唐纳德·布鲁兹曼是一名计算机科学家和副教授,在海军研究生院建模虚拟环境与模拟研究所和海底作战中心工作。他的研究方向包括水下机器人、实时 3D 计算机图形学、人工智能和高性能网络。他是电气和电子工程师协会(IEEE)、计算机协会图形特别兴趣小组和美国人工智能协会的成员。他是非营利性海洋实验室蒙特利湾的董事会成员,该实验室正在设计和建造面向青年的全年住宿科学营。他是非营利性 Web3D 联盟董事会的创始成员。他组织并领导了图形特别兴趣小组在线 2001 团队,设计和开发了一个巨大的音频、视频、网络、可延伸标记语言信息架构。目前,他领导可扩展 3D 工作组进行国际标准化组织 X3D/VRML 的规范,并指导虚拟现实传输协议和可扩展建模与仿真框架的开发。

(11) 雷蒙德·R. 布特纳,副教授,2003 年获得斯坦福大学博士学位。

(12) A. 穆斯塔法卡南,助理教授,2017 年获得老道明大学哲学博士学位。研究方向:决策、信息操作、机器学习、情境意识、共享意识、复杂的适应性行为。

(13) 格伦·R. 库克,高级讲师,1994 年毕业于(2003 年硕士),海军研究生院。

(14) 乔纳森·库恩,研究助理教授,2017 年圣塔克拉拉大学计算机科学与工程系理学学士。研究方向:数据收集、管理和传播系统,流程改进的自动化,移动和网络应用程序开发。

(15) 杜安·戴维斯,研究助理教授,2006 年博士毕业于海军研究生院。研究方向:群体机器人、机器人伦理、对象设计、人工智能和空中群体机器人。

(16) 莱拉·恩格尔霍恩,教师助理,2010 年帕内塔研究所(CSUMB)公共政策硕士。研究方向:国际海事理论和实践,以及影响全球安全政策的气候变化。

(17) 爱德华·费舍尔,讲师(2005),2010 年加州州立大学硕士。

(18) 雪莱·P. 盖洛普,研究助理教授(1999),1998 年老道明大学博士。研究方向:知识系统、组织发展、应用于复杂系统的研究方法。

(19) 维克多·加尔萨,讲师,2000 年金门大学硕士。研究方向:网络、无线网络、计算机安全、计算机虚拟化和情报、监视、侦察。

(20) 阿尔卡迪·戈丁,研究助理教授。

(21) 苏珊·希金斯,讲师(1999),1988 年海军研究生院硕士。

(22) 阿什莉·霍布森,研究助理教授,2013 年加州大学欧文分校学士学位。研究方向:城市政策、规划和设计;应急管理、现场试验。

(23) 托马斯·J. 豪斯,教授(2001),1980 年犹他大学欧文分校博士学位。

(24) 史蒂文·J. 亚特鲁,高级讲师(2000),1992 年海军研究生院硕士学位。

(25) 辛西娅·欧文,特聘教授兼信息系统安全研究中心主任,1975 年凯斯西储大学博士学位。研究方向:信息保障、多层次安全、高保障安全工程、网络安全、安全模型、分布式系统安全、安全需求工程、信息安全教学法、系统架构。

(26) 埃里克·詹森,高级讲师(1994),1987 年南加州大学博士学位。

(27) 麦格娣·N. 卡梅尔,副教授(1988),1988年宾夕法尼亚大学博士学位。

(28) 安东尼·肯德尔,讲师(1999),1980年海军研究生院硕士学位。

(29) 道格拉斯·麦金农,研究助理教授,2007年斯坦福大学博士。

(30) 兰德尔·莫尔,客座副教授(2003),1987年佛罗里达大学博士。

(31) 莫莉·麦奎尔,研究助理教授(2017),2016年克莱蒙特研究生大学博士学位。研究方向:认知科学、人机协作、压力和表现、认知负荷、启发式和信息处理偏差、记忆、注意力。

(32) 斯科特·米勒,美国海军上尉(退役),研究助理教授。

(33) 史蒂文·穆林斯,美国上校(退役),研究员。

(34) 乔纳森·蒙,研究教授。

(35) 马克尼森,教授,1996年南加州大学博士毕业。研究方向:

马克尼森教授的研究集中于知识和组织的动态,特别是在命令与控制(即组织与管理)语境下。他将工作、组织、人员和技术视为一个综合的设计问题。他正在领导一项新计划,研究虚拟环境中的指挥与控制。但他最出名的是国防知识管理成就,2006年出版著作《利用知识动态:原则性组织知识和学习》。

(36) 卡尔·L. 奥罗斯,教职员工,2018年海军研究生院博士学位。

(37) 莎朗·朗德,研究助理教授。

(38) 登施瓦姆,研究助理教授。

(39) 杰拉尔德·斯科特,研究助理教授。

(40) 艾伦·谢弗,高级讲师,2008年海军研究生院博士学位。研究方向:系统安全建模、高安全系统验证、形式方法分析、网络虚拟化、数据科学和云计算。

(41) 罗伯特·西莫拉,美国海军上尉(退役),高级讲师。

(42) 布赖恩·伍德,研究助理教授。

(43) 赵英,信息科学研究教授(2009)。研究方向:知识管理方法、数据/文本挖掘、词汇链接分析、系统自我意识、搜索和可视化方法。

14.3.4 网络学术中心

1) 网络学术组主席

布雷特·迈克尔博士是海军研究生院计算机科学系和电气与计算机工程系的教授。迈克尔博士领导前沿研究,为工程界提供改进方法,以确保关键安全和任务系统的可靠性和可信度,特别是利用人工智能、边缘与云计算以及数据科学获得效能的系统。他推进了人工智能、网络安全、形式验证与软硬件验证、电子系统逆向工程和软件工程等领域理论与实践的进步,拥有超过30年的经验。他是电气与电子工程师协会计算机协会旗舰出版杂志《计算机》信息空间信任专栏的编辑,还是《计算机》和《电气与电子工程师协会安全与隐私》杂志的副主编。他共发表了200多篇参考文章和技术论文。

迈克尔博士获得了电气与电子工程师协会可靠性协会2010年度工程师奖,该奖为了表彰他在可信赖分布式系统领域的贡献。2013年,他因推进网络作战最先进技术和实践方面的领导才能、作为首席技术顾问以及作为编辑委员会成员起草塔林手册,而获得了海军功勋民事服务部奖。塔林手册是适用于网络战的国际法。2017年,他获得了国家情报杰出成就奖章。2021年,电气与电子工程师协会可靠性协会授予迈克尔博士终身成就奖,以表彰他在软硬件系统可靠性评估方法、工具和教育方面做出的持续贡献。

2) 副主席

迈克尔·森夫特中尉是陆军功能区26A信息网络工程官,目前在海军研究生院计算机科学系担任军事教师。他的实操经验包括支持联合、特种作战和情报界组织的行程。森夫特的学术经历包括海军研究生院计算机科学和网络操作硕士学位,华盛顿州立大学工程管理硕士学位。其研究方向主要是网络安全、网络情况感知和网络图。

14.3.5 运筹学系

运筹学系拥有一支杰出的师资队伍,其中包括三名美国国家工程院院士和众多专业学会的研究员。该系是唯一一个有一名以上教职员工被运筹学和管理科学研究所评选为"运筹学/管理科学实践教学奖"的专业系——里克·罗森塔尔于2000年获得该奖项,杰夫·克莱恩2011年获得该奖项,汤姆·卢卡斯在2015年获得了该奖项。

海军研究生院运筹学系是美国最大的运筹系之一。终身教员都拥有运筹学或相关学科(例如数学、统计学、计算机科学)博士学位。大多数没有博士学位的人是现任或前任军官,具有丰富的军事行动和应用运筹学研究经验。

(1) 大卫·L.奥尔德森,教授,学术助理,斯坦福大学2003年博士。研究方向:关键基础设施建模和分析,特别强调如何投资有限资源,以确保在面对事故、故障、自然灾害或蓄意攻击时保持高效和弹性性能。强调在各种公共和私人网络物理系统中的效率、复杂性和脆弱性的权衡。

(2) 杰弗里·阿普尔盖特,美国陆军退役上校,高级讲师,海军研究生院1997年博士。研究方向:整数规划、兵棋推演、战斗建模、人类、社会、文化和行为建模、非常规战争与平叛。

(3) 迈克尔·阿特金森,副教授,斯坦福大学2009年博士。研究方向:计算方法、随机过程、军事和国土安全运筹学。

（4）罗伯特·巴塞特,助理教授,加州大学戴维斯分校2018年博士。研究方向:优化和统计。

（5）塞缪尔·E.巴特里,副教授,加州大学伯克利分校1996博士。研究方向:分类、一般应用统计学、统计学中的计算密集型方法。

（6）W.马修·卡莱尔,运筹学系主任和教授,斯坦福大学1997年博士。研究方向:优化及其应用、基础设施漏洞、大规模数学规划。

（7）艾米丽克拉帕罗,副教授,麻省理工学院2008年博士。研究方向:开发允许自主和半自主系统最有效地获取、分析、综合和利用信息的工具和技术。

（8）路易·陈,助理教授,麻省理工学院2019年博士。研究方向:(数据驱动)分布鲁棒优化、随机规划、凸优化、(离散)凸分析、最优传输。

（9）斯科特·科希克,运筹学项目官员。海军研究生院2017年硕士,研究方向:系统建模与仿真。

（10）罗伯特·F.戴尔,运筹与信息科学研究生院教授兼院长,纽约州立大学布法罗分校1990年博士。研究方向:优化及其应用。

（11）丹尼尔·艾森伯格,研究助理教授。亚利桑那州立大学2018年博士,研究方向:博弈论,搜索论。

（12）P.李·尤因,退役美国陆军中将,研究助理教授,科罗拉多矿业学院2002年博士。研究方向:军队驻扎,决策分析应用优化。

（13）托马斯·E.哈尔瓦克斯,运筹学高级讲师,金融系统总监,海军研究生院1976年硕士。研究方向:兵棋推演、模拟、优化。

（14）托马斯·哈姆里克,美国海军退役少将,讲师,海军研究生院1997年硕士。研究方向:概率与统计、统计建模、博弈论、军事运筹学。

（15）埃里克·霍德森,志愿教工,海军研究生院1975年硕士。研究方向:位置、导航与定时、传感器数据融合、遥感、太空战管理、资源分配、计算图论、搜索理论、网络流、信息价值、测试与评估/可靠性方法、分类数据分析、系统需求管理。

（16）杰斐逊·黄,助理教授,应用数学博士(石溪大学2016年)。研究方向:应用概率,不确定性优化。

（17）帕特里夏·A.雅各布斯,特聘教授,西北大学1973年博士。研究方向:随机建模、不确定性决策、统计与数据分析。

（18）奎因·肯尼迪,研究助理教授,斯坦福大学2002年博士。研究方向:人类效能和决策优化;新技术对培训和效能的影响。

（19）杰弗里·E.克莱恩,美国海军退役上校,运筹学实践教授,海军研究生院1991年硕士。研究方向:军事作战和战术环境应用研究,联合战役分析。

(20) 迈克尔·科尔布,美国陆军上校,军事教员,运筹与信息科学研究生院军事副院长。

(21) 罗伯特·A. 科亚克,副教授,加州大学伯克利分校1985年博士。研究方向:应用统计、人口普查问题、测量误差模型、空中和导弹防御的跟踪和估计、战区空中和导弹防御系统的测试和评估、非参数统计。

(22) 摩西克雷斯,特聘教授,德克萨斯大学奥斯汀分校1981年博士。研究方向:军事运筹学、作战建模、军事后勤系统、生物防御建模、决策分析。

(23) 凯尔·林,教授,加州大学伯克利分校2000年博士。研究方向:随机建模、不确定性决策、排队论、博弈论。

(24) 托马斯·W. 卢卡斯,教授,加州大学河滨分校1991年博士。研究方向:稳健统计方法论、国防和安全建模、高维实验设计。

(25) 凯文·马赫,美国海军退役中校,讲师,海军研究生院1993年硕士。研究方向:概率与统计、库存。

(25) 玛丽·麦克唐纳,研究助理,海军研究生院应用数学(操作分析轨道)1997年硕士。研究方向:实验设计、建模与仿真、复杂自适应系统、进化算法与协同进化、高维数据分析。

(26) 格雷戈里·K. 米斯里克,海军陆战队退役中校,高级讲师,海军研究生院1988年硕士。研究方向:成本估算、数据分析、回归分析、学习曲线、优化、概率和统计、海军陆战队和航空问题。

(27) 凯伦·米斯里克,高级讲师。研究方向:成本估算与分析。

(28) 布莱恩·摩根,美国海军退役上校,高级讲师,运筹学项目官员,海军研究生院1999年硕士。研究方向:活动分析。

第15章
主要研究方向与研究成果

15.1 工程与应用科学研究生院

15.1.1 应用数学系

该系的研究工作分为三大领域,包括应用分析、数值分析/科学计算、离散数学。这些领域之间有相当大的重叠,一部分教研人员认为自己的研究与多个领域相关。除了以下所列领域外,该学院的许多教研人员与其他学院的研究人员建立了重要的跨学科联系。事实上,该学院与计算机科学、国防分析、电气和计算机工程、机械和航空航天工程、气象学、海洋学、运筹学和物理学等学院有许多重要合作。

应用分析涉及基本数学结构间的交叉区域,基础数学结构依靠它们的连续性在物理和社会科学中得到应用。研究方向包括渐近分析、控制理论、力学(流体和轨道)和博弈论,与数值分析/科学计算方面研究存在重叠。

数值分析/科学计算是对理论、计算方法、数值算法以及用于快速、准确、高效解决科学和工程问题的数学模型工具。其主要目标是开发新的技术和方法来解决现代科学核心的近似值和高效计算。研究聚焦偏微分方程和常微分方程的数值解、数值线性代数和近似理论,与应用分析研究存在非常显著的重叠。

离散数学,有时也被称为有限数学,从不支持或不需要连续性概念的意义上来说,是研究离散数学结构的数学学科。离散数学广泛运用于密码学、编码理论、组合数学、网络分析和互联网搜索算法等领域。

15.1.2　电气与计算机工程系

电气与计算机工程学院教研人员开展的研究涵盖了一系列前沿技术，如安全语音和计算机通信网络、先进的信息战系统、精确打击武器制导和舰载电力，这些技术在很大程度上影响了美国国防部的作战能力。主要研究方向包括：

1）电子战中的小型无人机系统应用

主要研究者：Phillip E. Pace 教授

资助方：机器人和无人系统教育与研究联合会。

目标：为针对 iADS/SAM 雷达系统的具有电子作战能力的小型无人机系统提供信息。

概述：引入无人机集群技术，为海军陆空特遣队开发经济高效、可配置的电子攻击/电子防护包。研究一种全新结构的建模和仿真来消除跟踪干扰机策略通常需要的透视。计划开展飞行测试，以数字化方式对可容忍的网络延迟进行评估，防止被雷达检测到。

2）海军水面反舰导弹威胁模拟器验证

主要研究者：Phillip E. Pace 教授

资助方：华盛顿特区海军研究实验室。

目标：该研究为 OPNAV N2/N6 水面反舰导弹威胁模拟器验证工作组提供技术。SVWG 目前使用三种特许模拟类型进行验证，用于测试和评估，包括射频导弹硬件模拟器、红外导弹硬件模拟器、导弹导引头和相关电子设备的计算机模型。

3）雷达技术研究

主要研究者：Phillip E. Pace，David C. Jenn 教授。

资助方：海军研究项目。

目标：该项目研究低截获概率雷达的设计和仿真，并利用非合作截获接收机研究其可探测性。

概述：对一种新式低截获概率（LPI）雷达系统设计进行 MATLAB 仿真和建模。由于该雷达设计独特，因此需要对建模软件进行开发、测试和验证。这项任务已经完成，目前正在进行权衡研究。设计上的挑战主要来自数字天线和接收器信号处理器。这些部件提供了大部分处理增益，使系统能够在 LPI 模式下运行。该研究细节为机密信息。

4）无人机/无人机电池充电的无线电力传输

主要研究者：David C. Jenn 教授。

目标：该研究目标是确定感应和辐射功率传输（WPT）系统的功率传输效

率。对分析、模拟和测量数据进行比较,并对 WPT 系统在各种环境场景下的效率进行建模。

概述:使用商业软件对感应和辐射方法 WPT 进行模拟。感应方法为,在 100kHz 下利用铁氧体板在短距离(小于 30mm)内获得 90%以上的效率。辐射方法为,采用近场聚焦,在小于 3m 的范围内,天线之间的传输损耗小于 1dB。这两种方法的结果非常重要,因为它们证明了 WPT 地面站和客户机之间可以进行电池充电的有效能量传输。

5) 雷达技术研究(2014)

主要研究者:David Jenn,Phil Pace,Ric Romero。

目标:该研究目标是研究一种特殊形式的潜艇雷达。

概述:研究各种子系统设计,如天线、波形代码和雷达信号处理算法。向技术赞助人提交一份最终报告。

6) 风力涡轮机雷达截面

主要研究者:David C. Jenn 教授。

目标:该研究旨在研究风力涡轮机的雷达散射截面,并评估其对雷达和通信系统性能的影响。

概述:该项目研究风力涡轮机的基本散射特性。研究若干种雷达散射截面预测的计算方法,并分析它们的优缺点。讨论影响仿真结果准确性和收敛性的建模和计算问题。研究配置水平轴、三叶片设计和垂直轴螺旋设计。研究若干种抑制风力涡轮机杂波的方法。研究风力涡轮机雷达散射截面的减小和控制问题。评估若干种建模和仿真技术。

7) 4G 认知无线电优缺点,信号定位和跟踪方法(2014-2015)

主要研究者:苏维莲,合作研究者:里克·罗梅罗。

目标:该研究目标是研究 4G 认知无线电的优缺点,用于定位和跟踪。

8) 海洋领域目标的自动分类

主要研究者:David A. Garren 副教授。

资助方:美国空军部长。

目标:在资助人感兴趣的领域开展研究,研究海洋领域目标分类的先进处理技术。使用光电图像来确定对某些高优先级目标进行分类的可行性。计划在分级分类法中对海上目标进行分类时,对海上船舶的各种特征进行评估和比较。开发出区分军用船只和商用船只的方法。包括运用分析方法来处理基于感兴趣的传感器真实信号测量模型的高级信号和图像。将得到的解析方程转化为原型工程代码。将各种结果算法应用于相关的模拟和测量图像数据集,以确定可靠和稳健的方法,对海洋领域内的挑战性目标进行分类。开发一种利用现有图像对这些具有挑战性的目标进行可靠和有效分类的工具。

9) 用于广域监视的挑战性目标检测

主要研究者:David A. Garren 副教授。

资助方:美国空军部长。

目标:在资助方感兴趣的特定领域开展研究。研究先进的处理技术,用于检测具有挑战性的广域监测目标。使用某些广域传感器检测某些高优先级目标的可行性。在大量数据中检测具有挑战性的目标。这些工作包括传感器的真实信号测量模型,应用先进信号和图像处理的分析方法,将得到的解析方程转化为原型工程代码,将各种生成的算法应用于相关的模拟和测量图像数据集,在大量数据中检测具有挑战性目标的过程中寻求可靠稳定的方法。开发一种使用特定传感器,对这些具有挑战性的目标进行可靠高效的检测,用于广域监视。

10) 多元智能研究中心主要研究力量包括:

(1) Jim Scrofani 博士,Murali Tummala 博士。研究方向:基于卷积神经网络的海上目标检测与分类。

(2) Johannes Royset 博士,研究方向:信息评估基础。

(3) Ron Proulx 博士,研究方向:一项优化信息价值的可扩展性自然进化策略。

(4) Mike Ross 博士,研究方向:一种协调多传感器采集计划的新并行化算法。

(5) Mathias Kolsch 博士,研究方向:亚像素目标检测。

(6) Marcus Stefanou 博士,研究方向:遥感数据科学中的时空数据结构。

(7) Michael Atkinson 博士,Dashi Singham 博士。研究方向:布朗桥模型。

(8) 美国海军空间与海战系统司令部(SPAWAR)圣地亚哥系统中心,Robert Koyas 博士。研究方向:自动识别系统(AIS)数据统计分析。

(9) Sam Buttrey 博士,Lyn Whitaker 博士。研究方向:轨迹学习的统计研究。

15.1.3 气象学系

研究领域:

(1) 动力学与数值预报;

(2) 天气学分析、中尺度/海岸气象学与预报;

(3) 边界层气象学与电磁/光电效应;

(4) 热带气象学;

(5) 气候与气候动力学;

(6) 云层与对流。

15.1.4　海洋学系

研究方向：

(1) 利用自主和遥感仪器进行沿海海域监测,利用沿海雷达系统对表面海流进行实时测绘,河流决堤事件无人机(UAV)测绘与调查,蒙特雷湾滑翔机调查。

(2) 海洋声学,加拿大盆地声传播实验,北极声学测温协同实验,横坡声散射与传输实验。

(3) 远征战和水雷战在沿岸带的应用,近岸过程实验室,沿海陆海空相互作用实验,岩质海岸实验与模拟,海滩破坏与河口流体动力学。

(4) 北极变化的观测与预测,北极大陆架—盆地相互作用实验,海洋湍流实验室。

(5) 数值建模,北极近岸建模工作,海军海洋分析与预测,北极极地冰预测系统项目。

(6) 海岸形态动力学。

陆地和沿海海域之间的联系因河口附近形态的变化而复杂,这些对表征沿海海洋环境(沉积物浓度、盐度、温度等)及表征海岸形态响应(海岸洪水、海滩灾害、海滩破坏等)提出了挑战。利用遥感和原位法——包括运动恢复结构(SfM)、航空多光谱图像、环流(水位和流速)和水质(温度、盐度、溶解氧)——来监测间歇性故障的系统。波浪和河流流量在调节这些系统的输出方面发挥着关键作用。

该实验室的论文选题包括无人机系统(UAS)图像分析、多光谱图像机器学习、水下颗粒流实验室实验、羽流/碎波带动力学绘图等。其他选题可能包括这些系统的形态动力学建模。

(7) 海洋哺乳动物被动声学监测。

美国海军研究生院(NPS)海洋哺乳动物监测项目负责维护蒙特雷湾国家海洋保护区内的三个系泊设备。通过长期的水下记录,提供海洋哺乳动物发声的基线数据,让研究人员能够量化加利福尼亚州海岸线沿线的海洋哺乳动物物种,并跟踪它们的迁徙路径/时间。

(8) 沿海陆海空相互作用实验(CLASI)。

主要目标是通过大量测量风量、动量通量和热通量在穿过海岸线时的变化来改进蒸发波导模型,从而提高数值天气预报模型的"海岸感知"能力。实地实验于2021~2022财年在整个蒙特雷湾地区进行,随后在佛罗里达州墨西哥湾沿岸进行。沿海陆海空相互作用实验是美国海军研究生院、迈阿密大学、俄亥俄州立大学、明尼苏达大学和海军研究实验室的联合实验,由美国海军研究办公室资助。

(9) 北极声学测温协同实验(CAATEx)。这是一项跨北冰洋的美国与挪威联合声传播实验。2019 年 8 月/9 月,由挪威南森环境与遥感中心牵头,Hanne Sagen 在 K/V Svalbard 号破冰船上负责,在北极的欧亚盆地部署了三个系泊设备。2019 年 9 月/10 月,由美国斯克里普斯海洋研究所牵头,美国海岸警卫队希利号破冰船进行了为期 47 天的北极考察,在加拿大盆地部署了三个系泊设备,完成了跨北极的传播部署。美国海军研究生院人员在两艘破冰船上进行了海洋仪器部署,为系泊设备部署提供了支持与协助。论文选题可能包括利用现有海洋学数据沿实验路径对声传播到达结构进行预测建模、北冰洋年度温度变化。

15.1.5 系统工程系

1) 技术报告

(1) Johnson, Bonnie, Ryan Kee, Trevor Lutz, Ernest Murray, Michael Schwitzing. 海军定向能武器舰载能量要求. 美国海军研究生院海军研究项目 NPS-20-N113 总结报告, 2020.

(2) Madachy, Raymond J., John M. Green. 海军作战系统产品线体系结构经济学. 2020.

(3) Miller, Scott A., Curtis Blais, John M. Green. 反潜作战(ASW)和其他任务中数据融合运行价值建模. 2020.

(4) Vaneman Warren, Ronald R. Carlson, Christopher Wolfgeher. 一种技术里程碑评审用基于模型的系统工程方法. 2020.

2) 期刊文章

(1) Beery, Paul, Thomas Irwin, Euguene Paulo, Anthony Pollman, Wayne Porter, Stephen Gillespie. 通过作战任务体系结构框架架起联合作战与系统工程的桥梁. 美国工程管理学会(ASEM)工程管理杂志, 2021.

(2) Eldred, Ross, Jonathan Lussier, Anthony Pollman. 设计与测试用球形水下自立航行器探索沉船内部海洋科学与工程杂志, 2021:9(320).

(3) Hevey, Christoper, Anthony Pollman. 重新构想进攻性布雷. 美国海军研究所会议论文集, 2021:1(147/1/1415).

(4) Irgens, Katherine, Joseph Klamo, Anthony Pollman. 螺旋桨驱动无人水下航行器纠缠度实验评估. 海军工程师杂志, 2021-09.

(5) Kain, Alyssa, Douglas Van Bossuyt, Anthony Pollman. 提高海军装置能源恢复力研究. 应用科学, 2021:11(4298).

（6）Miller,K,A. Bordetsky,J. Mun,R. Maule,A. Pollman. 未来的系统知识库系统（FKSS）与人工智能/机器学习（AI/ML）引擎结合,最大限度提高决策支持可靠性与可用性. 美国军事运筹学会杂志,2021-09.

（7）Parnell, Gregory S., C. Robert Kenly, Clifford A. Whitcomb, Karthikeyan Palanikumar. 系统设计与工程权衡分析:已发布实践的现状. 系统工程,2021:24(3),125-143.

（8）Pollman,Anthony G., Christopher Hevey. 重新构想进攻性布雷. 会议论文集,2020:147(1),46-49.

（9）Rosa,Wilson, Bradford K. Clark, Raymond Madachy, Barry Boehm. 美国国防部敏捷过程实证工作量与进度估测模型. 电气与电子工程师学会（IEEE）软件工程汇刊,2021.

15.1.6 物理系

1. 传感器领域

1）苍蝇耳朵仿生微电子机械系统（MEMS）定向声音传感器

该研究项目重在开发基于 Ormia ochracea 寄生蝇耳朵的声源定位用声学测向（DF）系统。

2）核探测

研究涉及核材料探测与分析技术,包括用于不扩散和其他目标的激光电离/质谱和被动式辐射探测,以及先进紧凑型反应堆的开发。

3）反定向能武器（CDEW）用超材料

设计和生产用于抵御定向能武器的窄带宽和宽带宽超材料。这些超材料是在固体或柔性基底上加工的。

4）微电子机械系统太赫兹成像焦平面阵列的微纳制造

利用微纳制造技术生成基于微电子机械系统技术的太赫兹成像用双材料焦平面阵列（FPA）。每个探测器像元均具有超材料共振吸收器和双材料桥腿,部分双材料桥腿会在探测器吸收太赫兹辐射时变形。吸收器针对外部照明用量子级联激光器的频率进行了优化。

5）电离辐射探测用固态火花室

该研究旨在探索一种新型固态辐射探测器,工作原理与传统火花室相似,可以在内部高增益放大电离辐射产生的微弱信号。

6）基于碳纳米管的微型离子推进器

利用纳米管和纳米纤维的极小尖端实现局部电场的大幅增强,满足更低功率要求即可用于推进剂气体电离,从而实现系统小型化。

7) 远红外成像非制冷太赫兹相机

该研究项目旨在利用微电子机械系统双材料技术开发高灵敏度多光谱非制冷实时太赫兹(THz)相机。

8) 压电式微电子机械系统振动能量收集器

设计、打造和表征微电子机械系统谐振器阵列,这些谐振器利用压电效应从发动机、化石燃料发电机和其他振动结构体中收集废弃振动能量。

9) 微波超材料与超表面

在该研究中,研究人员利用新方法,例如利用导电油墨打印或增材制造(3D打印)来快速生产非常实用又低成本的超表面。这些表面在微波频率范围内具有高吸收性,可用于电磁屏蔽和其他应用场景。

10) 太赫兹成像

在该项目中,研究人员对微电子机械系统太赫兹焦平面阵列进行设计、微纳制造与测试,利用与微波中相似的超表面(只是尺寸小得多),在太赫兹波长中实现几乎完美的吸收。太赫兹成像在安全、医学和工业领域有诸多应用。

11) 微电子机械系统微驱动器

微电子机械系统微驱动器是利用电驱动来实现微小位移、驱动微型机械的。研究人员的工作包括优化此类设备,从而最大限度地提高效率,降低能源需求,同时提高稳健性和可靠性。

12) 微电子机械系统辐射探测器

打造小型、低成本的一次性伽马和中子辐射传感器。该项目使用微电子机械系统微纳制造技术和新型印刷电子技术,结合碳纳米管和氮化硼纳米管,利用最小的能量和尺寸来生产能够可靠地探测中子和伽马辐射的传感器。

13) 量子传感器

主要研究人员:Frank Narducci 教授,当前研究项目:①双原子干涉仪加速度计/陀螺仪;②相位与原子在其中所花费时间的立方成比例(T^3)的原子干涉仪;③光的量子态;④量子密钥分发。

14) 双原子干涉仪加速度计/陀螺仪

长时间在无全球定位系统(GPS)信号的情况下导航具有挑战性。目前,诸多海军和国防部系统依靠类全球定位系统精度来获取位置信息。在全球定位系统信号被拒绝或受损的环境中,平台需要依靠其他来源的位置信息(例如天文导航、本地信号、磁力图和重力图等)。其中一种方法是利用机载惯性导航传感器(加速度计和陀螺仪)来记录平台加速度的三个分量和旋转速度的三个分量,再对加速度进行二次积分、对旋转速度进行一次积分,即可获得位置。但这些传感器易受漂移误差和偏置误差的影响,导致积分时的累积误差。

原子干涉仪是利用原子的波动性来进行精确测量的量子传感器。研究人员首先在二维磁光阱中对原子进行激光冷却，即在二维中冷却原子，让原子在第三维中自由移动。原子进入干涉测量区后受到光脉冲作用，光脉冲像原子分束器和镜子一样导致物质波分束和分离、改变方向、最后重新组合。这一物理现象很容易让人联想到光学马赫-曾德尔干涉仪。当配置为测量旋转时，该设备基于萨格纳克（Sagnac）效应的物理特性与光学陀螺仪的物理特性非常相似。

研究人员打造了一个双原子束源，方向相反的原子束共享同一个原子干涉区。这一构造可以让两个原子干涉仪同时工作。两个干涉仪的输出符号相同，则说明这一结果完全由加速引起；当两个干涉仪的输出符号相异，则说明这一结果完全由旋转引起。

2. 武器领域

1) Joe Hooper 教授的活性材料研究

活性材料是指比传统烈性炸药更接近于烟火或推进剂的一大类材料。它们通常依靠金属燃烧来产生燃烧或超压效果，从而增强弹头或射弹的杀伤力。几种金属（如铝、硼、镁等）的燃烧热比起爆炸药高得多，但会通过较慢的燃烧过程释放，而活性材料提供了一种增加弹头或炸药能量密度的方法，从而实现较慢的反应。

该团队一直在研究活性材料，重点关注其碎片化以及破片如何与燃烧能量释放耦合。大多数活性材料是脆性的，在高速撞击或爆炸荷载作用下会产生细小的破片。无论是从武器系统应用的层面，还是作为一种高速的基本物理现象，碎片化都很有趣，但这一现象的控制过程尚不清晰。

该团队在武器效果和新型炸药研究方面做了一系列工作，既有计算，又有实验。计算工作包括通过原子模拟（主要利用密度泛函理论）来察看新炸药或炸药添加剂的结构和热化学，以及通过连续尺度爆炸流体动力学区的计算机程序（hydrocode）研究来察看武器效果。实验工作包括在美国海军研究生院开展弹道学和材料制造现场实验，以及在场外实验场和其他海军设施的大宗爆炸物测试。

2) Emil P. Kartalov 教授的作战人员先进技术研究

（1）复合材料潜水服，让潜水员在冷水中的持续时间至少增加一倍。

（2）植入式氮传感器项目，通过实时监测氮浓度和微气泡的形成来帮助预防减压病。

（3）人造肌肉，为步兵和抗简易爆炸装置（IED）步行者侦察车提供实用的装甲外骨骼，从而彻底改变地面战斗；它也会为隐身仿生节能无人潜航器（UUV）提供实用的装甲外骨骼。

(4) 生物燃料电池,对分布式可再生能源发电进行优化,为作战区域内大型无人潜航器群加油提供实用的解决方案。

3. 声学领域

1) Kevin Smith 教授的水下自主航行器研究

无人自主航行器的使用对美国海军和国防部具有重要意义。自主航行器(能够在不依赖人机交互的情况下执行预先分配的任务,在未来系统发展和海军作战中发挥着重要作用。美国海军研究生院正在拓展水下自主航行器(AUVs)及其他类型自主航行器方面的专业知识。

这些水下自主航行器可以配备环境传感器来测量海洋的特性,也可以配备声学传感器来探测噪声源,从而为海洋哺乳动物监测和声跟踪等各种应用提供平台。

论文选题:
- 评估安装在滑翔机上的声学传感器性能;
- 评估传感器数据的跨平台处理;
- 研究海洋环境对传感器性能的影响;
- 评估水声通信在滑翔机上的使用效果;
- 研究海洋哺乳动物迁徙的探测与跟踪能力。

2) Oleg A. Godin 教授当前研究项目

(1) 噪声干涉与被动海洋遥感。

该项目研究一种低成本且环保的新型方法,利用水下声场对海洋内部进行被动遥感,利用水听器之间的噪声互相关作为探测信号来测量声速(水温)和流速场等水柱和海底特性。

资助方:美国国家科学基金会。与美国迈阿密大学、科罗拉多大学和以色列海法大学合作项目。

(2) 时间反转镜在声学遥感中的应用。

研究团队已通过实验证明,在沿海海域,只需要两只相隔100倍海洋深度的水听器,就可以记录环境噪声和航运噪声,从而实现时间反转镜。该项目研究动态海洋中反向传播场焦点的稳定性以及焦点位置和强度对环境参数变化的敏感性,旨在开发一种基于时间反转来测量海底地声参数的稳健技术。

资助方:美国国家科学基金会。与美国迈阿密大学、以色列海法大学和法国海军学院(布雷斯特)合作项目。

(3) 次声波和声重力波。

南极洲罗斯冰架的共振特性是海洋与大气之间区域波相互作用中的一个因素。南极洲罗斯冰架共振特性项目旨在对海洋及其冰盖中波的电离层表现相关观测进行解释,对海洋和大气中长波之间的耦合进行量化,从而获取耦合对遥感的启示。

资助方:美国国家科学基金会。与美国科罗拉多大学、伍兹霍尔海洋研究所和斯克里普斯海洋研究所合作项目。

(4) 水下波导中声的瑞利散射。

该项目研究海洋波导中物体对低频声的散射,长期目标是开发有效的技术来实现对致密散射体的表征,从低频声场中获取它们的量化结构信息和物理参数,研究和量化散射体接近波导边界和相互接近对海洋声散射的影响。该项目过程中获得的结果具体应用包括:

● 表征、校正和利用传感器平台导致的环境声场畸变,从而通过安装水听器和矢量传感器来优化目标探测;

● 开发可以对螺旋桨噪音等不必要的低频声辐射进行宽频带抑制的无源技术。

资助方:美国海军研究办公室海洋声学项目。与美国海军水下战中心新港分部和 Bruce Denardo 教授合作项目。

3) Kai Gemba 教授当前研究项目

(1) 存在环境噪声情况下的声音信号与阵列处理。

(2) 低电平声源的统计信号处理与被动探测/定位。

(3) 利用经过的水面舰艇作为契机或环境噪声源来表征阵列参数和环境参数。

论文选题:

● 深水环境中淹没源的探测与定位;

● 环境噪声的表征;

● 海洋学与声学相互作用研究;

● 传感器系统信号处理评估;

● 海洋的声学遥感。

15.2 国际与国防研究生院

(1)《阿富汗历史词典》(第五版)

作者:Thomas H. Johnson,Ludwig W. Adamec(已故)。

《阿富汗历史词典》长期以来一直被认为是影响深远的阿富汗研究著作。该书第五版包含年表、简介和大量参考书目。

(2)《海上战略与海军创新:竞争时代的技术、官僚主义和变革问题》

作者:Alessio Patalano,James A. Russell。

该书中的文章重点讨论了海上战略与海军创新之间的联系。当今最著名的一些战略思想家在这本论文集中的案例和观点既具有回顾性又具有前瞻性,继承了 Alfred Thayer Mahan 等人建立的思想传统。

(3)《当指责适得其反:叙利亚难民与约旦和黎巴嫩公民的不满》

作者:Anne Marie Baylouny。

近期叙利亚难民的涌入刺激了约旦和黎巴嫩国内针对两国政府的政治行动,这是 Anne Marie Baylouny《当指责适得其反》一书中引人注目标核心论点。

(4)《反击"俄罗斯网络行动":在冲突的边界》

作者:Scott Jasper。

"俄罗斯网络行动"提供了一个关键框架,用于确定俄罗斯的网络行动和事件是上升到武装冲突水平,还是作为竞争的组成部分在较低水平上运作。

(5)《毛泽东的"第三条战线":冷战时期中国的军事动员》

作者:Covell Meyskens。

在《毛泽东的"第三条战线"》一书中,Covell Meyskens 展示了中国工业化进程如何将数百万人的日常生活与全球冷战联系起来,将全球地缘政治与本土变革融为一体。

15.3 运筹与信息科学研究生院

15.3.1 计算机科学系

其大部分研究是多学科的,数学、电气工程、机械工程和物理学的师生均有参与。其研究环境的独特之处在于理论与实践相结合,以及学员把论文成果付诸实践的决心。许多学员论文已在重要会议上发表,还经常获最佳论文奖。主要有六大领域:网络安全与防御、网络、移动性、自治系统、数据科学和软件工程。

主要合作伙伴包括美国国防部、美国国防高级研究计划局(DARPA)、美国国家安全局、美国国家科学基金会、美国空军技术学院、美国海军研究办公室、美国海军太空和海战系统司令部、美国海军部首席信息官、美国国防信息系统局、美国导弹防御局、美国海军建模与仿真办公室、美国国家侦察局、美国联邦航空管理局、微软公司、思科系统公司、贝宜(BAE)系统公司。近期学术出版成果主要有:

(1) B. Hale. 逃离创新地堡. 美国海军研究所(USNI)会议论文集,2021.

（2）C. Cremers, B. Hale, K. Kohbrok. 安全群组消息传递中愈合的复杂性：为什么跨群组效应很重要. 美国 USENIX 高等计算系统协会会议论文集, 2021.

（3）B. Dowling, B. Hale. 针对主动式中间人攻击的安全消息传递验证. 电气与电子工程师学会（IEEE）欧洲安全与隐私研讨会, 2021.

（4）B. Hale, D. J. Van Bossuyt, N. Papakonstantinou, O'Halloran. 包含机器学习组件的复杂系统的零信任安全方法. 美国机械工程师协会（ASME）2021 年国际工程设计技术会议（IDETC）暨计算机工程应用会议（CIE）会议论文集.

（5）M. Sjoholmsierchio, B. Hale, D. Lukaszewski, G. Xie. 加强软件定义网络（SDN）安全：协议方言与降级攻击. 电气与电子工程师学会网络软件化会议. 2021.

（6）N. Papakonstantinou, D. J. Van Bossuyt, J. Linnosmaa, B. Hale, B., O'Halloran. 一种零信任混合安全与安全风险分析方法. 工程计算与信息科学杂志论文集, 2021.

（7）D. Brutzman, T. Norbraten, J. Culbert, B. Hale. 支持舰队物流与维护的分布式账本的区块链合并. 2021 年采办研究研讨会.

（8）M. Troncoso, B. Hale. 蓝牙"赛博格（CYBORG）"：全人—机密钥输入密钥交换（AKE）协议分析. 2021 年网络与分布式系统安全会议.

（9）D. Drusinsky. 谁在验证我的电子商务平台登录操作？计算机, 54(04), 49-54.

（10）P. Denning, D. Drusinsky, J. B. Michael. 军事智能系统造成战略困境. 美国海军研究所会议论文集, 2021-04-27:147/4/1, 418.

（11）Kroll, J. A. 可追溯性概述：在计算系统中实施问责制的原则. 2021 年美国计算机协会（ACM）公平、问责与透明会议论文集, 2021-03:758-771.

（12）J. A. Kroll, J. B. Michael, D. B. Thaw. 利用人工智能增强网络安全：风险、回报与框架. 计算机, 2021-06.

（13）T. Carter, J. B. Michael, J. A. Kroll, 应用美国国家标准与技术研究院（NIST）隐私框架的经验教训. IT 专业人员, 2021-07.

（14）Blais, C. 扩展指挥和控制系统与仿真系统互操作（C2SIM）标准来解决网络安全信息交换问题. 仿真互操作标准组织仿真创新工坊, 2021-SIW-010, 2021-02.

（15）Blais, C., Dechand, M., Dembach, M., Singapogu, S. 自动推理与指挥和控制系统与仿真系统互操作（C2SIM）标准的使用. 仿真互操作标准组织仿真创新工坊, 2021-SIW-010, 2021-02.

15.3.2　国防分析系

主要学术著作包括:

(1)《了解暗网:社交网络分析的战略框架》

作者:Daniel Cunningham、Sean Everton、Philip Murphy。暗网是指非法和隐蔽的网络(如叛乱分子、圣战组织或贩毒集团),安全和情报分析人员必须通过跟踪和识别才能将其瓦解和摧毁。该书解释了如何通过社会网络分析(SNA)方法达成这一目标,通俗易懂地介绍社会网络分析及其工具和理念,展示社会网络分析如何能帮助制定跟踪和瓦解暗网的一系列策略。

(2)《理性帝国:制度激励与帝国扩张》

作者:Leo J. Blanken。帝国主义仍是当今国际关系中的长期话题,这一点在日益激烈的全球资源竞争中表现得最为突出。Leo J. Blanken 通过分析扩张国及其征服目标的制度来阐释帝国主义。

(3)《救赎之路:从十字军东征到圣战的宗教暴力》

作者:Heather Gregg。9·11 事件后,许多人试图理解伊斯兰激进分子的崛起。普遍的看法是伊斯兰教比其他宗教更具暴力倾向,但 Heather S. Gregg 在该书中通过比较不同的宗教传统,对宗教暴力的常见原因进行了研究。作者列举了当今和历史上伊斯兰教的暴力与基督教、犹太教、佛教和印度教信徒的类似行为。Gregg 基于自己的发现对宗教暴力源于宗教经文的假设提出了质疑,她认为宗教暴力是对宗教信仰和经文解读的结果。

(4)《瓦解暗网》

作者:Sean F. Everton。这是第一本将反叛乱理论与社会网络分析结合起来的书。该书聚焦如何利用社交网络分析来制定策略,从而跟踪、破坏、瓦解隐蔽和非法网络。

(5)《主权解决方案》

作者:Anna Simons。该书(美国海军研究所出版社 2011 年版)中,Anna Simons 教授与国防分析系毕业生美国陆军中校 Joe McGraw 和 Duane Lauchengco 提出一项外交政策,强调包括美国在内的各国均有责任去控制本国境内的安全与社会体系。作者认为,美国在国防问题上从未表达明确的立场,该书是针对全球安全和世界秩序问题的一种激进但明智的方法,它不需要美国去参与全球治安维护或国家建设。

该书旨在让人们更好地认识到美国所说与所做之间、希望如何被看待与如何被看待之间的差距与脱节。作者们希望在不偏左或右的情况下发起一场严肃的辩论,迫使华盛顿重新思考派军队到国外是去做什么。

(6)《网络类比》

作者：Emily O. Goldman，John Arquilla。研究团队认为，当正在琢磨的概念可以与已有的理解或知识相契合时，学习最为有效。网络问题本就很难用外行的话来解释，未来又总是开放和不确定的，参与者的数量和它们之间关系的复杂性太大，导致很难给出对未来发展的明确指导。为此，仔细研究和恰当运用过去的类比，可以降低这一复杂性，让未来至少在同类事物上可控，从而帮助指明行动方向。

15.3.3 信息科学系

主要学术著作包括：

(1)《知识的度量与管理》

作者：Thomas J. Housel。该书提供了管理智力资本回报和使其最大化的框架。与任何新兴领域一样，知识管理至今一直因关键问题不够明确而发展艰难："知识"是什么意思？如何度量与管理知识？如何让知识回报最大化？为了回答这些问题，作者避免使用社会学和经济学的晦涩语言，而是选用平实的文字，把不断增长的知识管理文献的核心见解和自己的研究结合成清晰又引人入胜的故事，来讲述知识管理的现状和未来几年的发展。

(2)《在技术驱动的世界里利用动态知识原则》

作者：Mark E. Nissen。在技术驱动的世界里，企业必须让知识可靠、快速地流动，让知识在不同组织、时间、地点和个人之间均匀分配，才能保持竞争优势，但大多数领导者和管理者并不熟悉知识流动的有效做法。该书提供了可操作的知识流理论原则，能够识别和解决实践这些原则时的问题。该书介绍了新兴的发展趋势，具有广泛的适用性，为愿意了解知识流原理、想借此在技术驱动的世界里保持竞争优势的学者、业务经理、企业领导者和管理者提供实用指南。

(3)《海军人力、人员、培训与教育大数据应用体系架构的开发》

作者：Magdi Kamel。海军人力、人员、培训和教育决策者需要更好地了解存储在许多不同数据库/数据存储区中的大量数据，从而做出明智的决策、了解这些决策做出后的一系列影响。该研究提出一种用于执行 MPTE 分析的端到端应用体系架构，还利用跨行业数据挖掘标准流程开发出预测飞行员服役后去留的决策树模型。

(4)《了解和留住信息战社区的人才》

作者：Mark E. Nissen，Simona L. Tick。美国海军信息战社区具备高水平的重要能力，能够应对全球不断变化、不可预测的威胁。问题是，美国海军信息战社区人员具备的这些技能与能力不仅对海军而言意义重大，对军队以外的无数工业企业和组织也颇具价值。针对这一问题,该定性研究建立起对美国海军信息战社区人才的理性认知,明确了影响人才去留决定的积极与消极因素。

(5)《常设联合部队指挥部(SJFHQ)模拟》

作者:Shelley Gallup,Susan Hutchins。通过建立常设联合部队指挥部流程四级体系架构来开发常设联合部队指挥部作战行动模拟系统。模拟性能已验证正确,初步结果已取得,重点关注个人工作任务和多任务效果。

(6)《人类互操作性:通过实验来理解与改进复杂系统中的人类组成部分》

作者:Shelley Gallup。人类互操作性方案旨在提高组织在外部或内部合作时的响应能力、效率和效果。该报告介绍美国国防部长办公室网络和信息集成办公室领导的初步研究的结果,该研究探索人类互操作性这一学科及其不同维度。该研究团队旨在发展人类互操作性理论,掌握和分析阻碍组织协作的初步证据,确定未来的研究目标。

(7)《海域感知风险降低有限目标实验》

作者:Doug MacKinnon,Susan Hutchins,Shelley Gallup。通过风险降低实验,对成功完成海域感知螺旋-1系统FAIRGAME测试的所有风险进行识别与缓解。该报告介绍识别到的风险和采取的缓解措施。

15.3.4 运筹学系

该系主要学术著作包括:

(1)《移动目标的最优搜索》

作者:L. D. Stone,J. O. Royset,A. R. Washburn。

该书开篇对静止目标最优搜索的基本成果进行综述,随后阐释移动目标最优搜索的理论,提供计算最优计划的算法及其应用示例,继而提出一种方法,用于计算涉及多个目标和多个搜索者的最优搜索计划。这些搜索者对搜索运动具有实际操作约束,而这些结果假设目标不会对搜索做出反应。最后一章简要概述目标试图避免被发现情况下的主要军事问题,以及目标和搜索者合作情况下的救援或会合问题。

(2)《战争建模》

作者:Moshe Kress,Richard Rosenthal。跨学科专家所著的战争建模纲要。每位严肃的战争或游戏建模师必备。

(3)《战斗建模》

作者:Alan Washburn,Moshe Kress。该书是对战斗进行定量分析的系统化学习资源和参考文献。在进行简要概述后,作者分章节介绍了标定射击、修正射击、目标防御、损耗模型、对策论和对抗模拟、搜索论、无人机,以及反恐和叛乱。

三个附录分别概述了基本的概率概念、概率分布和马尔可夫模型,优化模型和蒙特卡洛模拟。Washburn 和 Kress 凭借在位于加利福尼亚州蒙特雷的美国海军研究生院的多年工作经验著成这部参考文献,为参与战斗决策基础工作的分析人员提供工具和技术支持。该书可作为军事手册、参考书和这一重要主题的军事课程教科书。

(4)《作战后勤:支撑军事行动的艺术与科学》

作者:Moshe Kress。该书从作战后勤的理论基础及其应用方面来探讨军事后勤。理论基础的研究从以下两个维度展开:第一,在作战背景下从艺术或定性角度看当代后勤,比如原则、命令与信条,并对此加以陈述和分析;第二,从科学角度看后勤,通过形式上的网络模型来体现作战后勤系统的结构特征与操作特征。因此,该书研究军事后勤的艺术与科学,通过整合定性与定量研究,对作战后勤进行完整、明确的阐释。

(5)《利用与尺度无关的抗噪声差异进行树状结构混合型数据聚类》

作者:Samuel E. Buttrey,Lyn R. Whitaker。聚类技术可以将观测值分成若干类。目前的技术通常依赖于度量观测值之间、类之间以及观测值与类之间的差异。在该方案中,我们拟合了一组回归/分类树,由每个变量依次作为"响应"变量。如果点趋向于出现在这些树的相同叶子上,则它们彼此"接近"。对于预测能力差的树,则予以弃用。利用这些差异,我们对添加了噪声的知名数据集进行聚类,来展示这一技术的表现效果。

(6)《构建模拟输出的累积平均值界限》

作者:Dashi I. Singham,Michael P. Atkinson。研究团队开发了一种度量可靠性的新方法——累积平均值界限,通过计算累积样本均值在给定容差下,在一段时间内低于长期样本均值的概率来评估一个过程的平均行为。在该报告中,研究团队推导了在基础数据独立同分布与正态分布时度量的下界。在去除独立性和正态性假设后,当计算样本均值与真实均值保持在给定距离内的概率时,这一推导为并行扩展到双边极限状态提供初步的基础。

(7)《"做三休五"与"做五休十"值班表比较》

作者:Nita Lewis Shattuck,Panagiotis Matsangas、Stephanie Brown。该研究第二阶段纵向比较按照"做三休五"(工作三小时、休息五小时)与"做五休十"(工作五小时、休息十小时)值班表时值船员的疲劳水平、工作量和表现。美国海军尼米兹号航空母舰反应堆部门船员(总计 117 人,年龄 24.6±3.89 岁,男性 95 人,现役年限 4.25±2.65 年)参与了该研究。结果表明,在睡眠质量、主观疲劳程度、情绪、精神运动警觉性表现和太平洋海员工会接受度方面,"做三休五"优于"做五休十"。尽管"做三休五"与"做五休十"的船员平均每天都睡七小时左右,但两份值班表的睡眠卫生与接受程度存在很大差异。

(8)《认知——表现一致性定向训练干预模型》

作者:Quinn Kennedy,Peter Nesbitt,Jon Alt,Ronald D. Fricker。该技术报告中,研究团队提出使用两种简单的行为测量方法,结合神经生理学测量方法,来创建一个训练干预模型,这一模型可能提供:①需要进行训练干预时的实时通知;②合适的训练干预类型的实时信息。该技术报告可以确定受训人员的认知状态与实际表现是否一致,不一致时则说明需要进行训练干预。眼动追踪和脑电图所捕获的神经生理学标志物可以帮助确定认知状态与表现不一致的原因,从而进行更有效、更有针对性的训练干预。由于所有测量数据都是实时连续捕获的,该模型有可能提高各种训练领域的训练效率和有效性。该报告通过两个案例研究对该模型进行了说明。

该系主要学术论文包括:

(1)《基础设施弹性的运行模型》

作者:David L. Alderson,Gerald G. Brown,Matthew Carlyle。该论文获得了风险分析学会2015年风险分析最佳论文奖。研究团队将基础设施视作由交互组件构成的系统,提出了基础设施弹性的定义,该定义与基础设施的运行相关,可以利用定量模型进行客观评估。具体来说,对于任何特定的系统,都可以利用系统运行的定量模型来表示基础设施运营商的决策,运营商指导这个系统整体的行为,即使在存在破坏的情况下也是如此。以这种方式对基础设施的运行建模可以系统地评估基础设施组件丢失的相关后果,从而精确地把握"运行弹性",这一概念促进模型的验证与认可以及成果的复制。研究团队以理论上的基础设施作为简单的案例,展示了如何利用这些模型来:①评估基础设施系统的运行弹性;②识别威胁基础设施系统持续运行的关键漏洞;③向政策制定者提出优化弹性的投资建议。

(2)《最优函数与不平衡收敛》

作者:Johannes O. Royset,Roger J-B Wets,E. Polak。提出的最优函数对平稳点进行表征,对一个点不平稳的程度进行量化,在算法开发中发挥着核心作用。对于需要近似的优化问题,可以利用最优函数来确保近似一致性,确保近似问题的最优点和平稳点是原始问题的近似最优点和平稳点。在该论文中,研究团队研究了这一框架体系,举例说明了它在非线性规划和其他领域的应用。研究团队还在度量空间上引入了二元函数的不平衡收敛,表明这一收敛概念有助于建立近似一致性。不平衡收敛还可以实现对平稳点在扰动和近似情况下的进一步表征。

（3）《恶劣海况下睡眠时间会增加》

作者：Panagiotis Matsangas, Nita L. Shattuck, Michael E. McCauley。环境的运动会影响船员在船上的睡眠。猛烈的撞击和类似的剧烈运动可能会干扰睡眠，而轻微的运动和睡眠综合症可能会促进睡眠。如果睡眠需求因海况而异，那么在评估人们的海上表现时就应该考虑这一因素。该研究旨在评估不同海况下睡眠时间的长短。

（4）《treeClust算法：树状结构聚类差异R语言程序包》

作者：Samuel E. Buttrey, Lyn R. Whitaker。该论文介绍treeClust算法，这一R语言程序包可以产生对聚类有用的差异。这些差异产生于一组分类/回归树，数据中的每个变量在其中依次作为响应变量，其他变量则作为预测变量。通过自动选择变量，可以利用这样一组树来产生对归一化处理不敏感的差异，而且这些差异应用效果良好。该软件允许设置众多选项，从而影响调用返回的对象集；用户还可以指定聚类算法，可以选择仅返回聚类的矢量。该程序包还可以生成点间距离与treeClust点间距离相关联的数字数据集，这类数字数据集可以比点间差异矢量小得多，这一点对大型数据集具有实用意义。